论语大义

唐文治 著
张旭辉 刘朝霞 整理

上海人民出版社

目　录

前　言

唐文治与经学在近代的回潮

邓秉元

自1905年清廷废科举以来，传统经学经历了复杂的变化。先是在“中体西用”口号之下，通过癸卯学制改革，保留经学作为精神信仰的地位，“设立中国旧学专门，为保存古学古书之地”，理由是“中国之经书，就是中国之宗教”（张之洞、荣庆、张百熙《学务纲要》）。岂料为时不久，1912年民国肇立，经学便在新的学制改革中废除，传统经书也因此被划入新的知识体系，分别成为文史哲等学科的历史文献。主导其事、提倡“信仰自由”的教育总长蔡元培，所心仪的乃是“以美育代宗教”，其实便是“以美育代经学”，否定经学具有精神信仰的超越意义，或类似国民政府以后那种政治教科书的地位。

经学本来便不是一种独断的信仰形态。从学术角度来说，否定经学的宗教与意识形态地位，其实并无不妥。汉代“表彰六经”，主张“诸子出于王官”，从知识体系立场还原了经学相对诸子的本源地位。尽管号称“独尊儒术”，却首先是说政治应该建立在仁义而非霸术之上，并因此成为各阶层的共识。远非20世纪一些史家所说的，仅仅是为专制君主服务。西汉之伟大，正是因为社会普遍对真理抱有诚意，作为知识体系根基的六艺之学，遂得以重新滋养百家学术。不仅经学，百家诸子与道教、文学皆能自由发展，各个领域英才辈出。那以后，唐之与宋，精神形态虽然不同，且各有流弊，但文化理想尚极为高远。经过金元的统治，政教文化日趋粗鄙，礼法纲纪荡然无存。明清以后，政治力量遂得以把某种经学观念（譬如理学）凌驾于其他学术，不仅学术自身失去活力，民族的生机也逐渐窒息。

不过，把经学的学科属性也加以否定，的确是对中国传统文化的致命一击。中国文化所依托的那种天人宇宙的视野既不复存在，宗教也在科学主义观念下难以生根，在功利盛行的现实世界背后，缺少超越性精神作为本源，民族的生命自然无法畅达。这是20世纪华夏文明的真正危机所在，在随后的新文化运动中，经学又被扣上“粪学”（钱玄同语）的帽子。那种由天朝上国的迷梦中轰然坠地的失落心态，竞相拿经学作为出气筒。尽管在一些新兴的学术形态里面（譬如新儒学），经学义理的圆融得到捍卫，但各种流派笔下的中国历史却依然是漆黑一团。经学虽然像先秦学术一样，回到了自由的民间，但却发现“鸠占鹊巢”，早已失去了故园。

也正是在此时，我们看到一群文化遗民。这些遗民可能不像罗振玉、王国维等人一样，为逊清恪守臣节，但却在近乎失语的时代环境之中，在学术上守先待后，顽强地为华夏文化招魂。在这些人物之中，出生于同治四年（1865）、卒于1954年，生涯横跨晚清以来将近一世纪之久的唐文治先生，无疑算是个中的一位典型。如何清理这些“旧学”典型的精神及学术遗产，并研求其历史意义，便成为后来者义不容辞的责任。

一、“以史学为中心”的学术

探讨这一问题，至少应该从清代说起。早在康熙即位之初，三藩尚在，台海未平，满洲王大臣势力趁康熙年幼之机，重新占据上风。直到康熙中叶，清廷所要解决的主要问题都是如何在政治上确立君权对部族权力的优势地位，并削平各种割据势力。因此，在很长一段时间，康熙对汉族士大夫都是采取怀柔政策，对熊赐履、张伯行这种勇于挑战满洲贵族的士大夫不遗余力加以拔擢，对举荐施琅、帮助平定台湾的李光地更是视为能臣，对南北内外不同学术也能表示优容。康熙前、中期之所以会延续晚明思想自由的格局，都是与这一现状分不开的。在这一背景下，尽管朱学与王学的争论仍然激烈，但各种新的学术形态也纷纷崛起。尤其重要的是，中土学术开始与利玛窦以来耶稣会士所带来的西洋学术合流，诸子之学全面复苏，在以宋明理学为代表的“第二期经学”已经走向完结的时候，为中国文化带来了一阳来复之机。黄宗羲在《明夷待访录自序》中所提及的“夷之初旦，明而未融”，说的便是这个意思。这一机运后来销杀于一元化体制之下朱子学的独尊与中西礼仪之争，固是事实，但却是理解清代学术各种转折的前提。

1919年，王国维曾经在为沈曾植贺寿的文章中写到：

> 我朝三百年间，学术三变：国初一变也，乾嘉一变也，道咸以降一变也。顺康之世，天造草昧，学者多胜国遗老，离丧乱之后，志在经世，故多为致用之学。求之经史，得其本原，一扫明代苟且破碎之习，而实学以兴。雍乾以后，纪纲既张，天下大定，士大夫得肆意稽古，不复视为经世之具，而经史小学专门之业兴焉。道咸以降，涂辙稍变，言经者，及今文；考史者，兼辽金元；治地理者，逮四裔，务为前人所不为。虽承乾嘉专门之学，然亦逆睹世变，有国初诸老经世之志。故国初之学大，乾嘉之学精，道咸以降之学新。（《沈乙庵先生七十寿序》）

王氏这一论断引起许多学者的注意，但也还远非定论。譬如把胜国遗老之学定为经世致用，而把乾嘉汉学中的经学称作"专门之业"，便似乎有将经学与致用对立起来之嫌。经世致用的学术难道不正是活着的经学么？因此，这一观点似乎还是乾嘉以后儒者的主流看法，那就是把经学、理学与致用之学分别开来，经学特指关于经书本身和汉代经学（实际是经学史）的研究，其实便是以吴、皖两派为核心的乾嘉考据之学。而理学尽管在四库馆臣重新梳理经学传统的时候，仍然被称作"经宋学"，但借用梁启超的话说："乾嘉以来，汉学门户之见极深，'宋学'二字，几为大雅所不道。"（《中国近三百年学术史》第四节）所谓义理、考据与词章，也往往是词章家的高自标置（姚鼐《述庵文钞序》）。对于汉学家而言，“一为文人，便无足观”。

乾嘉时代经世之学的衰歇，无疑是雍乾两朝的高压政治使然，这在晚清以来已成为史学界的共识。譬如，自言“乾纲独断，乃本朝家法”的乾隆皇帝，竟然肆无忌惮地宣称：“使为宰相者，居然以天下为己任，而目无其君，此尤大不可也。”（《书程颐论经筵劄子后》）在这种意识形态背景下，不仅经学失去了与现实的具体联系，即便被官方悬为功令的朱子学也只不过是科举制度的敲门砖，甚至失去了作为修己之学的意义。当清代汉学家批评晚明心性之学流于无用的时候，却忘记致用已经成为统治者的特权。官方所表彰的足以致用的理学家，如李光地之流，不仅毫无孟子所谓出处大义可言，甚至一心帮助帝王炮制所谓“御制性理大全”等书，助其以夷酋而侧身历代圣王之列。

这一现实在知识界的某种反动，便是在道光初年吴派学者江藩所撰写的《国朝宋学渊源记》之中，不仅把当朝的所谓理学名臣如李光地、汤斌、陆陇其等人全部摒之于外，甚至对时人所称颂的宋学人士罗有高也“痛诋之几无完肤”（伍崇曜《宋学渊源记跋》）。被汉代学者定位为“修己治人”“常道”之学的经学，假若既不足以经世致用，又未能导人进德，在义理上也缺乏真正的进展，又何以自称为经学？所谓乾嘉汉学，虽然被清代学者艳称为“国朝经学复振”，但最大的贡献其实也不过是关于经典文本、小学及汉代经学史的研究，尚不足以称为有体有用之经学。这样，王国维所谓“国初之学大”，似乎更应理解为孟子所谓“先立乎其大”的大体之学，这才是原初意义的经学。

汉学家之外，典型的例子就是李光地(1642—1718)。李光地卒于康熙五十七年(1718)，年七十七岁。在当时已号称“理学名臣”。详读李光地的著作，很难不承认，不仅其对西学的研究在当时已属难得，其对《四书》《五经》乃至道教、声律、文学都迭有新见。他的《周易折中》与《周易通论》代表了清初理学易的最高成就，其诗学、尚书学、礼学、春秋学等都颇为清代学者所重，他对宋明理学义理、源流也有精审的把握。在并时学者热衷撰写学术笔记的风气中，他的《榕村语录》遍论群经、子史、释道、文学的学术源流，算是质量上乘的作品。假如重新撰写这些领域的学术史，确实无法避开他的成就。其学问之广博与精神之卑靡恰成正比。1900年前后章太炎撰写《清儒》，披头便说“清世理学，竭而无余华”，假如说在义理上没有产生与程朱陆王比肩的哲人，并不算错；但把魏象枢、魏裔介、李光地、陆士仪、陆陇其诸人在学术上一概否定，未尝不是一种偏见。此时的章太炎，对理学尚缺乏真正的认知。

在康熙所表彰过的一众理学名臣之中，李光地与熊赐履(1635—1709)无疑最为重要。但越是到统治的后期，康熙越无法忍受熊赐履思想中那种源自晚明的，无论朱学还是王学都共同具有的某种真正精神，即以道自任的精神。相反，李光地则早就宣称道统与治统合一，把康熙奉为“五百年必有王者兴”，使“道与治统复合”的圣王，尽管屡遭排挤，但还是最终“卒于官”。

从这个意义上说，清朝中叶的汉宋学术分野并非清廷的两手政策所致，也并不表征文化政策自身的分裂；相反，无论研究汉宋学术源流还是名物训诂，在乾嘉时代的意识形态架构中都自觉地拉着第二把小提琴。汉宋学者观念上的势同水火，乃是学科属性使然，掩盖不住双方作为“以史学为中心”的学术，在精神乃至研究路数上的趋同。在后来接续乾嘉汉学的学者中，章太炎站在激烈“排满”立场上，极力表彰汉学家的某种不合作精神，以为气节犹存的证明，虽不无惠栋等一二特例，但未免有些夸大(《訄书·学隐》)。身居高位的“汉学护法”如阮元(1764—1849)辈，以及奔走权门的汉学人物姑且不提，譬如，那位撰写《孟子正义》，处处以理学为敌的汉学领袖焦循(1763—1820)，所批评的便不是在朝理学之虚伪，反而津津于痛斥明代学者“以不屈于君父为能，以屏弃文艺为学，真邪说诬民，孟子所距者也”(《孟子正义·离娄上》)，便是一个显例。

1920年代，梁启超在《清代学术概论》中曾经以乾嘉学者研讨学问的方式为例，提出所谓“学者社会”一说，揭示出清代学术的某些现代特征。李光地也同样可以算作一元化政治体制之下现代知识人的一种典型。

二、“道咸以降之学新”

当然，诚如王国维所言，道咸以降学术确实起了变化。只不过这一新变不仅仅是"逆睹世变"，最直接的原因还是因为嘉道以后，由"十全老人"乾隆皇帝(1711—1799)所刻意营造的文治武功的盛世体制已经难以为继。不仅有白莲教、捻军等民间暴动的冲击，特别是随着"太平天国"的崛起，东南的半壁江山竟然易主，所造成的社会心理动荡显而易见。在由此释放出的空间夹缝之中，文化又现出了某种生机。从历史上看，这一情形有点儿像"土木堡之变"以后的明朝。正统十四年(1449)，在宦官主导下明英宗的错误决策乃至被俘，造成君主权威的实际削弱，其实是明中叶出现思想解放的直接原因。在这一时期，罗钦顺、崔铣、王廷相、汪俊等一大批理学家，尽管并没有形成更新颖的学术见解，但和此前不同的一点，便是使理学从不容置疑的官方教条重新恢复了思想活力。

因此，道咸以降的学术新变，王国维所说今文经学、辽金元史、西北地理之学固然不错；但也要综合梁启超所说的三种趋向，即常州经学、宋学复兴、讲求西学，才更为全面。其中，所谓西学乃是指耶稣会所传入并在晚明清初受到黄宗羲、方以智、王锡阐、梅文鼎等重视的西方学术，鸦片战争之后与迅速涌入的新的声光化电等格致之学(自然科学)合流。常州经学被晚清学界理解为与古文经学对立的西汉今文经学，宋学是指唐鉴、曾国藩所代表的朱子学，前者在道咸以来主张议政，后者因为平定洪杨之变而受到朝野的尊崇。在被清代人理解为"同光中兴"的时代，三者的奇妙结合，正是张之洞等所谓"中体西用"的典范。因此，如何理解道咸之学的"新"，便应该注意道咸以来所谓“中体”的变化，以及洋务派与经学的关联。

“道咸之学新”首先表现在经、子之学的回潮，对经典的研究不再止于外在观照，而是融入了内外两方面的实践。这种实践一方面表现为心性之学本身的复苏，一方面则表现为经世致用，个体性命与家国天下恢复了关联。也正是在这一背景之下，乾嘉时代水火不容的汉宋之学出现某种和解迹象，这就是所谓“汉宋调和”。这种调和表面上与四库馆臣所传达的汉宋学术如车之两轮、鸟之双翼的官方理念并无不同，但却有着根本区别。

在以往，最受学界关注的是常州今文经学，不仅因为晚清维新变法中康有为（1858—1927）等以今文经学为改制的理论根源，也因为今文经学早期的学者如龚自珍（1792—1841）、魏源（1794—1857）等已经致力于社会批判，而认同理学的包世臣（1775—1855）其实也不遑多让，这方面已经有过很多研究。

在学术上体现汉宋调和的代表人物有黄式三（1789—1862）、丁晏（1794—1875）、朱次琦（1807—1881）、陈澧（1810—1882）和曾国藩（1811—1872）等。五者当中，丁晏虽然立足汉学，但其所著《周易述传》，专宗程颐《易传》，“抒其己见，立言以诚，而望后来之取法，则程子之志也”（《周易述传自序》），在汉学家中不遑多见。黄式三学问精博，提倡读书当先“治心”，反对“门户之见”，主张汉宋兼采（《论语后案序》）。朱次琦以理学为主，以“自治其身心”相倡率，而特重修身大节，代表了性理之学的复苏。

特别值得一提的是，曾国藩、罗泽南（1807—1856）等以理学家身份，在八旗与绿营兵衰朽不堪的时候，用理学的精神凝结徒众，最终平定洪杨之变，成为理学足以致用的典型。曾国藩的湘军及继起的淮军几乎成为当时唯一堪能一战的力量，尽管尚不足以攘外，但却足以安内，并因此成为所谓"同光中兴"的支柱力量。

诸人之中学术成就最大的除了黄式三以外，无疑是长期身处岭南的陈澧。陈澧"凡天文、地理、声律、算术、小学，无不研究"，本来是一个标准的汉学家。但看他从数学及光学角度研究《墨子》，以及极力探究诸子百家之"可取"处（《东塾读书记·诸子书》），其诸子研究确实已不同于正宗的汉学家如王念孙、俞樾等专注文献之学的"从旁窥伺"（章太炎语），可以视作诸子学术的复活。他平章汉宋的理由之一，便是汉儒也有其义理之学，宋儒的考证渊源于汉儒。后世研究者因此把陈澧视作和稀泥式的"调人"，如章太炎便贬斥其为"傅会"，"此犹揃毫于千马，必有其分刌色理同者"（《訄书·清儒》），却不知陈氏已经意识到每个时代的学术皆有其各自的体用之学，并非乾嘉时代，把汉儒归为考据，宋儒归为义理那样的两截学术。

陈澧因此明确提出了他的经学观：

> 所谓经学者，贵乎自始至末读之、思之、整理之、贯串之、发明之，不得已而后辩难之，万不得已而后排击之，惟求有益于身，有益于世，有功于古人，有裨于后人，此之谓经学也。有益、有用者，不可不知；其不甚有益有用者，姑置之；其不可知者阙之，此

之谓经学也。(《与王峻之书》)

"所谓经学者,非谓解先儒所不解也。先儒所解,我知其说;先儒诸家所解不同,我知其是非;先儒诸家各有是、各有非,我择一家为主,而辅以诸家,此之谓经学。"(《示沈生》)

这种经学观不同于乾嘉时代已经产生的,那种与20世纪学者相似的专家倾向。在这种倾向之下,学术的志业也就是在古人的论说之外推求新义,因为好奇骛新,学者务以争胜为目标,甚至不惜伪造证据、抄袭前人。发生在汉学领袖戴震身上的《水经注》抄袭案无论真假,其实都是这一时代学术风气的一部分,这同样是前引梁启超所谓"学者社会"的一个表征。在这个意义上,乾嘉学者其实是不折不扣的现代人。

由此我们便可以理解,单从"汉宋调和"的角度理解陈澧等人,依然属于皮相之见。道咸以后所出现的这股新思潮与其说是汉宋两种学术的"会通"或杂糅,不如说是"返本",即回到经学的那个有体有用的本源之处。这个本源便是孔子,而汉宋两家所倾向的义理与考据只不过是孔门四科之二。朱次琦、陈澧、曾国藩无一例外地主张恢复孔门四科的规模,也正是出于这一理由。曾国藩直接把乾嘉以来姚鼐、戴震义理、词章、考据加上政事(或经济)以与四科相配(《圣哲画像记》)。朱次琦则把读书之法分为五类,经学、史学、掌故、性理、词章,假如把史学与掌故合为一科,与孔门的政事之学相配,其实也便是孔门四科。并强调"通经将以致用,不可以执一也,不可以嗜琐也"

（简朝亮撰《年谱》）。至于陈澧，不仅对历代有关四科的讨论详加考辨，而且还认为宋儒胡瑗的经义斋、治事斋深得“四科之遗意”（《东塾读书记·论语》）。还应指出，三者同时以晚明诸老为楷模，朱次琦、陈澧最尊顾炎武，而曾国藩则推崇王船山。

三、最后的洋务派

道咸以来经学的回潮，其实是所谓“同光中兴”真正的“中体”。这个“中体”不仅倡导“师夷长技”，发起洋务运动，也曾打败同光年间的一系列叛乱及外侮，收复了新疆。这个“中体”本身并不缺乏诚意，也具有开放的热诚。曾国藩的人格魅力在晚清一时无两，之后的领袖人物郭嵩焘、李鸿章、曾纪泽都不乏开放的胸襟与干才。在满清政权已经衰朽不堪的情形之下，尽管对洋务派极为忌惮，却也不得不予以倚重。李鸿章虽因身居高位，调合于跋扈的女主、昏聩的勋贵与激烈的舆情之间，因而频遭物议，但有识之士却许之为“救时良相”（孙宝瑄语）。满汉的天平在不断向汉族势力倾斜，这个过程维持了清朝最后时代的政局。陈寅恪后来自言“平生为不古不今之学，思想囿于咸丰、同治之世，议论近乎湘乡、南皮之间”（《冯友兰中国哲学史下册审查报告》），便是对这个“中体”的礼敬。

只不过这个“中体”仍然有所欠缺。由于雍正以后一百多年缺少对现实事物的关注，晚清学者在经子学术上的努力，也不过是恢复到晚明诸老，而精神上的自由尚远远不如。回想晚明时代，耶稣会士初入中华，西方在物质文明上虽然稍擅胜场，但中土学术依然可以与之平等对话，有识之士，且欲“会通以求超胜”（徐光启语），驾而上之。但随着近代西方在哲学宗教、科学技术、政治经济制度等方面的巨大变化，单凭晚明诸老的学术规模，假如不予以反省扩充，对其深广之处已经难以完全笼罩。何况受制于现实的权力架构，就连顾炎武等有关盐政等技术性的方略尚无法推行（参孙宝瑄《忘山庐日记·光绪二十七年》），遑论晚明学术最精彩的东西。譬如黄宗羲的《明夷待访录》，便主要在宋恕、孙中山、梁启超等在野人士中间传播。在大约两百年间，经学丧失了自我更新的机会，并因此在“三千年未有之变局”（李鸿章语）来临之际近乎失语。

甲午战争的失败，迅速打破了这一平衡。广东、江浙、湖北等地的士大夫开始吹起变法或革命的号角，矛头直指清代政体的核心。尽管百日维新在形式上失败，但却使满汉矛盾迅速加剧，并为最高权力而火并。斗争的结果，是由袁世凯这个湘、淮军的旁系攫取了政权，但“中体”本身却也在清代灭亡的过程中成了陪葬的对象。1905年科举考试废除，经学虽然以“存古”的名义被保留，顾炎武、黄宗羲、王夫之三大儒也在1907年从祀孔庙，却只能说是坠入黑夜前的最后一抹余晖。

也正是在1907年，新设农工商部左侍郎、署理尚书，年仅四十三岁的唐文治扶柩回乡葬母，从此再没有回到政界，开始了近半个世纪的讲学生涯。先是主持上海高等实业学校(上海交通大学前身),后来创办无锡中学与无锡国专。并在几十年后,与友人曹元弼一样,成为硕果仅存的"旧学"代表人物之一。

唐文治字蔚芝,江苏太仓人。年少聪颖,八岁就有"愿为伊尹"之志。由于科举制度仍在运行,虽然家境不丰,唐文治早年仍然在替人坐馆的父亲指导下,开始了经书及科举制艺的学习,并于十六岁进学。从其求学及入仕经历而言,实与洋务运动结下了不解之缘。

光绪七年(1881)唐文治十七岁,参加时任江苏学政黄体芳的科试,并得到一等十五名的佳绩。黄体芳(1832—1899)是浙江瑞安人,与张佩纶、张之洞等合称"翰林四谏",是晚清"清流"人士中的代表人物。瑞安地处浙东,宋代以来便是学术发达之所。除了黄氏家族"一门五进士",科甲煊赫之外,其所师事的孙衣言(1815—1894),也是瑞安的望族。孙衣言本人以永嘉事功之学相倡率,校刻《永嘉丛书》,其实是自觉地谋求学术与事功的结合,这与陈澧、曾国藩等人的学风是相契的。受其影响,其子孙诒让著有《墨子间诂》、《周礼正义》,其实也是从二者的事功之学着眼,与传统汉学家貌同而实异。孙氏同时还撰写《周礼政要》,主张"今人所指为西政之最新者,吾二千年前之旧政已发其端"(《周礼政要叙》),代表了晚清经学融摄西学的努力。孙衣言之弟孙锵鸣还是李鸿章的房师,其女婿宋恕,学生陈虬宸、黄绍箕(黄体芳子),以及陈、宋的好友陈虬,都是清末民初倾向变法的有名人物。

光绪十年，黄体芳在江阴设立南菁书院，院长便是黄式三之子，撰写《礼书通故》的黄以周。次年，唐文治顺利进入南菁书院，得以受到黄以周的亲自指导。黄氏虽然以礼学知名，但同样长于理学，推尊顾炎武，首次指导便借给他宋儒陈淳《北溪字义》，并告以“训诂、义理合一之旨”（唐文治《自订年谱》），为唐氏后来主张为学不分汉宋打下基础。其后，王先谦编《皇清经解续编》，唐文治也曾参与校书工作。

光绪十八年（1892），唐文治进士及第，授户部主事。由于颇受座师翁同龢赏识，为其曾孙授读。在随后数年间，大概公务所需，广泛阅读各国条约事务书、曾国藩、胡林翼全集、正续《经世文编》，并评点《万国公法》、曾纪泽、黎庶昌文集等书，“于经世之学，亦粗得门径”。其中胡林翼也是湘军首领之一，曾纪泽是曾国藩之子，黎庶昌则是“曾门四弟子”之一，说唐文治的经世之学乃是曾国藩系统的嫡传，应不为过。“余恨未及（曾）文正之门，常服膺而私淑焉。”（《自订年谱》）唐文治后来治学中特重文章之学，除了其本师王紫翔的教导之外，也与曾国藩、吴汝纶等桐城派的影响有关。光绪二十四年（1898）唐文治兼总理事务衙门章京，正式参与外交事宜。而庆亲王与李鸿章便是此时的总署大臣。光绪二十七年（1901），辛丑条约的签订，唐文治也曾参与其中。其后还曾随从出使日本、英国。光绪二十九年（1903）升商部右丞，此时的唐文治，已经是满汉大臣眼中的能员。几年之后，尽管已经是署理尚书，唐文治却因母丧乘乱抽身，并由此转入上海高等实业学校，实非常人所及。

从进入民国开始，唐文治先后编写《论语大义》《孟子大义》《大学大义》《中庸大义》《十三经提纲》《茹经堂文集》《性理学大义》《政治学大义》《讲演录》《国文经纬贯通大义》《尚书大义》《阳明学术发微》《诗经大义》《礼记大义》等书，并同时开启了讲学生涯。“道之不绝在人”，当经学已无法在学科体制之内保存的时候，还是可以通过在野讲学来加以传承。无独有偶，清末对孔子予以激烈否定的章太炎，则在民国初年开始了自我批判，撰写《检论》，重新以经学自任。

在二十世纪的读经运动中，各省军阀是一股重要力量。假如从此辈与湘淮军的渊源，以及由此与道咸以来经学新变的关系来看，应该是一个可以切入的视角，不宜以保守落后简单地加以否定。生值乱世，此辈之中固然不乏颟顸无耻之徒，但如蔡锷之倡义起兵，段祺瑞之茹素明耻，吴佩孚之宁死不屈，相比后世某些无所不为的行径，却不可以不说有经学的遗教存焉。更何况反对读经据说是为了抵制专制，但经学灭后，却并未阻止专制的加深。以专制的手段否定经学，与用专制的手段提倡经学，其相去并不甚远。经学的仁义礼智信、天理良知本来作为传统各阶层心理诉求的共同基础，不仅责己，也可以责人，并以此维系政教的基础。当这个基础被摧毁之后，不同群体间的公共认同消失，加上外来各种学说的催动，判断真理的尺度只能是惟力是视的丛林法则。谓予不信，有历史在。

四、"哀鸾孤桐上，清音彻九天"

唐文治的学术渊源本来便是道咸以来不拘门户、经世致用的经学传统，所以在学术上仍然大体继承发挥此派的见解。其最重要的著作无疑是民国二年(1913)便已完成，但在六十岁时(1924)才完成定本的《论语大义》。而撰写本书所参考的作品，除了朱《注》以外，主要便是清儒汪份(1655—1721)的《四书大全》、陆陇其(1630—1692)《松阳讲义》、李光地《读论语札记》、黄式三《论语后案》、刘宝楠(1791—1855)《论语正义》。除此之外，其学术也受黄道周、顾炎武、陆士仪、方苞、曾国藩、黄以周等人的很大影响，而其中陈澧《东塾读书记》的影响最大。《东塾读书记》试图以一部书的规模总括全部经学、诸子以及经学史的努力，在唐文治所编纂的《十三经读本》里得到明确体现。只不过，在陈澧的时代，经学作为知识体系表面上依然如日中天，所以只需要在作品中自抒心得；但在唐文治的时代，经学俨然已遭灭顶之灾，所以需要把最好的版本、注释以及读书的门径告诉后人。这就像那个有名的故事，人类将要灭亡，一个物理学家选择告诉未来智慧生命的一句话是"世界是元子论的"。有了这个观念，物理学还会被重新发现。

也正是因此，唐氏择选版本虽然务求其善，但却仅"择其注之简当者，屏其解之破碎而繁芜者。抉其微言，标其大义，撰为提纲，附于诸经简末”(《十三经读本序》)。诸经的注释不分门户，三礼宗郑玄，《四书》《诗》《易》宗朱子，辅以清儒著作，其余亦择善而从。出于对文章声韵的重视，唐氏甚至专门灌制经典诵读的唱片，以遗后人。其救世婆心，于兹可见。在民国以后经学被从学术上否定，新锐学者纷纷主张以经学史替代经学的声浪中，唐文治《十三经读本》之不拘门户在某种程度上成为一种象征，“兄弟阋于墙，外御其侮”，所谓“覆巢之下，焉有完卵”，传统华夏文明遭遇的是一次整体性危机。若干年后，在如火如荼的反传统运动中，就连新一代大儒熊十力也未免对经学传统发生困惑，自孟子以下的儒者多斥为“奴儒”，但却依然守住了孔子学术那一点灵明。两者有着异曲同工之处。

不过，唐文治所做的尚不止于此。如果说《十三经读本》形式上仍是为了“存古”，那么他为诸经所作的提纲和大义，便是他在存古之余所发挥的经世之学。这一经世之学既有多年从政及主持实业教育的心得，也有面对世风时势的痛彻反思。

与陈澧、曾国藩等一样，唐文治仍然延续了道咸以来经学的四科规模而略加变化。德行科方面便是性理学，并撰有《性理学大义》。假如细分之，则包括义理学与伦理学，二者皆根于性理，但区别何在？“伦理散见于伦常日用之际，义理体察于身心性命之微。”(《诗经义理学序》)其实也便是西洋学术中哲学与伦理学之别。言语科便是文学，所以有《国文经纬贯通大义》。不仅如此，对十三经的文字，唐文治也提倡不要放弃从文学方面去解读，“若从文法入手便易了解”

(《十三经读本凡例》)。这主要是桐城派留下的遗产。文学科便是学术源流,唐氏有时也会从俗叫作"经学"。政事科则所包甚广,有政治学、政鉴、社会学、教育学、军事学、农事学等等,其实也就是今天的社会科学。所有学科都要以性理学为基础。从整体经学来看,经典各有所偏;但从各部经典来看,每部经典都可以区分为不同的学科门类。譬如在《诗经大义》中,便把《诗经》分为八个门类,分别是伦理学、性情学、政治学、社会学、农事学、军事学、义理学、修辞学,等等。四十年代,马一浮在复性书院讲学,首先揭出六艺可以统摄包括中西学术在内一切学术这一大旨,在唐文治这里,其微意无疑已在其中。

当然,这种做法似乎蕴含着唐氏经学观念中的某些不足,那就是仍然把经典本身当作直接应用的对象,在这种应用背后其实有着把经典当成信仰对象的嫌疑。在1920年代关于读经的讨论中,唐氏主张对不符合现代需要的经典予以删削(参虞万里《尊孔读经与治心救国》),其实便是这种观念的反映。一般来说,除了修身及义理之学以外,经典乃是经学视野在历史境遇中的呈现,所谓"礼以时为大",因革损益固然正常,但这种历史性的损益可以通过经学的不断疏解来完成。好的注疏与经典本身的张力其实就是经典自身的历史张力,在这个意义上,经典是不可删削的。删削唯一可以存在的理由是为了教化初学,因为初学无法领会经学的深义,而不得不然。只不过这一点倒不必苛求,在新的境遇中不断发明经学的大义,本来便是一代代学者的薪火之责。

应该指出，无论在形态上是否融摄新学，真正深邃的经学都会同时体现在两个方面，一种是为世道人心把脉，一种是在学术上对经典本身的贯通。清代以来，在钱穆先生所谓“部族政权”的统治之下，士气萎靡，民心浮躁，虽有天朝上国的虚名，而精神颓靡不振，政教诚意尽失。随着列强的侵入，由往日心态上的高高在上迅速跌入困顿之中，于是社会达尔文主义甚嚣尘上，急功切利、试图一朝崛起的心态弥漫朝野。晚清以来之所以越来越走向激进，而热衷于画饼充饥，其根本原因便在于此。在更深层次来看，这并非简单的“救亡压倒启蒙”（李泽厚语）的问题，而是一种因为长期德性失范而造成的集体无意识的危机。近代以来有关“国民性”问题的讨论事实上渊源与此。在唐文治的著作中，所看到的因此是一个类似战国、充满杀机的世界。“今日之世，一大战国之世也。……横政之所出也，横民之所止也。截截乎，学说之诐淫也！皤皤乎，士林之盲从也！憯乎怛乎，闾阎之痛苦而无所控诉也！世界之劫运，若巨舟泛汪洋而无所止届也！若是者何也？人心之害为之也。”“且夫天生人而与以至善之心，孰不有良知盈然蔼然，超出于物类之外。”经学所要捍卫的是人心的“秉彝之良”，这是上天所赋，人人共有，而使人类超出物化的东西。在人类不同文明之中，这种“秉彝之良”表达可能不同，但却是人之所以为人的底线。但为什么会不顾天理良心而有废经之举？这是唐文治所大不解之处（《十三经读本序》）。自民国二年开始唐文治便着手编写十三经的大义，无疑便是受民国元年废经事件的刺激。

反观20世纪的中国历史，孰是孰非似已不难置辩。对于这个时代的具体应对之策，便是唐文治在各种《大义》中所不厌其烦提出的救治人心的方案。保持廉耻之心，养心无欲，洗心寡过，诚以行之，“人无信不立”，“欲速则不达”，虽似卑之无甚高论，但谁又能说20世纪社会政治人心风俗种种问题，不是因为德性的失范所致？尽管出生于帝制时代，甚至官居高位，但在他的文字里，捍卫共和政体，维护民权与人权，重视民智开启，这样的呼吁随处可见，表明唐文治这样的儒者所持守的并非是那种一家一姓的愚忠，这与他所心仪的孟子民贵君轻的精神是一致的。“哀鸾孤桐上，清音彻九天。”这句熊十力喜欢引用的鸠摩罗什的诗句，用来比况唐文治，似乎也差堪仿佛。

如前所述，唐文治最重要的作品，同时也是使其真正可以跻身古来作者之林而无愧的，便是他的《论语大义》。这部书的真正特色在于认为“《论语》每篇章次皆有意义，如贯索然。”(《季氏篇大义》)这一观点在学术史上本来并不稀奇，许多学者都曾提出，并试图予以解决。但直到《论语大义》一书，尤其《学而》《为政》《八佾》《述而》诸篇，其论述之精当，析理之严明，令人不无观止之叹。全书虽偶有可议，但大体已得，实为《论语》注本之中不可多得的佳作。其余著作虽然在整体上与《论语大义》尚有距离，但论学精义也是所在多有。而且唐氏之学横跨十二经的各个领域，皆能中其款窍，以博大许之，并不为过。

也正是因此，相对于康有为、廖平等同辈学人，因为以螣蛇吞象的方法吸纳西学，而引起的对经学的不适感，唐文治的经学可谓极为纯正。在唐氏所承接的道咸学术（其实也就是晚明学术）基础上，对古今中西不同学术重新加以融会变化，便是稍晚一辈的马一浮、熊十力等所接续的，那个方兴未已的新经学。这一“第三期经学”自晚明黄宗羲、王夫之、顾炎武等开山以来（参拙撰《新经学发刊词》），虽然经过乾嘉时代的挫折，最后终于回到其应有的轨道上来。道咸以来近代经学的回潮，其意义在此。作为守先待后的一代大儒，唐文治先生功不可没。

戊戌年三月初八，涣斋识于沪上

学而篇第一

子曰:“学而时习之,不亦说乎?

“学”字或训效,或训觉,皆未能征之于实。陆氏曰:“此所谓学,《大学》八条目是也。”陈氏曰:“‘学’字从孝,即下章所谓孝弟,以及本篇中诸学字皆是也。”黄氏曰:“圣门之教,必读书然后为学也。”后说为长。时习者,反复不厌,日新而月异也。之,代名词,如“默而识之”“敏以求之”之例,即指学而言。说者,思绎既久,意渐解释,所谓“优而柔之,餍而饫之”“涣然冰释,怡然理顺”也。

有朋自远方来,不亦乐乎?

朋,同志也。自远方来,同声相应、同气相求也。孟子曰:“得天下英才而教育之,三乐也。”

人不知而不愠,不亦君子乎?”

人者,非皆同志也。知与不知,听之而已。不愠者,非特不含怒,盖绝无丝毫之芥蒂也。不愠,与说、乐相对。说生意内,发为元;乐散于外，为亨；不愠则生意，又收敛于内，为利贞也。《易传》曰“遯世无闷”“不见是而无闷”，君子以成德为行，为己之学，固当如是也。玩三“不亦”字，圣人循循善诱之意深矣。

有子曰：“其为人也孝弟，而好犯上者，鲜矣；不好犯上而好作乱者，未之有也。

此言和气之可以消戾气也。人之犯上作乱，出于所好。好犯上作乱有二等：一由于性情之桀傲，一由于气习之浮嚣。能孝弟，则居家庭乡党，自无此二弊。此节当与《孝经》“五孝”章、《孟子》首章参读。

君子务本，本立而道生。孝弟也者，其为仁之本与！”

务，专力也。木著于地谓之本，离地即槁，人子之依于父母，亦犹是也。本立道生，根本固则枝叶自然畅茂也。孝弟，为仁之本。亲亲而后能仁民，仁民而后能爱物也。《后汉书》延笃《仁孝论》曰：“仁人之于孝，犹四体之有心腹，枝叶之有根本也。”其说极精。此节当与《大学》首章末节参读。春秋之世，兼爱之说渐萌，人伦浸废，故有子、曾子特正本以救之。

子曰：“巧言令色，鲜矣仁！”

《礼记·表记》篇曰："君子言足信也，色足惮也。"此为天则。言何为而巧？色何为而令？欲以谄媚于人耳。谄媚于人，则卑鄙龌龊，日益作伪，羞恶之良丧，而本心亡矣。圣人曰"鲜矣仁"，盖既鲜，必至于绝无也。

曾子曰："吾日三省吾身。为人谋而不忠乎？与朋友交而不信乎？传不习乎？"

此圣门身学之权舆也。陆氏曰："天地间最贵者，此身耳，为造化立心，为生民立命，则此身也。然最危者亦此身，为愚不肖，甚至沦于禽兽者，亦此身也。"故必当省。省之先，有涵养之功；省之后，有克治之功，又非徒省而已也。忠信所以进德也，传习所以修业也。不曰当忠、当信、当习，而曰不忠、不信、不习，其意尤严切矣。

子曰："道千乘之国，敬事而信，节用而爱人，使民以时。"

《大学》引《诗》曰"缉熙敬止"，又曰"与国人交，止于信"。敬与信，相因而致也。《易传》曰："节以制度，不伤财、不害民。"惟节用而后能爱人，亦相因而不相妨也。《易传》曰："说以使民，民忘其劳。"中国最重农政，要在不违农时，故《豳风》之诗，必"我稼既同"，而后"上执公功"也。此五者，盖治道入手之大纲，犹未及乎礼、乐、刑、政也。或谓敬字乃古圣心法，不知此敬字较浅，与"修己以敬"贯彻始终者不同。

子曰:“弟子入则孝,出则弟,谨而信,泛爱众,而亲仁。行有余力,则以学文。”

此章盖古者小学之要义,即以立大学之初基也。入孝出弟,所以居家庭者得乎天性矣。谨也、信也,推之于制行也。爱众、亲仁,所以处乡党、州闾者,合乎礼意矣。余力学文,推之于游艺也。“四教”章为大成之学,故先文后行。此章为小成之学,故先行后文。或训学文为识字,义殊偏狭,当从朱《注》为是。

子夏曰:“贤贤易色;事父母,能竭其力;事君,能致其身;与朋友交,言而有信。虽曰未学,吾必谓之学矣。”

贤贤易色,好德如好色也。何以能易色?何以能竭力?何以能致身?何以能有信?四者皆出于诚意也。而欲诚其意者,先在于致知格物,故知其必出于学。子夏,文学家也,其重笃行若此,盖一则以当时多菲薄、悃愊、浮华之士,一则多谓生质既美,无待于学。故特曰“吾必谓之学”,见学与行之相需而不相离也。

子曰:“君子不重,则不威;学则不固。

此君子,乃未成德之君子。重、威,定命之学也。《左氏传》曰:

“有威而可畏，谓之威。”又曰：“有动作礼义威仪之则，以定命也。”《诗》曰：“天保定尔，亦孔之固。”定者，定命也。惟定命而后能固。凡动作轻浮者，其学皆不足恃也。惟重与威，亦不可出于虚假耳。或训固为固陋，以“学则不固”别为一节者，谬。

主忠信。

重、威，居敬之学也，见乎外者也。忠、信，存诚之学也，本乎内者也，故曰主。以上五章皆言信，人生以信为最重也。

无友不如己者。

或曰“君子嘉善而矜不能”，若皆友胜己者，则不如己者何以成其德乎？不知惟成德之君子可以矜不能，若未成德之君子而友不如己者，则此心将流于骄肆，而失其所学矣。或谓不如己乃不类己者，言道不同不相为谋也，此别一义。

过，则勿惮改。”

惮者，因循畏难之意。过出于无心，故改之即可以无过。惮生于有心，故惮改将成为大恶。曰勿者，本吾心以斩绝之而永决之也。以上四者，为学者入德之大要。

曾子曰：“慎终，追远，民德归厚矣。”

此以丧礼、祭礼教民也。慎终者，所谓三日不怠，三月不懈，期悲哀，三年忧是也。追远者，所谓反古复始，不忘其所由生也。曾子每读《丧礼》，泣下霑襟。丧礼易启人之哀心，祭礼易启人之敬心。故六礼之中，丧、祭为尤重。提倡之责，固在君相，亦在师儒也。不云"民德厚"而云"归厚者"，一则归复其生初之至性，一则归复周初仁厚之风也。皇《疏》引熊理曰："欣新忘旧，近情之常累。信近负远，义士之所弃。"其说亦足针砭末俗。

子禽问于子贡曰："夫子至于是邦也，必闻其政，求之与？抑与之与？"

本经有"道不行"之叹，《史记》称孔子明王道，干七十余君莫能用。此章乃言必闻其政。盖闻者，闻掌故之得失、风俗之美恶焉耳，非委托以政也。或闻之于诸侯，或闻之于国老、卿、大夫，亦非专指邦君言也。时人疑夫子亦出于求，故陈亢虽以求、与并问，而其语意亦偏重于求。

子贡曰："夫子温、良、恭、俭、让以得之。夫子之求之也，其诸异乎人之求之与？"

朱《注》："温，和厚也；良，易直也；恭，庄敬也；俭，节制也；让，谦逊也。五者，夫子之盛德光辉接于人者也。"然此特就浅者言之耳，若细别之，则天地之气备焉。李氏曰："温者和蔼，春气也。良者明达，夏气也。恭者严肃，秋气也。俭者收敛，冬气也。让则若无若虚，如土气之流行于四时也。”圣人浑然天德，未易为俗人言也。“其诸”，诸字即指五德而言。本经如“人其舍诸”，诸字指贤才言。“尧舜其犹病诸”，诸字指博施济众安百姓言。凡经传中诸字例，皆以虚作实。“异乎人之求之”者，犹孟子言伊尹以尧舜之道要汤之意，辟时人之见也。

子曰：“父在，观其志；父没，观其行；三年无改于父之道，可谓孝矣。”

观其志，观子之志也。观其行，观子之行也。汪氏曰：“三年无改，为其合于道也。”何以言三年也？盖至于三年而无改，则可概以终身也，是以可谓之孝。若非道而犹不改，则是成父之过矣。先儒谓改父之道，所行虽善，亦不得为孝，恐失经旨。

有子曰：“礼之用，和为贵。先王之道，斯为美，小大由之。

世衰道微，邪说暴行并作，直以礼为束缚人之具。故有子明揭之曰：“礼之用，和为贵。”盖礼，根于秩序，有秩序，自然能和。此《尚书》“天叙”“天秩”，所以继以“和衷”，而“正德、利用、厚生惟和”，皆原于是。“率性之谓道”，先王制礼，无非因人性所固有，率而行之，是以小事大事，无不由之，而非有所勉强也。

有所不行，知和而和，不以礼节之，亦不可行也。”

敬者，礼之体；和者，敬之用，故《礼记·乐记》篇曰："夫敬以和，何事不行？"惟以礼为束缚，而不以敬为主，故日流于放荡。知和而和，则性情纵恣，而越乎天则之范围矣。春秋时原壤，战国时蒙庄，后世清谈之流，皆是也。曰亦不可行者，言以礼为束缚者固非，若一意以放旷出之，则亦不可行也，其防弊之意至深远矣。

有子曰："信近于义，言可复也。恭近于礼，远耻辱也。因不失其亲，亦可宗也。"

朱《注》："此言人之言行、交际，皆当谨之于始，而虑其所终。不然，则因仍苟且之间，将有不胜其自失之悔者矣。"语极警切。陆氏曰："两'近'字，一'不失'字，必先有穷理之功。不然，则以非义者为义，非礼者为礼，不当亲者为可亲矣。"曰可复，曰远耻辱，曰可宗，皆有一再审慎而后践履之意。故此章当与"三省"章参读，乃战战兢兢之义，非泛论也。或以因作昏姻解，宗作宗族解，迂曲难通。

子曰："君子食无求饱，居无求安，敏于事而慎于言，就有道而正焉，可谓好学也已。"

此章有二义：一系侧说，盖人若不求安饱，而不能敏事慎言，则无以措之于实行；若敏事慎言，而不能就正有道，则所学尤恐不得其正。一系平说，盖不求安饱，所以立好学之志；敏事慎言，所以践好学之实；就正有道，所以明好学之径途。然人所以不能好学者，皆安饱之念误之也。故学者必先立志。若志不立，则品行卑污，虽鞭策之而不起矣。先儒谓此章当与“日知所亡”章参看。“日知”章励为学之进步，故其所好者必须臾不离。此章立为学之根基，故其所好者必丝毫不杂也。

子贡曰：“贫而无谄，富而无骄，何如？”子曰：“可也。未若贫而乐，富而好礼者也。”

此章言学问之无穷也。乐，乐道也。无谄、无骄，犹未忘乎贫富也。乐与好礼，则超乎贫富之外。素位而行，非因贫而后乐道，因富而后好礼也，乃进于乐天知命之学矣。子路终身诵“不忮不求”之诗，夫子戒以“何足以臧”，亦此意也。

子贡曰：“《诗》云：‘如切如磋，如琢如磨。’其斯之谓与？”

许氏《说文》序曰：“分理相别异。”切，分也，至于磋，则析之极其精矣。琢，理也，至于磨，则治之极其密矣。黄氏曰：“《大学》‘如切如磋者，道学也。如琢如磨者，自修也。’《尔雅》文同，盖古训也。”切磋者必判其文理之细，道学似之。琢磨者必去其瑕玷之微，自修似之。

子曰：“赐也，始可与言《诗》已矣。告诸往而知来者。”

往者，其所已言者；来者，其所未言者。盖即闻一知二之意。黄氏曰:“此章首节论贫富,次节言学问行诣当愈进而愈深,三节言说《诗》之家法。”见论学触类旁通之妙,各有意义。俗解泥贫富言,恐失其蕴矣。

子曰:“不患人之不己知,患不知人也。”

此章与首章末节及《尧曰》篇末章末节均相应,意尤重在末句。盖知人为穷理之学。若为政而不知人,则无以辨善恶邪正之分,而好恶流于乖僻,是政治中之患。若为学而不知人,则无以辨诐淫邪遁之失,而趋向入于歧途,是学术中之患。故知人之学,为圣门先务之急。或曰“知人者当爱而知其恶,憎而知其善”,说亦深细。

学而篇大义

《论语》开宗明义曰学。学字,古文从爻、从子,即古孝字。学者何?孝弟而已矣。仁者,人心之德,所以为人之本也。为仁之本,自孝弟始。失仁之端,自巧言令色始。自古圣贤豪杰,孰不从家庭爱敬中来?天下穿窬盗贼,孰不从逢迎谄媚中来?养正之功,端在于是。此贯串之义,读《论语》者入门法也。曰“不亦说乎”“不亦乐乎”,明为学当求说与乐也。《易・乾卦》之初爻曰“潜”,潜者,圣人之至德。《学而》首章曰“人不知而不愠”,其末章曰“不患人之不己知”,《尧曰》之末章曰“不知命无以为君子”,皆潜德也。学问浅露,动辄表暴于人，浸至驰逐于名利之场，隳其品行，皆求知之一念为之，此圣人所深痛，而学者之大戒，是《论语》二十篇彻始彻终之要旨也。曾子“三省章”以下，大抵皆为初学而言。曾子非于三省之外，别无所事，曰“忠信”，曰“传习”，教学者以简易之目也。汤之盘铭曰“苟日新，日日新，又日新”，能行三省之法，吾德庶几其日新乎？凡人每日沐时，至少凡三，有能行三省之法，去其面之垢，即以去其心之垢者乎？“道千乘之国”，政治学之初基也。“弟子入则孝”章，古时小学之教也。贤贤易色，事亲竭力，事君致身，交友有信，性情品行之本原也。“不重则不威”章，皆教初学以笃实之旨。盖不实则浮，浮则嚣，嚣则诞，学问终身无成矣。故学者以重为尤要，能敬其庶几重乎？圣门立教，首重人伦，而孝弟，人伦之本也。“慎终追远”，孝之本也。甚哉！有子、曾子之言似夫子也。盖天下固有不治父母之丧者矣，有春露秋霜、岁时伏腊，不祀其先人者矣，民德之薄如此，孰使之然？亦可痛矣哉！“温、良、恭、俭、让”，圣人处世之道，即学者学圣人之阶梯也。“三年无改于父之道”，尤为教孝之义。曷为限以三年？曰三年，概以终身可也。如有非道者，改之可也。《易传》曰“履和而至”，又曰“履以和行，谦以制礼”。“礼之用，和为贵”，初学应世之方也。“小大由之”，贯始终一也。“信近于义”，言始可复；“恭近于礼”，始远耻辱；“因不失其亲”，始可宗。初学苟非辨之于早，有终身失足者矣。《论语》二十篇，时时教人以好学，而惟“食无求饱”数言，尤为浅近而笃实。“贫而无谄，富而无骄”，学者之行，宜由浅以及深。学《诗》之义，亦宜由浅以入深。

"告诸往而知来者"，治经之法也，所谓"举一隅以三隅反"者也。"不患人之不己知"，与"不知不愠"义相应。凡读《论语》之法，有苦思力索而始得之者，有浅近而易晓者，至于平易近人，亲切有味，则《学而》一篇，尤宜三复也。而文治则更有进者：圣人教人最要之宗旨，读书与立品，宜合为一。故先儒谓读《论语》每读一篇，人品宜高一格。若书自书，我自我，终其身与书隔阂，犹之不读书矣。今学者玩时习之教，其亦知反诸于身，而体诸于心乎！

为政篇第二

子曰："为政以德，譬如北辰，居其所而众星共之。"

此政治统一之说也。德，如《皋陶谟》之九德，《洪范》之三德是也。居其所，犹《书》所谓"安汝止"，非清静无为之谓。众星共之，言旋绕而归向之也。取象于星者何？庶民惟星，《释名》："散，星也。"惟有德以翕聚之，而后散者归于一。不然，月之从星，则以风雨，是为乱象。《大学》曰："君子先慎乎德。有德此有人，有人此有土。"盖政治之统一，不徒统一乎土地，要在统一乎人心。德者，统一人心之具也。

子曰："《诗》三百，一言以蔽之，曰'思无邪'。"

此夫子删《诗》后之定论也。蔽，括也。夫子删《诗》，以思为主。凡思之近于邪者，皆删之；其存者，皆无邪者也。无邪之义，浅言之则发乎情，止乎礼义，虽郑、卫之诗，亦无非惩恶而劝善。若深言之，则与《礼》之"毋不敬"相合。盖《诗》以雅、颂为重。如《文王》《大明》《昊天有成命》《敬之》诸篇，凡周公所作者，皆以敬天命为主。鲁为周公之国，故《鲁颂·駉》篇有“思无邪”一言，乃敬天命之旨也。

子曰：“道之以政，齐之以刑，民免而无耻；

此霸术也。道，引道之。齐，画一之。政、刑二字，辨之当精。春秋时尚无申、韩之刻核，大抵如管子之作《内政》，子产之铸《刑书》，故民能免于刑罚。无耻者，因在上者专以功效为学，是以在下者亦急功近名，而羞恶之良泯。故善治民者，必先治民之心理。

道之以德，齐之以礼，有耻且格。”

此王道也。德、礼二字，析之当精。德，如《书》所谓“正德”，“内省不疚”“不愧屋漏”是也。礼，如五礼、六礼等皆是，而从宜之道寓焉。有耻且格者，感孚于心理也。或解格为变革者，殊浅。《孟子》曰：“善政不如善教之得民。”得民者，得民心也。《礼记·缁衣》篇曰：“夫民教之以德，齐之以礼，则民有格心。教之以政，齐之以刑，则民有遯心。”亦指心理而言。故欲治民之心理者，必先治己之心理。

子曰：“吾十有五而志于学，

学，即《大学》格致诚正、修齐治平之道，知行并进者也。凡学圣之方，必先立志。圣人所以愤忘食、乐忘忧者，悉基于是。

三十而立，

立，谓立于礼也。品节明，而德性定。至此而富贵不能淫，贫贱不能移，威武不能屈矣。此指力行而言，而知在其中。

四十而不惑，

不惑者，于事物之理，皆无所疑，所谓“知者不惑”是也。至此而诐淫邪遁，皆无所匿其情矣。此指致知而言，而行在其中。或疑不惑当在立之先，不知立乃可与立，不惑乃可与权也。

五十而知天命，

天命，天道之流行而赋于物者，乃事物所以当然之理。至此则由知人以知天矣。亦指致知而言，而行在其中。子曰：“五十以学《易》。”《易》尽人以合天，是以“穷理尽性，以至于命”，而知天地之化育。

六十而耳顺，

声入心通，无所违逆。至此而闻一善言，见一善行，若决江河，沛然莫之能御。盖知之精而行之熟矣。

七十而从心所欲，不逾矩。

随其心之所欲，自不过于法度。至此而由仁义行，非行仁义。不勉而中，不思而得，为安行之极则矣。李氏曰：“欲，指心所省察而言。乃圣人之谦辞，非因心以造矩也。”义亦切实。此章圣人自言得力之大纲，非谓一知、一行，进学必有年限也。讲章或偏重天命，或偏重心字、矩字者，俱非。

孟懿子问孝。子曰："无违。"

朱《注》："无违，谓不背于理。"黄氏曰："《左传·昭公七年》：'孟僖子属何忌于夫子，使事之而学礼。'是懿子之孝，惟礼尽之。"无违者，即告以无违于礼也。

樊迟御，子告之曰："孟孙问孝于我，我对曰'无违'。"

朱《注》："夫子以懿子未达而不能问，恐其失指，而以从亲之令为孝，故语樊迟以发之。"黄氏曰："懿子未必失指，重述于樊迟之御者，方值问孝之后也。"

樊迟曰："何谓也？"子曰："生，事之以礼；死，葬之以礼，祭之以礼。"

朱《注》："是时三家僭礼，故夫子以是告之。"黄氏曰："生事葬祭，乃申言礼之大纲，非必为三家而发。"俱可别备一义。

孟武伯问孝。子曰："父母唯其疾之忧。"

朱《注》谓："人子当守身慎疾，而以父母之心为心。"义极精确。或曰，子忧父母之疾，《孝经》所谓"病则致其忧"是也。上章言丧则致其哀，祭则致其严；下二章言居则致其敬，养则致其乐，义相连属。或曰，此疾概言身心之疾，犹言弊病。如孟子所言“惰其四支”等五者，固疾也；曾子所言“居处不庄”等五者，亦疾也。身心之疾，非药石可疗，故夫子于问孝时示之。二说皆足补朱《注》所未备。

子游问孝。子曰：“今之孝者，是谓能养。至于犬马，皆能有养；不敬，何以别乎？”

犬马皆能有养者，言犬以守御，马以代劳，虽下至于犬马，皆能养人也。《礼记·坊记》篇：“小人皆能养其亲，君子不敬，何以辨？”与此章语意相发明。小人能养，不过效犬马之劳而已，不能敬其亲，嘻嗃无度，将何以别于禽兽乎？仁人之事亲如事天，故以敬为大也。旧说养其亲而敬不至，则与养犬马何异，引喻失义，恐圣人不应作是言也。或谓禽兽亦能相养，但无礼耳，亦未安。

子夏问孝。子曰：“色难。有事，弟子服其劳；有酒食，先生馔，曾是以为孝乎？”

此与上章义相近，言服劳、奉养之未足为孝也。色难，古注谓承望父母颜色乃为难也。人子之养亲当视于无形，先意承志，此说足以引动孝子之诚意。而朱《注》引《礼记》：“孝子之有深爱者，必有和气；有和气者，必有愉色；有愉色者，必有婉容。故事亲之际，惟色为难。”

盖欲人子于事亲之时，瞿然省察，勿涉于粗浮，勿流于饰伪。其义尤精。教孝之道，不厌求详，二说当并存之。

子曰："吾与回言终日，不违如愚。退而省其私，亦足以发。回也不愚。"

此章当与"于吾言无所不说"义参看。如愚不愚，乃深喜之辞，否则如颜子之至明至健，岂特不愚而已哉？不违如愚，兼深潜、纯粹而言，才华不外发而敛之于内心也。私，谓燕居独处之时，亦足以发，兼心解力行而言。盖不独圣人所已言者足以发，即未言者亦足以发也。不独圣人指示所已行者足以发，即未经指示者亦足以发也。所以深喜其不愚也。若以"私"作慎独解，则堕于空虚，此心齐、坐忘之说所由起也。或读"吾与回言"句，"终日不违如愚"句，极合。

子曰："视其所以，

此章乃知人之学。陆氏曰："圣人待人必忠厚，而观人必精详。"以，用也。知人者，当先视其善恶之分途也。

观其所由，

陆氏曰："恶者可无庸观矣。"其善者，果出于为己乎？抑为人乎？当观其意之所从来也。

察其所安。

察，考也。安，所居也。陆氏曰："为人者可无庸察矣。"其为己者，果出于自然乎？抑勉强乎？惟出于自然，乃能久于其道也。

人焉廋哉？人焉廋哉？"

朱《注》："焉，何也。廋，匿也。重言以申明之。"此非矜其精明而夸其效，乃言人莫能匿其情也，由是则进于先觉矣。然知人之要，必先自视、自观、自察，而后可以知人。且惟能自观察，而后可为圣人所观察也。

子曰："温故而知新，可以为师矣。"

温，水之热者。引申之，凡物将寒而重热之曰温。温故，谓考前代之典章。知新，谓识今时之制度。温故而不知新者，迂拘之士；知新[而]不温故者，浅俗之徒。"可以为"三字，当重读，言必通达古今，兼该体用，而后可以为师也。《礼记·乐记》篇曰："能为师，然后能为长；能为长，然后能为君。"是故择师不可不慎也。或谓知新从温故中出，乃专为厌故喜新者戒，非正义。

子曰："君子不器。"

子曰："君子不可小知，而可大受也。"小知者，器是也。大受者，不器是也。此器字，与器使之器略同，与瑚琏之器实异。《礼记·学记》篇曰："大道不器。"君子大道被于躬，是以体无不具，用无不周，而不为一材、一艺所囿也。

子贡问君子。子曰："先行其言，而后从之。"

《礼记·表记》篇曰："天下有道，则行有枝叶；天下无道，则辞有枝叶。"政治学问，皆以力行为先。君子"先行其言"者，所以倡率乎天下。"而后从之"者，所以表明其径途。

子曰："君子周而不比，小人比而不周。"

此心术之判也。周，普遍，其心公。比，偏党，其心私。《易传》"知周乎万物"，此周字之义。《洪范》"人无有比德"，此比字之义。或疑《易》比卦为吉象，何以属诸小人？不知解字有浑言、析言之别。若下从上，阴从阳，则比为吉；若比之匪人，则比为凶。此比字专指朋比而言，盖其为私也大矣。

子曰："学而不思则罔，思而不学则殆。"

学而不思，训诂词章之弊也；思而不学，明心见性之害也。罔者纷杂而昧，殆者昏默而危。大抵天资鲁钝者，闻见先于知觉；天资高明者，知觉先于闻见。故是二家者，常接迹于天下。圣人有以正之。

涵养与穷理之功,交相为用,则所学所思,自无过不及之患矣。

子曰:"攻乎异端,斯害也已。"

朱《注》:"攻,专治也。异端,如杨墨是也。其率天下至于无父无君,专治而欲精之,为害甚矣。"说极精至。孟子所谓"生于其心,害于其政;发于其政,害于其事"。凡诐、淫、邪、遁,皆异端也。或训攻为击,已为止,谓攻击异端而害斯止。或谓异端不可攻,攻之斯有害。或训攻为错,谓小道可观,与异端切磋,以消害于无形。穿凿喜新,皆不足信。

子曰:"由,诲女知之乎?知之为知之,不知为不知,是知也。"

诲女知之者,诲以致知之学也。《礼记·学记》篇曰:"知类通达。"又曰:"先其易者,后其节目。"知之,易者之类也。不知,难者之类也。先其易而后其难,则不知者皆进于知,是致知之学也。子路天资高明,有"何必读书然后为学"之说,故夫子告之如此。或乃拈"不知为不知"句,以为夫子欲子路扫除闻见,深悖经旨。或又过泥朱《注》,谓子路强不知以为知,不免有自欺之蔽,所见亦非。

子张学干禄。

或谓子张于学之时，有干禄之意。或以“学干禄”三字连读，言子张学干禄之道。后说为长。《礼记·学记》篇曰：“凡学官先事。”盖古者仕官，自有其事，非若后世之所谓干禄也。《诗·大雅》“干禄岂弟”“干禄百福”，皆言天禄，与此干禄略异。或曰“学”当作“问”。

子曰：“多闻阙疑，慎言其余，则寡尤；多见阙殆，慎行其余，则寡悔。言寡尤，行寡悔，禄在其中矣。”

朱《注》：“多闻见者学之博，阙疑殆者择之精，慎言行者守之约。”其意已尽。然必能多闻见，而后能阙疑殆；能阙疑殆，而后慎言行，日益精密，功夫由浅而入深也。寡尤寡悔，特其效耳。《孝经》言卿大夫之孝曰“口无择言，身无择行”，择者，厌也。若口皆可厌之言，身皆可厌之行，安有得禄之理乎？虽然，儒者之学，正谊明道。慎言行，原非为得禄之地。孟子曰：“经德不回，非以干禄也。”故“禄在其中”句当读得轻。

哀公问曰：“何为则民服？”孔子对曰：“举直错诸枉，则民服；举枉错诸直，则民不服。”

错，舍置也。诸，众也。直者、枉者，性情品行万有不齐，如何而举，如何而错，如何举之而用得其当，如何错之而事得其平，实有至精之理。此谢氏所以有“大居敬，而贵穷理”之说也。举直错枉，则君子无掣肘之虞；举枉错直，则善人无立足之地。斯民皆直道而行，其心岂可欺哉？或谓哀公无用人之权，故不问所以举错之道，此说非是。哀公实无知人之明，岂有并一二人不能举错哉？特当行之以渐耳。不然，夫子何为告以此言乎？

季康子问："使民敬忠以劝，如之何？"子曰："临之以庄，则敬；孝慈，则忠；举善而教不能，则劝。"

以，犹与也。临之以庄，"齐明盛服，非礼不动"也。孝慈，《礼记·文王世子》篇养老幼于东序，所谓"老吾老以及人之老，幼吾幼以及人之幼"也。善者不屑为逢迎，不能者更易于废弃，举之教之，公之至也。为政之道，治人必先治己。庄，所以自为敬也；孝慈，所以自为忠也；举教，所以自劝于善也。初非求民之敬忠与劝，而表正景端，效自随之。《礼记·表记》篇："仁者，天下之表也；义者，天下之制也；报者，天下之利也。"庄者，义也；孝慈，仁也；举善教不能，仁义兼尽也。如是则民尊之、亲之，报岂有不至哉？

或谓孔子曰："子奚不为政？"

《史记》定公元年，季氏强僭，"孔子不仕，退修《诗》《书》《礼》《乐》，弟子弥众"。

子曰："《书》云：'孝乎惟孝，友于兄弟，施于有政。'是亦为政，奚其为为政？"

孝乎惟孝，美大孝之辞，犹《礼记·燕居》篇“礼乎礼”句例。友，善也。施，行也。政，所施行也。春秋时，父子兄弟之祸亟矣，欲治其国者，先齐其家。故夫子痛切言之，欲以救人伦之变，而明推恩之义。“是亦为政”者，言是乃为政之本也。旧说谓夫子设辞以对或人，恐未是。

子曰：“人而无信，不知其可也。大车无輗，小车无軏，其何以行之哉？”

朱《注》：“大车，谓平地任载之车。輗，辕端横木，缚轭以驾牛者。小车，谓田车、兵车、乘车。軏，辕端上曲，钩衡以驾马者。”字义人言为信。人而无信，不成为言，即不可为人矣。以车为喻者，车以輗軏为枢机，人以言为枢机，人无信，则天下皆知其欺诈。枢机既失，发号施令，其谁信之？此盖为当时执政者而发。

子张问：“十世可知也？”

孔氏曰：“文质礼变也。”案：《论语》通例，门弟子所问，必皆有其辞，而记载之文略。孔氏所谓文质礼变者，因下文推而知之。“也”字，一本作“乎”。

子曰：“殷因于夏礼，所损益可知也；周因于殷礼，所损益可知也。其或继周者，虽百世可知也。”

《易传》曰："损益盈虚，与时偕行。天叙天秩，千古不变者也。"故曰因。文章制度，随时变更者也，故曰损益。马氏曰："所因，谓三纲五常。所损益，谓文质三统。"朱《注》："三纲，谓君为臣纲、父为子纲、夫为妻纲。五常，谓仁、义、礼、智、信。文质，谓夏尚忠、商尚质、周尚文。三统，谓夏正建寅为人统，商正建丑为地统，周正建子为天统是也。"人治之大，礼为常经。秉礼者，其国存；损益得宜者，其国治；废礼者，其国亡。故曰"虽百世可知也"。

子曰："非其鬼而祭之，谄也。

知者当敬鬼神而远之，故祭祀自有常典。若非其祖考而祭之，则是于所薄者厚，将使人人为索隐行怪之事，墨氏明鬼之说是也，其实始于谄也。

见义不为，无勇也。"

知者当务民之义，然后凡事行而宜之。若明知其义而不为，则是于不可已者而已，将使人人为洁身乱伦之行，杨氏为我之学是也，其实始于无勇也。是二者，皆攻乎异端，越乎礼教，为学术政治之害。

为政篇大义

《春秋左氏传》载郑子产曰："吾闻学而后入政，未闻以政学者也。”故有学问而后有政治。若不学而从政，譬“犹未能操刀而使割”，其自伤以伤民也多矣。是故《学而》之后，次以《为政》。为政之以德尚已，所务者至寡，而能服众，何其神也！“思无邪”一言，温柔敦厚之本原也。世之治民者，将束民于法律乎？抑先教化其性情也？道德齐礼，道政齐刑，本末轻重，不可倒置，明矣。圣人之志学，修齐、治平之学，非无用之学也。耳顺从心，天德、王道、圣功相辅而行也。自古有家庭之教化，而后有社会之教化；有社会之教化，而后有国家之教化。晚近以来，家庭善良之教废弛殆尽，而徒欲以教育之法，行于学校之中，此虽圣人亦不能革其心而易其骨。孟懿子、武伯、子游、子夏问孝诸章，皆家庭中之教化也。入以事其父兄，而后出以事其长上也。“吾与回言终日，不违如愚”，为治不在多言，顾力行何如耳。颜子所以为王佐才也。“视其所以”，观人之法也。“温故知新”，新民之师范也。“君子不器”，不可小知而可大受也。“先行其言而后从之”，天下患无实行之人，而尤患多议论之士。《礼记》曰：“天下有道，则行有枝叶；天下无道，则辞有枝叶。”空言多而实事少，国其可危也。“周而不比”，戒政党也。为政党者，先政而后党，犹不免朋党之祸。若知有党而不知有政，其为私也大矣。吁！可惧哉！可惧哉！“罔”与“殆”，学术之偏也。异端蜂起，生于其心，害于其政，此有国者之大忧也。“知之为知之，不知为不知”，知类之学也。穷理而后能明决，学与政一以贯之者也。《易》曰：“鸣鹤在阴，其子和之。我有好爵，我与尔靡之。”（靡，与縻同，系恋也。）夫子赞之曰：“君子居其室，出其言善，则千里之外应之，况其迩者乎！”夫儒者之言行，与好爵何与？而夫子以为枢机之发，荣辱之主，盖即“言寡尤，行寡悔，禄在其中”之义也。哀公、季康子之问，皆政治之大纲。曰“举枉错诸直，则民不服”，民心难得而易失，民情至愚而难欺也，尤可畏也。“孝友而施于有政”，亦因家庭之政，推而为国家之政也。国于天地，必有与立，民信而已。圯上老人之训张良，司马穰苴之斩庄贾，皆以大信所在。人而无信，不知其可。若诈伪之言，欺罔之行，满于天下，国其不国矣。“殷因于夏礼，所损益可知也。周因于殷礼，所损益可知也”，礼教为政治之本，“虽百世可知也”。为政之道，尽于是矣。乃又特记孔子之言曰“非其鬼而祭之，谄也。见义不为，无勇也”，盖福田利益之说，不可信也。迷信而民愚，愚民之术，不可为也。斯民也，三代之所以直道而行也，民气不可抑遏也，民志不可摧伤也。已而不义，是无勇也。道民于无勇，尤不可为也。墨氏之教主明鬼，其实谄而已；杨氏之教主为我，其实无勇而已。春秋之世，杨氏、墨氏之学说，已潜滋而暗长，夫子烛于几先，特辟异端之害，以清政治之原，《为政》篇所以以此终也。

八佾篇第三

孔子谓季氏，“八佾舞于庭，是可忍也，孰不可忍也”？

佾，舞之行列也。天子用八，六十四人；诸侯用六，三十六人；大夫用四，十六人；士二，四人。黄氏曰：“忍，从刃从心，取决绝之义。决断以合义，是为坚忍。决断以犯义，是为残忍，《国语·楚语》所谓‘强忍犯义’者也。”夫子言此，盖诛其心也。马氏以季氏为季桓子。案：《汉书·刘向传》：“季氏八佾舞于庭，卒逐昭公。”是季氏当为平子。

三家者以《雍》彻。子曰：“‘相维辟公，天子穆穆’，奚取于三家之堂？”

《雍》，《周颂》篇名。彻，祭毕而收其俎。或曰彻别有诗，不足据。辟为诸侯，公为二王后也。堂，谓庙堂。公庙设于私家，由三桓始。上言庭，此言堂。舞乃堂下之乐，歌者在堂上也。上章直斥之，此章婉讽之，皆《春秋》之旨。

子曰:“人而不仁,如礼何?人而不仁,如乐何?”

礼乐起于爱敬,爱敬出于本心。人而不仁,则本心亡矣。游氏谓:“虽欲用礼乐,而礼乐不为之用。”或曰不仁,即所谓忍也,忍则害礼乐矣。如何,难辞,亦伤之之辞。三代而后,所以礼废乐坏者,皆不仁之人为之也。

林放问礼之本。

《礼记·礼器》篇:“忠信,礼之本也;义理,礼之文也。无本不立,无文不行。”是礼中有本也。或训本为初,非。

子曰:“大哉问!

黄氏曰:“问礼固大,欲探其本尤大。”

礼,与其奢也,宁俭;丧,与其易也,宁戚。”

礼,综冠、昏、丧、祭、乡、相见而言。周末文胜,日事奢华,害民伤财,不知纪极。夫子言俭为礼之本,盖欲变文以反质也。丧,为礼中最重者,故又特别言之。易有二义。包氏谓:“易,和易也。”盖异端齐死生,治丧皆简率,后人丧中祭奠如吉礼,即和易之弊。朱《注》:“易,治也”,言“节文习熟,而无哀痛惨怛之实”。二说可并存。黄氏曰:“俭则有不敢越分之心,戚则有不忍背死之心,是礼之本也。”

子曰："夷狄之有君，不如诸夏之亡也。"

夷狄有以区域言者，有以礼义教化言者，此章乃指区域而言。"不如诸夏之亡"，旧说谓如"周召共和"之类，言无君而礼不废。韩子《原道》引经本之。程子谓"夷狄且有君长，不如诸夏之僭乱，反无上下之分。"愚案：春秋时，礼义废而上下乱，夫子慨叹之意甚深，当从程子说为正。

季氏旅于泰山。子谓冉有曰："女弗能救与？"对曰："不能。"子曰："呜呼！曾谓泰山不如林放乎？"

《尔雅》："旅，陈也。"言陈祈禳之事也。古有三望之祭，谓泰山、河、海，惟天子、诸侯得以行之。季氏惧祸求福之心胜，是以肆行僭窃而不顾。对曰不能者，言不能破其迷信也。夫子之意，谓神聪明正直，不歆非祀。曾谓泰山之神，不如林放之知礼，正以见祈禳无益。犹欲救季氏之失，使知修德而循礼也。

子曰："君子无所争，必也射乎！揖让而升，下而饮，其争也君子。"

春秋时，天下动以智力相争，夫子欲以礼让化争，故此章重在"揖让"二字。《礼记·乐记》篇曰："揖让而治天下者，礼乐之谓也。"又《射义》篇曰："射者，进退周旋必中礼，内志正，外体直，然后持弓矢审固;持弓矢审固,然后可以言中。此可以观德行矣。”有礼义范其德行,则恭敬退让之意,油然自生。人心风俗,岂有复出于争者哉!不争而天下平矣。郑君读“揖让而升下”句、“而饮”句,盖因升堂、下堂,皆有揖让,而饮则在堂上也,似较近读为长。

子夏问曰:“‘巧笑倩兮,美目盼兮,素以为绚兮’,何谓也?”

此逸《诗》也。倩,笑貌。盼,动目貌。《说文》:“素,白致缯也。”引申为凡物白饰之称。文成章曰绚。“素以为绚”,言巧笑美盼之人,又善习仪容以为之饰,喻意深远。故子夏问之。

子曰:“绘事后素。”

《考工记》:“画绘之事,杂五色。”下文云:“凡画绘之事,后素功。”是先布众色后加素功也。惠氏曰:“五色之黑、黄、苍、赤,必以素为之介,犹五德之仁、义、智、信,必以礼为闲。”是此“后”字,与下文礼后“后”字,其义正同。朱《注》解“作后于素”,恐非。

曰:“礼后乎?”子曰:“起予者商也!始可与言《诗》已矣。”

太素者,礼之本也。道德仁义,非礼不成。礼之于人,成始而成终者也。子夏闻夫子之言,而悟礼后之旨,知天下不独忠信之人可以学礼,如巧笑美盼之人,尤当学礼以归于质朴。此言于学术品行,深有裨益。故夫子曰“起予”,曰“可与言《诗》”,盖因子夏所言,正合“素以为绚”之义也。或谓子夏因绘事而悟礼，则与言《诗》不相涉矣。

子曰：“夏礼，吾能言之，杞不足徵也；殷礼，吾能言之，宋不足徵也。文献不足故也。足，则吾能徵之矣。”

言者，言其大略，或单辞琐义也。《礼记·礼运》篇，孔子曰：“吾欲观夏道，是故之杞，而不足徵也，吾得《夏时》焉。吾欲观殷道，是故之宋，而不足徵也，吾得《坤乾》焉。”《夏时》《坤乾》，皆大略也。徵，证也。文，典籍也。献，彦之借字，谓贤者也。夫子学二代礼乐，欲斟酌损益删定之，以为后世法，而文献不足，虽能言之，究无徵验，故不得以其说著之于篇，深可惜矣。旧注训徵为成，谓杞、宋无贤君，故不足以成礼，与本经语意未合。

子曰：“禘自既灌而往者，吾不欲观之矣。”

禘有二：一为祭天之禘；一为祭庙之禘。此章指鲁禘，盖谓庙禘也。灌者，方祭之始，王以酒献尸，尸灌于地以求神也。初献以往，诚意已散，则其倦怠失礼可知矣。或谓鲁祭乱昭穆，故夫子不欲观，与本经语意未合。

或问禘之说。子曰：“不知也。知其说者之于天下也，其如示诸斯乎！”指其掌。

禘之说，兼天禘、庙禘而言。不知者，谦辞，亦以禘说精深，非或人所能知也。李氏曰："万物本乎天，人本乎祖。知其理而仁孝足以体之，则物与民胞，皆我度内，子孙臣庶，呼吸相通，而治天下不难矣。"故《中庸》又引子之言曰："明乎郊社之礼，禘尝之义，治国其如示诸掌乎？"此论道之极致，非可易为或人言也。愚谓指其掌者，盖见以孝治天下，则亲亲仁民，仁民爱物。推而行之，如身之使臂，臂之使指，犹孟子言"治天下可运诸掌上"，乃实指其理，非空言其效也。

祭如在，祭神如神在。

祭，祭先祖。祭神，祭五祀之属。下言"吾不与祭，如不祭"，则此二句是当为夫子之事。夫子未尝得位，则祭神非天地山川之神。如在者，事死如事生，事亡如事存，如在其上，如在其左右也。又《礼记·玉藻》篇"凡祭，容貌言色如见所祭者"，《祭义》篇"齐三日，乃见其所为齐者"，皆所谓如在，诚之至也。

子曰："吾不与祭，如不祭。"

"祭如在"者，祖考之精气，寄托之于子孙。子孙之精气，即祖考之精气，故致齐三日，其精诚足以上通于祖考也。"祭神如神在"者，既为祭主，则其精神亦足以通微合莫而无间也。若不与祭，而使他人代之，则精神隔阂，其诚无由而达，故如不祭也。或谓鲁祭失礼，夫子有讥时之意，殊未合。

王孙贾问曰："'与其媚于奥，宁媚于灶'，何谓也？"

室西南隅神为奥。灶，据《月令》为夏所祭也。贾为卫之权臣，故以奥喻君，以灶喻己。李氏曰："室中有奥，盖神道祖考之位，生人主者之居，是一家之最尊者。疑中溜之祭，当设于此。五祀之中，中溜为贵。然灶者，饮食所从出，妇人孺子咸奔趋焉。故时俗为此语，而贾述之。"别备一义。或谓贾自周出，仕卫，奥比周，灶比卫，恐未必然。

子曰："不然。获罪于天，无所祷也。"

天以喻君，其尊无上也。解者谓此乃气数之天，福善祸淫者是也，说亦确切。朱《注》所以训天为理者，盖以天理即心理。若获罪于良心，则悔吝丛集，无地自容，尚何祈祷之有乎？是训为义理之天，其意尤深。

子曰："周监于二代，郁郁乎文哉！吾从周。"

郁郁，纷丽也。夫子从周，非独尊王也。盖"礼仪三百，威仪三千"，至成周而大备。周公制礼，损益因时，最为夫子所心折。此章即《述而》篇梦见周公、述而不作之旨。

子入大庙，每事问。或曰："孰谓鄹人之子知礼乎？入大庙，每事问。”子闻之，曰：“是礼也。”

阎氏曰：“鄹人之子，少贱时始仕之称。孔子年二十为委吏，二十一为乘田吏。”委吏，若《周礼》之委人，共祭祀之薪蒸木材。乘田，若《周礼》之牛人、羊人，共祭祀之牲牷。应在群有司之列，说亦可据。夫子言“是礼”者，《易传》曰：“谦以制礼。”盖礼文、礼质，不厌求详。“每事问”者，乃道问学之事。以虚受人，是礼之本意也。

子曰：“射不主皮，为力不同科，古之道也。”

“射不主皮”，《仪礼·乡射礼》文。《礼记·乐记》篇曰：“武王克商，散军郊射，而贯革之射息。”主皮，即所谓贯革，周初其风已息矣。黄氏曰：“礼有三射：初射，能中的者又射，不中的者黜之不复射，是专以中的为重也。再射，不贯不释，亦兼重中的。然再射之胜与不胜者，皆预于三射。其三射时，苟容体比礼，其节比乐，即不中的无罚。故曰‘不主皮’也。”言“古之道”者，盖古之道即古之礼，夫子以古礼告当世之人，欲其尚德而不尚力，非徒慨叹之而已也。

子贡欲去告朔之饩羊。

告朔者，每月朔日，以本月之政治告于庙，非特敬天道，亦所以慎民事也。其牲天子用牛，诸侯用羊。黄氏曰：“腥曰饩，生曰牵。盖杀而腥荐，故爱之，生养则何以爱之？”其说是。

子曰："赐也！尔爱其羊，我爱其礼。"

爱，犹惜也。我爱礼者，言羊存而礼可念，羊去而礼遂亡。读此知古礼之仅存者，士君子皆当爱而护之。《易·剥卦》曰："硕果不食。"转剥为复，正赖此一线之仅存者也。

子曰："事君尽礼，人以为谄也。"

尽礼，若拜下违众之类是也。尽礼与谄，相似而实相反：尽礼者必不谄，谄者必不能尽礼。当时人士，事君骄泰，而于执政之有权力者，谄媚无所不至。见有事君尽礼者，则目之为谄。夫子以为嫌疑莫决，是非不明，礼意之失久矣。盖感叹甚深，而其辞则甚和平也。

定公问："君使臣，臣事君，如之何？"孔子对曰："君使臣以礼，臣事君以忠。"

礼者，节制，不敢恶慢，不敢骄溢也。忠者，实心，忠于一国，即忠于一人也。二者有明良交泰之思，有上下交责之意。后世废礼而讳言忠，秩序日乱，国事日惰矣。圣人之言，万世之法戒也。

子曰："《关雎》，乐而不淫，哀而不伤。"

"乐而不淫"二句，或指宫人言，或指文王后妃言，义均轇轕难通。

刘氏曰:“《诗》有《关雎》,《乐》亦有《关雎》。此章特据乐言之也。古之乐章,皆三篇为一。《传》曰:《文王》之三、《鹿鸣》之三。《仪礼·乡饮酒礼》合乐《周南·关雎》《葛覃》《卷耳》,亦同此例。夫子言《关雎》之乱,亦兼《葛覃》《卷耳》言之也。乐而不淫,《关雎》《葛覃》也。哀而不伤,《卷耳》也。”《关雎》,乐如匹也。《葛覃》,乐得妇职也。《卷耳》,哀远人也。而“维以不永伤”,尤为“哀而不伤”之显证。哀乐者,性情之极致,王道之权舆也。《八佾》篇皆言礼乐,而《关雎》诸诗,列于乡乐,夫子屡得闻之,故有此言也。又《三家诗》说,周衰,康王晏起,毕公作《关雎》诗以讽,与本经义尤不合。

哀公问社于宰我。宰我对曰:“夏后氏以松,殷人以柏,周人以栗,曰,使民战栗。”

问社,问社主也。夏后者,夏为传子之始,后,主也,犹言君主也。氏者,大禹有功所赐之氏也。殷、周皆国名,故不称氏。称人者,以行仁义,人所归往也。战栗,恐惧也。方氏曰:“哀公欲去三桓、张公室,问社于宰我,‘战栗’之对,劝其断也。”

子闻之,曰:“成事不说,遂事不谏,既往不咎。”

方氏曰:“哀公与宰我俱作隐语,故‘成事不说’三句,亦不显言之也。宰我对立社之旨,本有依据,是以夫子置社主不论,但指其事以责之。”愚案:此章与“鲁人为长府”,夫子赞闵子之言正相应。哀公庸暗，且大权旁落，岂能振作？徒见忌于三家耳。后世积弱之主，轻于举事，盍细味圣言哉！

子曰："管仲之器小哉！"

器，兼德器、礼器而言。春秋之世，王霸转移之一大关键也。管仲得君如彼其专，行国政如彼其久，乃因学识卑、局量浅，卒至变王为霸，率天下而入于功利之途，故夫子称其器小。盖其德器小，故不能"道民以德"；礼器小，故不能"齐民以礼"，深可惜也。

或曰："管仲俭乎？"曰："管氏有三归，官事不摄，焉得俭？"

三归，台名，必穷高极侈者，故《国策·周策》《说苑·善说》篇引此事，皆谓其伤于民。官事无摄，见于桓公之命，孟子称之，而夫子以之斥管仲者，盖天子、诸侯，当有专官；若卿、大夫具官，则侈矣。

"然则管仲知礼乎？"曰："邦君树塞门，管氏亦树塞门；邦君为两君之好，有反坫，管氏亦有反坫。管氏而知礼，孰不知礼？"

树，立也。塞门，屏门，卿、大夫见君至屏而当肃敬者是也。好，谓好会。反坫，反爵之坫。献酬饮毕，则反爵于坫上，亦诸侯之礼也。李氏曰："凡《论语》记或人所问，夫子多不尽其辞，盖以其人之识，未足深论。然就所谓'示诸斯'者而思之，则'禘之说'可知；就所谓'不知礼'者而推之，则'器小'之指亦可悟。此所以为圣人之言也。"

子语鲁大师乐，曰："乐其可知也：始作，翕如也；从之，纯如也，皦如也，绎如也，以成。"

此所谓金声玉振，始终条理之事也，指乐之节奏言，亦即指听乐者言。黄氏曰："《玉篇》翕，合也，字从羽，谓鸟初飞而羽合举也。皦者，玉石之白甚明也。纯者，不杂之丝。绎者，不绝之丝。皆设喻之辞，故四言'如'也。"李氏曰："此章言歌奏之声，始也相应而不相背，是翕如。久之则两声如一声，是纯如。细辨之条理分明，是皦如。合听之，一气相生，是绎如。合而分，分而合，万事皆然，声音其一端尔。"

仪封人请见，曰："君子之至于斯也，吾未尝不得见也。"从者见之。出曰："二三子何患于丧乎？天下之无道也久矣，天将以夫子为木铎。"

朱《注》："丧，谓失位去国。"愚谓患人心道德之沦丧也。"天下无道"二句，言剥极而将复也。阎氏曰："铎，大铃也，有金铎、木铎。金铎舌以金，木铎舌以木。金铎振武事，若司马振铎是也。木铎振文事，若《礼》所言'徇以木铎'是也。"又《左传》引《夏书》"遒人以木铎徇于路"，盖用以采诗，献之大师，皆所以上宣政教、下通民情也。封人知夫子甚深，其非常人可知，惜乎问答之辞不详耳。

子谓《韶》，"尽美矣，又尽善也"。谓《武》，"尽美矣，未尽

(美)[善]也”。

《礼记·乐记》篇曰:“王者功成作乐,其功大者,其乐备。”郑《注》:“乐以文德为备。”引此经以证。《正义》曰:“又尽善也,谓文德具也。未尽善者,文德犹少,未致太平也。”据此,知雍容揖让之风,与发扬蹈厉之概,固不侔矣。《左氏·襄公二十九年传》季札观乐,“见舞《象箾》《南籥》者,曰:‘美哉! 犹有憾。’见舞《大武》者,曰:‘美哉! 周之盛也,其若此乎!’见舞《韶箾》者,曰:‘德至矣哉! 大矣! 如天之无不帱也,如地之无不载也。虽甚盛德,其蔑以加于此矣。’”此正《武》不及《韶》之证。

子曰:“居上不宽,为礼不敬,临丧不哀,吾何以观之哉?”

《易传》曰:“宽以居之。”本经“宽则得众”,是居上以宽为本也。《孝经》曰:“礼者,敬而已矣。”《曲礼》首言“毋不敬”,是为礼以敬为本也。《礼记·檀弓》篇曰:“丧礼,与其哀不足而礼有余也,不若礼不足而哀有余也。”是临丧以哀为本也。《礼记·乐记》篇曰:“因感起而物动,然后心术形焉。”曰居,曰为,曰临,皆所感之时与地也,乃心术若斯,何以观其品行哉? 此与首四章相应,益见礼之根于人心。

八佾篇大义

礼乐与人心,相为维系者也。人心作礼乐,礼乐感人心。人心正而礼乐兴，人心变而礼乐坏，至礼乐坏而世道不可复问矣。悲夫！吾夫子欲以木铎之声，宏宣当世，而天下之聪皆塞而不闻，于是孔子特因季氏之舞八佾，诛其本心之明，曰："是可忍也，孰不可忍也？"盖礼乐者，不忍之心之精微也。忍字从刃从心，如常以刃加于心，天下万事孰不可忍乎？三家以《雍》彻而孔子婉讽之，继之曰："人而不仁如礼何？人而不仁如乐何？"盖为仁之道，起于君臣、父子、兄弟相爱之间，若并天性之爱情而澌灭之，其尚能用礼乐乎哉？大哉林放之问也，与奢宁俭，与易宁戚，礼之本，本心之所发也。夷狄、诸夏，以礼义教化而分，不当以区域论。乃即以区域言之，夷狄且有礼义教化，不如诸夏反无上下之分。痛哉其言之也！"曾谓泰山不如林放"，不仁者可与言哉？"揖让而升，下而饮"，谓之无争可也。世有以好争为能自强者，谬也。好争不让，适足以乱国而已矣。"绘事后素"，可以喻礼，素者，礼也。《易》曰"白贲无咎"，礼之文也。世之质美而未学者，皆当范之以礼也。优优大哉，礼仪三百，威仪三千，周公所手定也。夏礼不足徵，殷礼不足徵，志在于从周也。周之盛也，礼乐之兴自鲁始；周之衰也，礼乐之废亦自鲁始，夫子深有感焉。不欲观禘之既灌、不知禘之说、不与祭、如不祭，皆伤鲁也。媚奥不如媚灶，鄙夫之辞，然人必存一"获罪于天，无所祷"之心，而后可以行礼，以其本心犹未泯也。"郁郁乎文"，比隆唐虞之世，世有兴礼乐者，吾其为东周乎？每事问之是礼，至《关雎》数章，皆发明礼乐之本，而"哀公问社"一章，尤有深意。管仲霸者之佐耳，不能正其君，以纳民于轨物，遑论兴礼乐乎？语鲁大师乐律，所谓始条理，终条理者是也，秩序紊而世益乱。仪封人曰“天将以夫子为木铎”，其弗信矣乎？茫茫九州，栖栖车马，谁与知孔子者！乐则《韶》舞，其徒托空言矣乎？而记者于末章，复志“居上不宽，为礼不敬，临丧不哀”，三致意焉，何哉？《孝经》曰：“礼者，敬而已矣。”《礼记·曲礼》首言“毋不敬”，郑君注曰：“礼主于敬。”盖仁者，礼乐之本原也；敬者，礼之所以行也。不仁而不可行礼乐也，不敬而不可行礼也。不宽、不敬、不哀，皆末流之怠慢，礼之所由废也。间尝登泰岱，游邹峄，溯周公之盛治，观孔子之遗风，慨然有感于鼍鼓辟雍。西京已渺，鸾旂泮水，东鲁寖衰，迨至女乐之归，三日不朝，龟山作操，斧柯莫假，而木铎之宏音，且终不得闻矣。述《八佾》一篇，盖伤之也。

里仁篇第四

子曰："里仁为美。择不处仁，焉得知？"

里仁有出于本然之美，有出于师儒讲学提倡之功。美者，质朴敦厚之风是也。择不处仁，有因天资昏昧者，有因习俗浮薄者。孟子曰："仁，天之尊爵也，人之安宅也。"不处仁，则其人贱且危矣。焉得知，亦有二义：迷谬而不知所择，是因不知而不仁也；不处仁而失其是非之本心，是因不仁而不知也。此篇概言心学，常兼处境而言，而首章尤为人心风俗之本。

子曰："不仁者，不可以久处约，不可以长处乐。仁者安仁，知者利仁。"

此亦以心与境对言也。不仁者失其本心，故一处夫约，其心则不胜其屈，而况久处乎？一处夫乐，其心即不胜其侈，而况长处乎？仁者安仁，安而行之也，居之如广居也。知者利仁，利而行之也，利用即以安身也。学者能葆其本心，斯能胜物而不为物所胜，所谓内重而外轻也。

子曰："唯仁者能好人，能恶人。"

以下四章，皆言诚意之学。好恶者，人道之大原也，然唯仁者能好恶，何也？以其无私心而当于理也。无私则好恶一出于大公，当理则所好所恶，处之悉得其平，盖义与智兼该焉。故《易传》曰："体仁足以长人。"

子曰："苟志于仁矣，无恶也。"

志者，心之所之，学问已在其中，故自然无恶。苟其志至诚不息，则所行皆善，不仅无恶而已。字义，仁者相人偶也。盖存诸心者，不至有己而无人，则发诸行者，自不至有为恶之事。故心体无恶，而后事为无恶。

子曰："富与贵，是人之所欲也，不以其道得之，不处也。贫与贱，是人之所恶也，不以其道得之，不去也。

此亦以心与境对言也。"不以其道得之"，谓不当得而得之也。下句"得之"，亦指富贵而言，谓人当贫贱之时，苟不以其道而得富贵，则不当去贫贱而就富贵也。盖人之处境，以道为衡，则能近仁矣。

君子去仁,恶乎成名?

人不以处境累其心,则渐能守仁,此节功夫盖较进矣。仁者,名之归也,去仁则不免有所忮求,在彼而恶,在此而射,岂能有誉于天下乎?《诗》云"庶几夙夜,以永终誉",谓勉焉夙夜以求仁也。

君子无终食之间违仁,造次必于是,颠沛必于是。"

无终食之间违仁者,念念在于仁。至于造次、颠沛而不离焉,则渐造于安仁之域,功夫为更进矣。颜子之三月不违仁,其庶几乎?能循是以终身,则其心与仁为一矣。此章朱《注》以上二节作取舍之分明,下一节作存养之功密。真氏又以末节"终食不违仁"作存养细密功夫,"造次、颠沛必于是"作存养至细密功夫。然若无初始根基,岂能造于细密?故必以审富贵、安贫贱为本。盖惟取舍之分,精明坚确,是以造次颠沛,贞固不摇,此用功之序也。

子曰:"我未见好仁者,恶不仁者。好仁者,无以尚之;恶不仁者,其为仁矣,不使不仁者加乎其身。

好仁、恶不仁,或谓出于一人,或谓属于两事,义可兼采。"无以尚之",如好好色也。"不使不仁者加乎其身",如恶恶臭也。皆诚意之功,必自慊而无自欺也。黄氏曰:"《论语》叹'未见'者数章,皆因所见而望所未见,说者以此抹杀一世,非圣人语意。"

有能一日用其力于仁矣乎？我未见力不足者。

此夫子循循诱人之意也。力者，我之良能也，用我之良能，以复其本心，岂有不足之理乎？朱《注》“志之所至，气必至焉”，可见求仁必先立志。

盖有之矣，我未之见也。”

黄氏曰：“既云‘未见’，又云‘盖有之矣’，仁之器重道远，频复、频失之有厉，欲立、欲达之未周，造次、颠沛之难持，瞬存、息养之不密，未敢谓才力之易逮也。”又云：“‘我未之见’者，人必用力，始见力之不足，而人固不用力也，所以叹‘未见’也。”

子曰：“人之过也，各于其党。观过，斯知仁矣。”

《礼记·表记》篇曰：“与仁同功，其仁未可知也。与仁同过，然后其仁可知也。”先儒谓同功，如五霸假之之类；同过，如周公使管叔、孔子为昭公讳之类。必由迹以考心，而其仁尤著。此章观过知仁，不独勉君子之为仁，亦以望小人之改过也。盖凡人之过，皆出于党，有党则有己而无人，是己党则袒之、护之，非己党则排之、忌之，故观人之过，斯可泯人己之见，而知所以为仁。

子曰：“朝闻道，夕死可矣。”

此非圣人勉人闻道之早，乃言求道者之心理然也。求道者汲汲皇皇，惟恐不及，其心以为朝得闻道，虽夕死可矣。道无穷，而求闻之者亦无穷，此朝夕乃随时之朝夕也，曾子所谓“死而后已”是也。否则闻道之后，有进德修业之功，有切磋琢磨之益，岂夕死而已可哉？黄氏曰：“此言以身殉道也。朝闻当行之道，夕以死赴之，乃成仁取义之谓。”恐未合。

子曰：“士志于道，而耻恶衣恶食者，未足与议也。”

既志于道矣，而犹耻恶衣恶食者，岂伪志乎？非也。其志未尝不诚，而卒不能进于道者，皆耻恶衣恶食之心误之也。衣不过被体，食不过养身，恶而耻焉，则美者将夸耀于人，其心体之卑鄙甚矣。子思子言“君子之道，闇然日章”，而引《诗》曰“衣锦尚䌹”，此盖为己之第一关也。

子曰：“君子之于天下也，无适也，无莫也，义之与比。”

适，专主也。莫，不肯也。适于此必莫于彼，莫于此必适于彼，二者相因而致也。然无适无莫，而不能衷之于义，则将猖狂自恣，借口于无可无不可，而为无忌惮之小人矣。《易》言时、义，义必因时，其功有四，首在辨义，继之以徙义，又继之以集义，终之以精义。“义之与比”，盖造于精义之学，由义行而非行义矣。此诚意之功，本于格致者也。

子曰:“君子怀德,小人怀土。君子怀刑,小人怀惠。”

怀德,谓先慎乎德,《大学》所谓欲“明其明德”也。怀土,谓土田,常怀私产,欲有土以有财也。或解为安土重迁者,非。怀刑,谓畏刑罚,不敢毁伤是也。或解为守法律,义可相通。怀惠,谓贪爵禄,常觊人之分己以财也。以下四章,皆戒人心之失。陆氏曰:“怀德之君子,胜于怀刑之君子。怀惠之小人,又不如怀土之小人。盖自其事为言之,则君子、小人之分途,指示尚易,惟其所怀者不可知,故圣人抉其心而言,谓如是则为君子,如是则为小人也。此怀字与“喻义”“喻利”喻字有别。怀有在喻前者,因所怀而所喻益深也;有在喻后者,因所喻而所怀愈笃也。”其说极精,可见君子小人,只判于心术而已。

子曰:“放于利而行,多怨。”

放,纵也,逐也,谓纵其心以逐于利也。多怨,为其专利也。利者,人之所欲。一人之心,千万人之心也。一人专利,则天下之怨集于一己,故利极即为害,而杀机随之。此心理之必然者也。

子曰:“能以礼让为国乎,何有?不能以礼让为国,如礼何?”

《大学》曰:“一家让,一国兴让。一人贪戾,一国作乱。”郑注:“戾之言利也。”天下皆好利，则礼让之风息，而国不可以为国。故夫子叹之曰“如礼何”，言礼教将绝于天下。此春秋之所以变为战国也。

子曰：“不患无位，患所以立。不患莫己知，求为可知也。”

位者，人所立也，引申字，实会意字。无所以立，焉能立乎其位？《易传》曰：“德薄而位尊，鲜不及矣。”言必及于祸也。凡人无可知之实，而奔走营扰，求之于人，则失其羞恶之良心，最为人心风俗之害。曰“患所以立”，曰“求为可知”，盖因心理而切求之于学问事实也。

子曰：“参乎！吾道一以贯之。”曾子曰：“唯。”

贯，通也，彻也。此“一贯”指力行而言，由己以通之于人，所谓“己欲立而立人，己欲达而达人”也。圣人造于至精至熟，贤者则不免较浅耳。先儒或训一为天，为理，为心性。戴氏曰：“经文言‘一以贯之’，非言‘以一贯之’，一字不当别作他训。”其说是。

子出，门人问曰：“何谓也？”曾子曰：“夫子之道，忠恕而已矣。”

忠恕者，推己以及人，人己一贯也。陆氏曰：“就《大学》‘絜矩’以释一贯，犹未明了。就‘所恶于上’一节以释一贯，乃知忠恕之极，上下、前后、左右，无不一贯也。”说极精确。《中庸》引夫子之言曰“忠恕违道不远”，道即一贯之道，施诸己而不愿，亦勿施于人，即所以为一贯也。执柯伐柯，以人治人，惟其道之一贯也。朱子谓：“天地生万物，而其所生之物，皆物物有一天地之心。圣人应万事，而其所处之事，亦事事有一圣人之心。”据此，知一贯乃统体一太极，忠恕乃物物一太极也。释氏有“月落万川”之说，谓月体本一，而川中之月则万，此盖凭虚境象，与吾儒之实理，迥不相侔矣。

子曰：“君子喻于义，小人喻于利。”

喻，独知者也，故君子必慎其独也。喻，深知者也，由浅入深，喻之层累曲折不同。故君子、小人之程度，亦各有不齐：一则上达而进于圣贤，一则下达而沦于禽兽。程子曰：“惟其深喻，是以笃好。”愚谓惟有所好，故有所喻。喻之精，乃益好之笃。孟子曰：“欲知舜与蹠之分，无他，利与善之间也。”然则君子、小人心术之分，义、利之间而已。此其间不过毫发之差，辨之可不早辨哉？

子曰：“见贤思齐焉，见不贤而内自省也。”

思与省，皆原于心理，而其端萌于所见。见者，知觉之微也。知觉不明，则有以贤为不贤，以不贤为贤者矣。贤字兼古今人言。今人或出于修饰，而古人则史册昭然，辨之较易，故必先读书，而后阅世，则所见愈精。然思又非徒思，省又非徒省也，必考之于践履，此则因心理而验诸力行也。

子曰："事父母几谏。见志不从，又敬不违，劳而不怨。"

几，微也，或在于事中，或在于事外，或设为譬喻，或寓以笑言，皆心理之感孚也。见志不从，志者无形，以人子之心理，察父母之心理也。敬主于心，不违而潜消父母之过，则更善矣。劳字有二解：一谓人子之身，即父母之身，俟父母既悦，虽再谏三谏而不辞劳瘁；一谓劳，忧也，《诗》"实劳我心""劳心忉忉"，言忧思也。案：孟子"父母爱之，喜而不忘；父母恶之，劳而不怨"，以劳与喜对言，则训忧为是。然惟忧之至，故出于再谏三谏，则义亦相通也。不怨，亦所以感父母之心也。

子曰："父母在，不远游。游必有方。"

此亦人子之心理然也。远游恐伤父母之心，则不远游可安父母之心也。既近游矣，而所游又必有方，《礼记·曲礼》篇曰"所游必有常"，《玉藻》篇曰"亲老，出不易方"，是也。如此，则父母之心更慰矣。虽然，父母之年易尽，游一日则少一日，故人子能不游，谓之有福。

子曰："三年无改于父之道，可谓孝矣。"

解见《学而》篇。《礼记·坊记》篇曰："君子弛其亲之过而敬其美。"引此经为证，弛其亲之过，改其非道也；敬其美，不改其道也。

子曰："父母之年，不可不知也。一则以喜，一则以惧。"

朱《注》："知，犹记忆也。"愚谓此记忆之心，出于良知者也。喜与惧，亦皆从良知中来也。以其时而言，当父母中年，则喜多而惧少；当父母暮年，则惧多而喜少；以其境而言，则一念而喜，又一念而惧。然而喜之念终不敌惧之念，故亟思有以尽其孝。此孝子之心理也。

子曰："古者言之不出，耻躬之不逮也。"

黄氏曰："谈论著述，皆言也。"愚谓"不出"，不轻出也，《易》所谓"艮其辅"是也。盖大言不惭，最为可耻，能知所耻，不独葆其羞恶之良，而其躬行亦日以精进矣。此亦因心理而验诸躬行也。

子曰："以约失之者，鲜矣。"

朱《注》引谢氏、尹氏二说，以心与事对言。愚谓此即守约之学也。惟心不侈然自放，而后于事无失。此收敛所以为治心之要。

子曰："君子欲讷于言，而敏于行。"

言烦则矫之以讷，有余不敢尽也。行缓则励之以敏，有所不足，不敢不勉也。曰“欲”者，何也？《中庸》曰：“君子胡不慥慥尔。”盖君子心理之中，常欲勉兹勿懈也。

子曰：“德不孤，必有邻。”

《易传》曰：“同声相应，同气相求。”言心理之相感也。“东海、西海有圣人出焉，此心同，此理同也；南海、北海有圣人出焉，此心同，此理同也。”即未至于圣人，但使有德行之表见，同志之士，自各以其类应，故曰必有邻。邻，犹亲也。君子欲化人心，必先修德。

子游曰：“事君数，斯辱矣。朋友数，斯疏矣。”

朱《注》引胡氏说，作行谏纳善解。愚谓行谏纳善，虽辱与疏，义可弗顾。窃意“事君数”，当为求进之数；“朋友数”，当为求亲之数，如《礼记・曲礼》篇所谓“尽人之忠，竭人之欢”，斯辱斯疏，乃心理之必然者也。然至于辱与疏，而犹不去不止，则其心术之卑鄙，更不可问矣。以上两章，与首章相应，有德邻而后有仁里，辱与疏皆自取，是非昏昧，焉得为知？

里仁篇大义

先儒谓《里仁》后半篇为曾子弟子所记，文治窃谓不独后半篇为然，要皆出于曾子弟子之手。细玩全篇，鞭策身心，至严至密，无过于是。前半篇为求仁之要，后半篇为学道之基。开篇曰："里仁为美，择不处仁，焉得知？"其论境耶？其言心耶？其验之于力行耶？盖全篇之例，起于此矣。下言惟仁者而后可处约、乐，惟仁者而后能好恶，重言仁者，令人向往不置矣。下言志仁、不违仁、好仁、恶不仁、观过知仁，皆为仁之实功，而必以志仁为首务。仁即道也，孟子曰："仁也者，人也。合而言之，道也。"盖仁者，为人之道也。就其具于心者而言，谓之仁；就其著于事物之当然者而言，谓之道，故下又特标"闻道"。闻道必先志道，志道必比义、怀德、怀刑，去利心、争心、名位心，故自"士志于道"以下，皆详言闻道之功，而必以志道为首务。道一而已矣。一则纯乎天理而为仁，存于中为忠，推于人为恕。若稍有耻恶衣食心、适莫心、怀土怀惠心、放利心、不能以礼让心、患无位莫己知心，是二也。二则杂，杂则存于中者不能忠，施于人者不能恕，故又特标"吾道一以贯之"为纲领。而下以喻义、喻利为分途，此学者求仁之大界也。陆子静先生曰："喻义、喻利，视其所志。志乎义则喻义矣，志乎利则喻利矣。"学者可不先辨之哉！"见贤"以下，皆道之见于伦常言行者。见贤、事父母、事君、交友、言行之间，无一不合道，而后谓之闻道，而后谓之仁。于此可见，曰仁、曰道，有弥纶万物之功；求仁求道，皆切近真实之诣。(以上采方氏宗诚说。)故曰"鞭策身心""至严至密"，无过于是。后世求心理学者，读此篇足矣。而文治谓皆曾子弟子所传，则更有说。盖惟"仁者能好人，能恶人"，即《大学》所谓放流迸逐，惟仁人为能爱人、能恶人也。朝闻夕死，即曾子所谓“而今而后吾知免夫”之义也。怀德、怀土，即《大学》所谓“君子先慎乎德，有德此有人，有人此有土，有土此有财”是也。此一证也。“礼让为国”，一国兴让之旨。忠恕之道，即絜矩之道。所恶于上，毋以使下；所恶于前，毋以先后，由己而推之于人，所谓人己一贯者也。此皆曾子所传之说也。是二证也。《大戴礼记》中《曾子》十篇，最为粹美，而《曾子疾病》一篇，尤为精要，其言曰：“君子苟毋以利害义，则辱何由至哉？”此即传喻义、喻利之说也。至此篇“事父母”数章，当为曾子终身所服膺者。《疾病》篇曰：“人生百年之中，有疾病焉，有老幼焉，君子思其不可复者而先施焉。亲戚既殁，（亲戚，谓父母也。）虽欲孝，谁为孝乎？故孝有不及。”此之谓与！盖往而不反者，年也；逝而不可追者，亲也。此即传“一则以喜，一则以惧”之说也。是三证也。唐柳宗元谓：“《论语》二十篇，仲尼弟子尝杂记其言，而卒成其书者，曾氏之徒也。”其言信矣。

公冶长篇第五

此篇专系论人，故注中于姓氏、爵位加详，又别标章指，特例也。

子谓公冶长，“可妻也。虽在缧绁之中，非其罪也”。以其子妻之。

公冶姓，字子长，孔子弟子。黄氏曰：“圣门不尚跅弛之士，必谨身寡过，不干国纪。然无妄之灾，上圣不能避。刑戮之可免者，以理断之；其不免者，所遭之不幸也。”愚案：此篇论人，或以德行，或以才学，或以心术，皆以一二语为定评，非可轻心测之也。读此章“虽在缧绁”二句，则长平日之谨守礼法可知矣。

子谓南容，“邦有道，不废；邦无道，免于刑戮”。以其兄之子妻之。

南容，居南宫，字子容，名绍，孔子弟子。或据《左传》孟僖子属说与何忌于夫子，疑说与南容为一人。朱《注》：“以其谨于言行，故能见用于治朝，免祸于乱世。"又引程子辟避嫌之说，极是。相攸之道，视其才德与年龄之相耦，长、容俱圣门高弟，岂有轩轾之分，何得疑圣人为避嫌乎？又案：此章赞长、容，盖指德行而言。

子谓子贱，"君子哉若人！鲁无君子者，斯焉取斯"？

子贱，姓宓，名不齐，孔子弟子。上"斯"指其人，下"斯"指其德。黄氏曰："鲁至昭、定以后，治化日替，有夫子之教，诸君子聚于一门。子贱所取，正圣门诸贤敬业乐群之益。"言鲁者，不私诸己也。又案：此章赞子贱，亦指德行而言。

子贡问曰："赐也何如？"子曰："女，器也。"曰："何器也？"曰："瑚琏也。"

朱《注》："子贡见孔子以君子许子贱，故以己为问。"说恐未然。子贡虽方人，而自励甚切，"何如"之问，正考德问业之意。读"女器也"句，足见圣门之学，务求体用兼备，必成德达材，而后可谓之成器。然器有大小贵贱之分，读"何器也"之问，正见子贡兢兢然不自满假。读"瑚琏也"句，可见其贵重而华美，犹言三代以上人物也。朱《注》谓"子贡未至于不器"，后儒遂疑子贡未成为君子，说尤未然。此章"器"字，与"君子不器"器字较不同。夫子尝言"赐也达"，正不器之证。要知瑚琏之答，全系赞美之辞，并无不满之意。又案：此章答子贡，盖兼才德而言。

或曰:“雍也仁而不佞。”

雍,姓冉,字仲弓,孔子弟子。夫子言“仁者,其言也讱”,又言“木讷近仁”,是不佞实仁之一端。而或者以之病仲弓,谬矣。

子曰:“焉用佞?御人以口给,屡憎于人。不知其仁,焉用佞?”

御,当也。给,捷也。憎,恶也。“御人以口给”,截截善谝言也。“屡憎于人”,在彼而恶,在此而斁也。夫子言“巧言鲜矣仁”,盖巧言以取悦于人,则是非泯而失其本心之德。是惟佞,乃所以为不仁,故曰“不知其仁”,直言其不仁也。此与“孟武伯”章之“不知其仁”意义不同。又案:此章论仲弓,盖指心术而言。

子使漆雕开仕,对曰:“吾斯之未能信。”子说。

漆雕姓,名启,字子开,孔子弟子。程子曰:“漆雕开已见大意。”后儒因之。或解斯字为性,或指为道,遂谓开造诣精深,在诸贤之上。窃恐未然。案:《论语》无此字,凡言斯者,大抵指实事而言,如“其斯之谓与”,指乐道好礼言;如“斯而已乎”,指修己以敬言;本篇“斯焉取斯”,指人与德言。此章斯字,承上仕字,当指治人之学而言。惟其于经世学问，不敢自信，而精进不已，自然体用兼全，夫子所以说之。倘以斯字为指点本体，失之远矣。又案：此章说开，盖指学术而言。

子曰："道不行，乘桴浮于海，从我者，其由与？"子路闻之喜。子曰："由也好勇过我，无所取材。"

编竹木大者曰筏，小者曰桴。浮海之叹，伤道之终不行也。材与裁通，"无所取材"，犹言"不知所以裁之"。此记者类记夫子之言，以为子路之定评，非因其闻从我之喜而抑之也。黄氏曰："浮，过也。"据《汉书·地理志》及《说文》，"乘桴浮海"，即欲居九夷之事。《汉书》颜《注》引此经而申之曰："言欲乘桴筏而适东夷，以其国有仁贤之化，可以行道也。"盖本古说。子路之喜，喜夫子之许其同行道也。"好勇过我"，谓勇于济世也。"无所取材"，谓无人取用其材也。其义亦精。又案：此章论子路，盖指其才而言。

孟武伯问："子路仁乎？"子曰："不知也。"

不知者，非不许其仁也，言仁道至难，而学无止境，不知其后之能造于仁否也。

又问。子曰："由也，千乘之国，可使治其赋也，不知其仁也。"

赋与役不同，赋者，出夫为兵也。《先进》篇“有勇知方”节，正可与此节相印证。

“求也何如？”子曰：“求也，千室之邑，百乘之家，可使为之宰也，不知其仁也。”

邑有国邑、县邑之分，千室之邑，盖县邑之大者。《先进》篇“可使足民”节，正可与此节相印证。

“赤也何如？”子曰：“赤也，束带立于朝，可使与宾客言也，不知其仁也。”

赤，姓公西，字子华，孔子弟子。《先进》篇“宗庙会同”节，正可与此节相印证。夫子尝言“我欲仁，斯仁至矣”，又言“吾未见力不足者”，盖仁道有浅深。在武伯观之，三子已纯乎天理，而自夫子观之，则不过日月至焉而已，故曰“不知其仁”。然三子之进境，皆无限量也。又案：此章论三子，盖兼才具、心体而言。

子谓子贡曰：“女与回也孰愈？”

子贡明达，自待极高。“孰愈”之问，夫子将以进之，非因其用力之有差也。

对曰：“赐也何敢望回？回也闻一以知十，赐也闻一以

知二。"

先儒谓颜子扫除闻见，故能闻一知十；子贡滞于见闻，故不过闻一知二，谬矣。颜子从博文入，子贡从多学而识入，皆本于师法，其学一也，特其天资有高下，学力有浅深耳。朱《注》："颜子明睿所照，即始而见终；子贡推测而知，因此而识彼。"推测者，穷理也。推测之熟，即可以进于明睿，其后得闻一贯及性道之学，盖几于颜子矣。

子曰："弗如也，吾与女弗如也。"

夫子既叹子贡之弗如，复云吾与女俱弗如者，盖欲以慰子贡，即以勉之也。凡人学无进境，在不自知其弗如人耳。陆氏曰："学者最可患者，一矜字；最当守者，一逊字。"既不自矜，尤当猛力精进，故《说命》曰："逊志，务时敏。"逊与敏，缺一不可。又案：此章论二子，盖以学问言。

宰予昼寝。子曰："朽木不可雕也，粪土之墙不可圬也；于予与何诛？"

昼寝，谓当昼而寐。朽，腐也。雕，刻画也。粪土，扫弃之土，杂散粗浮，涂之不成也。圣门之学，进德修业，朝乾夕惕，瞬有存，息有养，宰我怠惰，故夫子责之。梁武帝读昼寝为画寝，非。

子曰："始吾于人也，听其言而信其行；今吾于人也，听其言而观其行。于予与改是。”

圣人视以、观由、察安，岂不观其行哉？曰“于予与改是”，设为疑辞，非始宽而今刻也。宰我在言语之科，善为说辞，而实行不逮，故以此专责之。夫昼寝不过小有不谨，而责之严切如此，后世人士好为大言，不顾行检，则宰我之罪人矣。又案：此章责宰我，盖兼学问、言行而言。

子曰：“吾未见刚者。”或对曰：“申枨。”子曰：“枨也欲，焉得刚？”

申枨，《史记》作申棠，字周，孔子弟子。刚者，阳刚之性，天德也。欲者，阴柔之情，人欲也。谢氏曰：“能胜物之谓刚，故常伸于万物之上；为物掩之谓欲，故常屈于万物之下，是刚与欲，相似而适相反也。”圣人观人，由表达里，直能抉其心术之微。然所以不许申枨者，正冀其以理胜欲，而进于刚也。又案：此章论申枨，盖指心德而言。

子贡曰：“我不欲人之加诸我也，吾亦欲无加诸人。”子曰：“赐也，非尔所及也。”

程子曰：“我不欲人之加诸我，吾亦欲无加诸人，仁也。施诸己而不愿，亦勿施于人，恕也。恕则子贡或能勉之，仁则非所及矣。”朱子谓自然者为仁，勉强者为恕，其说最精。愚案：《论语》通例，弟子问答，无自称“我”与“吾”者，此章“我不欲”二语，必系古时格言，子贡因以为问，而夫子谓“非尔所及”者，盖推己及人，为学者不易及之事，即为不可不及之事，正欲子贡之能近取譬，切实以进于仁耳。先儒谓终身行之，终身不以为及者，圣功也。又案：此章答子贡，盖指性分而言。

子贡曰：“夫子之文章，可得而闻也；夫子之言性与天道，不可得而闻也。”

可不可，犹言能不能也，曰“可得”“不可得”，有心得而后可闻也；曰“言”，非不言也，特罕言耳。性、道有谓在文章中者。李氏曰：“夫子告子贡四时行，百物生，又告以一贯，盖春秋冬夏，庶物露生，无非至教，则天载之神在是矣。《诗》《书》六艺，一以贯之，则性命之精在是矣。精粗、本末合一之妙，非深于道者不能契也。”有谓在文章外者，细玩朱《注》语意，分作两事。陆氏亦谓：“夫子有教人文章之时，有教人性、天道之时，非于文章内得性、天道也。”然此二说，要不可偏废。更有进者，子思子言“天命之性”，孟子道“性善”，岂非圣门之家法乎？盖性与天道，有言其精微者，有言其梗概者。昔朱子辑《近思录》，首卷即列《太极图说》，先儒谓后生晚进，于义理之本原，虽未容骤语，苟茫然不识其梗概，则亦何所底止？然则圣门虽教不躐等，而于义理之本原，未尝不道其大概，要在学者之自悟耳。又案：此章论圣门教法。

子路有闻，未之能行，唯恐有闻。

曰恐，见其力行之勇，发于心理之诚，此正乾乾不息之学。盖前所闻者未及行，唯恐复有所闻，而不及并行，则既行之后，又汲汲以求闻可知矣。是以能不息也。又案：此章赞子路，盖兼行与心而言。

子贡问曰："孔文子何以谓之文也？"子曰："敏而好学，不耻下问，是以谓之文也。"

孔文子名圉，卫大夫。黄氏曰："敏者，资之捷。好者，心之笃。好学者，官司之图籍、古今之典章，皆能讨论搜辑之也。"下问者，不挟贵求实是也。名卿大夫，于秘府官司之掌，或未能详悉厘定，而投闲置散之士，转能明因革之由，论得失之故，此文子所以集众益也。谥法，勤学好问亦得称文，非经天纬地之文也。又案：此章论孔文子，盖指学问而言。

子谓子产，"有君子之道四焉：其行己也恭，其事上也敬，其养民也惠，其使民也义"。

朱《注》："子产，郑大夫公孙侨。恭，谦逊也。敬，谨恪也。惠，爱利也。使民义，如都鄙有章、上下有服、田有封洫、庐井有伍之类。"愚案:恭、敬、惠、义,得其一,已足为君子之道,况有其四乎? 可见内外体用之兼全矣。又案:此章赞子产,盖兼德行、事功而言。

子曰:“晏平仲善与人交,久而敬之。”

晏姓,平谥,名婴,齐大夫。交友之道,不可以过亲,亲则狎;不可以过疏,疏则绝,善持于亲疏之间者,敬而已矣。然交久则敬易衰,惟其交之久而敬益久,可见其心之始终不渝也。皇本作“久而人敬之”,《疏》云“此善交之验”。又案:此章论交友,盖指心理而言。

子曰:“臧文仲居蔡,山节藻棁,何如其知也?”

臧姓,文谥,名辰,鲁大夫。蔡,大龟,出蔡地,因以为名。天子龟广尺有二寸,诸侯尺,文仲居之,僭也。节,柱头斗栱。藻,水草。棁,梁上短柱。古者卜人定龟,是藏龟本有定制。文仲因迷信而僭窃,因僭窃而谄渎,不知甚矣。又案:此章论臧文仲,盖指心术而言。

子张问曰:“令尹子文三仕为令尹,无喜色;三已之,无愠色。旧令尹之政,必以告新令尹,何如?”子曰:“忠矣。”曰:“仁矣乎?”曰:“未知,焉得仁?”

令尹,官名,楚上卿执政者也。子文,姓鬬,名榖於菟。三仕三已,无确考,盖言其屡进屡退,非必果为三也。郑君读知为智,正与上章臧文仲非知，下章宁武子知、愚相应。盖知以成仁，子文知有国而不知有身，可谓忠矣。然其举子玉为令尹，刚而无礼，以致城濮之战，楚师败绩，再世不竞，未得为知，焉得为仁也？

"崔子弑齐君，陈文子有马十乘，弃而违之。至于他邦，则曰：'犹吾大夫崔子也。'违之。之一邦，则又曰：'犹吾大夫崔子也。'违之。何如？"子曰："清矣。"曰："仁矣乎？"曰："未知，焉得仁？"

崔子，名杼，齐大夫。齐君，庄公，名光。陈文子，名须无，亦齐大夫。文子违乱求治，不污其身，可谓清矣。然所如不合，无先几之明，既不如宁武子之能愚，又不如蘧伯玉之可卷，未得为知，焉得为仁也？又案：此章论子文、文子，盖兼事迹、心术而言。

季文子三思而后行。子闻之曰："再，斯可矣。"

季文子，名行父，文谥，鲁大夫。凡人始念皆正，成败得失之见，皆出于后起之私，此《周易》六十四卦初九一爻所以多吉也。文子在当时，亦称贤大夫，考《左氏·文公十八年传》逐莒太子仆事可见。三思后行，实出于审慎，惟后人学之，则不免流于犹豫矣。或曰："周公仰而思之，夜以继日，何也？"曰："以学问而言，虽十思不为多；以事未至而言，亦不妨再三审度，所谓凡事豫则立也。"此章盖指临事而言。黄氏曰："三思，谓思之尽善也。""斯可矣"，与得见善人者句例同。言求三思者不易得，得再思者斯可矣。又案：此章论季文子，盖专指心理而言。

子曰："宁武子，邦有道则知，邦无道则愚；其知可及也，其愚不可及也。"

宁武子，名俞，武谥，卫大夫。陆氏曰："知、愚二字，乃世俗之论。知谓其能自养重，愚谓其不避艰险。此处文法，与'先进于礼乐，野人也，后进于礼乐，君子也'同例，非真野人、真君子也。此知、愚亦非真知、真愚，皆世俗之见耳。夫子且不与深辨，谓世所共赞者，武子之知也，而不知其可及也；世所共笑者，武子之愚也，而不知其正不可及也。自古天下，皆赖有此等愚人担任，若皆取巧，则不成世界矣。然论武子之心，安知有知？亦安知有愚哉？惟只有忠而已矣。"又案：此章论宁武子，盖专指心术而言。

子在陈，曰："归与！归与！吾党之小子狂简，斐然成章，不知所以裁之。"

此夫子道不行而思归之叹也。简，略也，或疑即狷字。盖狷者有所不为，故近于略。斐，文采错杂也。成章，文章通达也。裁，割正也。狂者过乎中，简者不及乎中，宜裁之使进于中庸。文采斐然，宜裁之使衷于义理。夫子传道之心盖如此，后儒以陷于异端疑之，过矣。又案：此章思吾党小子，盖指学术而言。

子曰："伯夷、叔齐，不念旧恶，怨是用希。"

朱《注》："伯夷、叔齐，孤竹君之二子。孟子称其'不立于恶人之朝，不与恶人言'，其介如此，宜若无所容矣。然其所恶之人，能改即止，故人亦不甚怨之也。"愚案：柳下惠不以三公易其介，和而能介，所以为和者之德；夷、齐不念旧恶，清而能和，所以为清者之量。或解作不念旧时相恶之人，又谓即指武王而言，又谓"怨是用希"，是夷、齐之困以寡怨，俱非。又案：此章论夷、齐，盖指心理而言。

子曰："孰谓微生高直？或乞醯焉，乞诸其邻而与之。"

微生姓，高名，鲁人。醯，醋也。黄氏曰："醯本可有可无之物，而必曲遂乞者之意，是为不直。"朱子言"掠美"未必然，言"曲意徇物"是也。愚谓高用意委曲，苟非掠美，夫子亦何至斥其不直哉？此虽小节，而可以观人之隐微也。又案：此章论微生高，盖指心术而言。

子曰："巧言、令色、足恭，左丘明耻之，丘亦耻之。匿怨而友其人，左丘明耻之，丘亦耻之。"

足恭，便辟貌。《礼记·表记》篇："君子不失足于人，不失色于人，不失口于人。"足与言、色并举。足恭，即指趋跄奔走，甚而屈膝一流是也。左姓，丘明名，鲁之君子，作《春秋传》者。匿怨而友，言中心蓄怨，而诈作亲近，此非特谄谀而已，或有借此报怨之意。盖巧言三者，为穿窬之事；匿怨友人，为害人之事。夫子重言“左丘明耻之，丘亦耻之”者，不独称许同志，欲以激人心羞恶之良也。又案：此章论左丘明，盖指心术而言。

颜渊、季路侍。子曰：“盍各言尔志？”

《论语》记侍坐之例，有序齿者，“子路曾皙”章是也；有尚德者，此章是也。志字所包甚广，有指事功言，有指性功言。此志字，言性功也。

子路曰：“愿车马，衣轻裘，与朋友共。敝之而无憾。”

“愿车马”读，“衣轻裘”读，“与朋友共”句。此虽近于豪侠，然非豪侠之士可比也，盖万物一体之怀所由始也，故先儒谓之求仁。

颜渊曰：“愿无伐善，无施劳。”

此虽近于谦谨，然非谦谨之士可比也，盖万物一体之怀所由推也，故先儒谓之不违仁。

子路曰：“愿闻子之志。”子曰：“老者安之，朋友信之，少者怀之。”

此立人、达人、天理流行之象，虽近于兼爱，然非兼爱之学可比也。盖万物一体之怀所由充，其分固各殊也，故先儒谓之安仁。李氏曰："圣贤之分，只在安、勉。"子路无憾，颜渊无伐、无施，皆是自觉。憾与伐、施之不善，而愿除去之。夫子安之、信之、怀之，是顺乎心之自然，与以物所应得。体味三"无"字、三"之"字，则圣贤分量自见。无憾比之无伐、施又较粗，则子路、颜子所造之浅深亦见。真氏曰："学者先自学子路始，必如子路之忘私，方可进步，不然则物我之私横于胸中，如蟊贼、如戈戟然，又安能如颜子，况于圣人乎？"合观二说，此章之义尽矣。又案：此章论志，盖指性分而言。

子曰："已矣乎！吾未见能见其过而内自讼者也。"

克伐不行，闻过则喜，圣门能改过者多矣。此云未见者，盖更欲于未见之中，求其得见也。见其过者，本心之是非，致知之事。内自讼者，本心之兢惕，诚意之事。由致知而懔于独知之地，其功较难，故未易见。用功之道如何？曰：审几而已。《周易·讼卦·象传》曰："君子以作事谋始。"始者，始几也。周子《通书》曰"几微故幽"，惟能战胜于天人之界，以理制欲，则其能克治而进德也必矣。又案：此章盖指心体而言。

子曰："十室之邑，必有忠信如丘者焉，不如丘之好学也。"

朱《注》:"言美质易得,至道难闻,学之至,则可以为圣人,不学,则不免为乡人而已。"语意极挚。愚案:《释文》引卫瓘说,焉读于虔反,属下句,与"焉知来者之不如今也"句例同。焉,犹安也,言有忠信如丘者,焉有不如丘之好学也。此见圣人不自矜而望人好学之切,义更周匝。又案:此章兼学、行而言。

公冶长篇大义

列传之体,昉自龙门,(昉,始也。龙门,在今陕西高陵县界,司马迁所生之地。)其传赞则恒以数言论断其人之生平,或善或否,或贤或不肖,后世如见其人,文学家宗之,以为千古之绝调。至班固氏,遂撰《古今人表》,(人表分九等,犹今所称人格也。)品题群伦,分判高下,论者以为创作,而不知其例皆本于《论语》。《公冶长》一篇,皆传赞之体例,而即《古今人表》之权舆也。(权舆,始也。)读公冶长、南容之赞语,处末流之世,谨慎当何如矣。文治尝谓《论语》中文法,以《公冶长》篇"子谓子贱"、《先进》篇"孝哉闵子骞"两章为特奇。"孝哉闵子骞",父母之赞闵子在是言,昆弟之赞闵子在是言,人之赞闵子亦在是言,而孔子之赞闵子即在是言。"子谓子贱",子贱之为君子在于斯,鲁之多君子在于斯,子贱取鲁之君子在于斯,而孔子赞子贱之为君子,与其善取君子,即在于斯。各于两言之中,括无穷之意义,文法之妙,无过是已。赐之为"瑚琏也",雍之"仁而不佞"也,开之未敢自信也,由之"无所取材”也，由、求、赤之“不知其仁”也，赐之“何敢望回”也，宰予之言不副行也，申枨之“未得为刚”也，皆门弟子之赞语也。凡人有血气心知之性，其大患在有己而无人，私心胜而公理灭，故圣门论克己之学，曰仁、曰恕。仁从二人，恕者如心之谓，一人之心，千万人之心也。“我不欲人之加诸我，吾亦欲无加诸人”，盖一言而终身行之不能尽矣。“性与天道不可得闻”，赞圣人尽性立命之学也。“未之能行，唯恐有闻”，赞子路兼人之勇也。自此以下，则为列国卿大夫与古今贤哲之论赞，若孔文子，若子产，若晏平仲，若臧文仲，皆不过赞以数言，而其人之生平已毕见。孔子不轻以仁许人，子文、文子之未得为仁，犹由、求、赤之不知其仁也。三思后行，其美文子乎？则谓其审慎也；其贬文子乎？则谓其迟疑也。虽然，《易》言“由豫大有得”，《中庸》言“道前定则不穷”，古圣贤作事谋始，盖慎之又慎矣。“邦有道则知，邦无道则愚”，武子洵千古忠臣哉！天下惟至愚之人能济艰难险阻之功，而成忠孝非常之诣，然而上下古今，如武子之愚者，何其少也！惜哉吾党之小子不知所裁也，其志嘐嘐然，曰“古之人古之人”，是必折衷于圣人，而后可传于后世也。夷、齐之不念旧恶，其仁乃真仁。微生之乞诸其邻，其直乃伪直。同心者，左丘明也。尚气节，不匿怨，君子之所养，其可知矣。人而无志，不可立于天地之间。天地之德，在万物各得其所，车马轻裘，敝之无憾，祛尔我之见，公之至也。无伐善，无施劳，劳而不伐，有功而不德，厚之至也。而孔子之志，则老安、友信、少怀，盖欲使万物各得其所，天地之德也。反复此章，岂特知圣贤分量之不同，盖修身进德之次第，备于此矣。顾炎武氏谓此篇多论古今人物，而终之曰“已矣乎！吾未见能见其过而内自讼者也”，又曰“十室之邑，必有忠信如丘者焉，不如丘之好学也”，是则论人物者，所以为内自讼之地。而非好学之深，则不能见己之过，虽欲改不善以迁于善，而其道无从也。记此二章于末，其用意当亦有在，善哉言乎！盖古之君子，其律己也必严，其论人也必恕。律己而不严，则其品行之卑下可知也；论人而不恕，则其心术之刻薄可知也。世之好议论人者，其亦内自讼而无自怠，其好学之志哉？

雍也篇第六

子曰："雍也可使南面。"

人皆知仲弓为德行之选，而不知德行实为政事之本。南面者，听治之位，盖指卿大夫而言。可使者，犹言可使为宰、可使从政之例。仲弓虽有君德，惟先儒解此节为人君之位，于"可使"二字恐有未合。

仲弓问子桑伯子。子曰："可也。简。"

此记者连类记之，以证可使南面之实。先儒谓，仲弓因夫子许己，故有此问，恐未然。伯子，或疑即庄周所称子桑户。可也，句。简，略也。陆氏曰："周末文胜，天下病在烦苛，得简如伯子者，亦可补救，如汉初承秦之敝，文、景以黄老治之，天下亦得休息。然曰'可也'，则非全许之辞矣。"

仲弓曰："居敬而行简，以临其民，不亦可乎？居简而行简，无乃大简乎？"

敬者，治心之原。简者，治事之法。居者，以之为体。行者，以之为用。体用兼备，以临其民，《易》之所谓“敦临”也。仲弓之言，盖本于师训，所谓“出门如见大宾，使民如承大祭”，此其所以为可也。若体用皆简，则近于黄老清静之学，无事而适以多事，此大简之弊，所以流为苟简，而终不可行也。

子曰：“雍之言然。”

“可也简”一语，夫子本有未尽之意，而仲弓疏释“简”字，根本于敬，至为精密，故夫子喜而然之。陆氏曰：“读此知万世帝王治天下之大纲，皆在雍一言中。与‘修己以敬’一章，盖相表里，非沾沾为一‘简’字辨也。”

哀公问：“弟子孰为好学？”孔子对曰：“有颜回者好学，不迁怒，不贰过。不幸短命死矣。今也则亡，未闻好学者也。”

好学有在不迁、不贰外者，博闻穷理是也；有在不迁、不贰中者，涵养克治是也。或以好学为本，不迁、不贰为效验，恐未是。不迁怒者，或以人言，或以事言，或以一人一事之始终言，程子所谓“在物不在己，能于怒时遽忘其怒，而观理之是非也”。不贰过者，有不善未尝不知，知之未尝复行，《易》所谓“不远复”也。其用功之大要，不外审一心之几而已。七十子之徒，不乏英奇之士，而夫子独荐颜渊为好学，且所注重者，在不迁、不贰两端，则圣学之本可知矣。颜子之卒，先儒无定说，《史记》云："少孔子三十岁，年二十九发尽白，蚤卒。"《家语》云："三十一早死。"邢《疏》及《史记索隐》引《家语》作三十二，似以《索隐》、邢《疏》所引为是。

子华使于齐，冉子为其母请粟。子曰："与之釜。"请益。曰："与之庾。"冉子与之粟五秉。

朱《注》："使，为孔子使。釜，六斗四升。庾，十六斗。秉，十六斛。"陆氏曰："如冉子之与，岂不足以矫天下之吝？然过乎中矣。夫子虽告以与釜、与庾，若欲委曲遂其与之之念者，然无非示以不当与也。"

子曰："赤之适齐也，乘肥马，衣轻裘。吾闻之也，君子周急不继富。"

肥马、轻裘，言其富也。周急不继富，裁之以义也。

原思为之宰，与之粟九百，辞。

孔子为鲁司寇，以思为宰。九百，粟九百斗。陆氏曰："如原思之辞，岂不足以矫天下之贪？然过乎中矣。"

子曰："毋！以与尔邻里乡党乎！"

五家为邻，五邻为里，万二千五百家为乡，五百家为党。与邻里乡党，裁之以义也。取、与皆当不苟。夫子告冉有，戒其与之过；其告原思，戒其廉之过，皆教之进于中庸也。朱子又论之曰："学者未得中道，不幸而过，宁与无吝，宁廉无贪。"此言更足救万世之人心矣。

子谓仲弓曰："犁牛之子骍且角，虽欲勿用，山川其舍诸？"

此章盖指用人而言，或语仲弓，或论仲弓，不可考。犁，耕牛。骍，赤色。角，角周且正，中牺牲之选。山川，山川之神。言人虽不用，神必不舍也。或解犁作杂文，未是。王肃《家语》有仲弓父贱行恶之说，斥父称子，岂圣人之意？《家语》为伪造之书，尤不足据。

子曰："回也，其心三月不违仁，其余则日月至焉而已矣。"

陆氏曰："此章皆勉励及门之为仁，非称颜子，贬诸子也。仁与心本合一，惟圣人浑然无间。自大贤以下，不免有私欲之隔，心与仁遂分为二，则以学力之浅深，为离合之久暂。颜子之三月不违，非谓其心于三月之外，便流于欲也，而不能不稍一间焉，则颜子不可不勉也。其余日月至焉，非谓其于日至月至之外，尽汩于欲也，而不能不夹杂焉，则其余更不可不勉也。要知凡人之心，无非私欲汩乱之时。若孔门弟子，日至月至者，虽未到无丝毫私欲之地，然亦必皆寡欲矣。"李氏曰："仁，人之安宅也。不违仁，则安居于此。日月至，则自外而来，或日一至，或月一至焉而已。张子内外宾主之说，亦非谓颜子以仁为主,其余以仁为宾,乃是以宅喻仁,心常依于此则为主,偶至于此则为宾尔。"二说均极精。

季康子问:"仲由可使从政也与?"子曰:"由也果,于从政乎何有?"曰:"赐也可使从政也与?"曰:"赐也达,于从政乎何有?"曰:"求也可使从政也与?"曰:"求也艺,于从政乎何有?"

果,谓有决断,如片言折狱、无宿诺是也。达,谓悉地方之风俗,知古今之沿革是也。艺,谓习练治术,有所专精,赅六艺而言,非艺成而下之谓也。

季氏使闵子骞为费宰。闵子骞曰:"善为我辞焉!如有复我者,则吾必在汶上矣。"

汶,水名,在齐南、鲁北境上。言若再来召我,则当去之齐,意婉辞严,訚訚之气象也。说者谓闵子高尚,远胜上章三子,殊未然。据《史记·孔子世家》,季桓子遗命康子,欲用孔子,三子之仕于鲁,为之兆也。闵子淡于仕道,故不与三子同耳。后人以此疑三子,并疑仲弓,谬矣。

伯牛有疾。子问之,自牖执其手,曰:"亡之,命矣夫!斯人

也，而有斯疾也！斯人也，而有斯疾也！”

有疾，或以为厉，或以为癞，厉即癞也。问之，问疾。牛有恶疾，不欲见人，故夫子从牖执其手。亡，丧也，疾甚故曰丧之，或作蔑之。蔑，微也，言天命暗不可测也。读五字为一句，别备一义。此命字与短命同，言气数之命也。义理之命，积善有庆；气数之命，渺茫难知。重言“斯人而有斯疾”，叹天命之不可测也。

子曰：“贤哉回也！一箪食，一瓢饮，在陋巷，人不堪其忧，回也不改其乐。贤哉回也！”

人不堪忧，言他人见之代为忧也。不改其乐，有浅言之者，谓颜子不以贫窭动其心，所乐者天爵，乃至富至贵之境。如是则颜子犹未忘乎贫富之见，其说非也。有深言之者，谓颜子并非乐道，若以道为可乐而乐之，则与道为二矣。如是则将如庄子之称颜子初忘礼乐，继忘仁义，终以坐忘，其说太高，亦非也。朱子引程子言：“周茂叔每令寻孔、颜乐处，所乐何事。”此语引而不发，学者但当从事于博文约礼之诲，以至于欲罢不能而竭其才，庶乎得之。然则颜子之乐，乐道而已。孔子乐以忘忧，亦是乐道。惟孔子乐天知命，出于自然，故曰“乐在其中”；颜子仰钻高坚，笃于好学，故曰“不改其乐”，此则未达一间处也。

冉求曰：“非不说子之道，力不足也。”子曰：“力不足者，中道

而废。今女画。”

朱《注》：“力不足者，欲进而不能。画者，能进而不欲。谓之画者，如画地以自限。”黄氏曰：“废，古通置。置于半途，暂息之，俟有力而肩之也。”愚案：《中庸》曰：“君子遵道而行，半涂而废，吾弗能已矣。”盖力不足者，尚有奋起之时，而自画者，则无入道之望。自来为学之士，不进即退，夫子戒冉有自画而非力竭，犹“止，吾止也”之意。

子谓子夏曰：“女为君子儒，无为小人儒。”

君子之儒，通达古今，实事求是之谓。小人而亦称儒者，李氏谓：“此小人，犹言硁硁然小人哉，褊狭之称也。”赵氏谓：“硁硁之小人，不失为士之次，此言儒一也。子夏未免过于拘谨，圣人因而进之以远大。”二说极明。旧说以为己、为人与义利之间分君子小人，似未合。

子游为武城宰。子曰：“女得人焉尔乎？”曰：“有澹台灭明者，行不由径，非公事，未尝至于偃之室也。”

径，斜路，《楚词》所谓“捷径窘步”者是也。公事，或解作公正之事，或谓如饮射读法之类，义可相兼。陆氏曰：“取人一事，在一邑则关系一邑之风尚，在天下则关系天下之风尚。”子游方任政事，而不尚权术；素好文学，而不贵浮华，独取宁方无圆、宁朴无华之士，其识量加人一等矣。春秋之天下不遂变为战国者，赖圣贤此等正大之见维持之。故此章实系世道人心中流之砥柱，不仅为一邑言也。

子曰："孟之反不伐，奔而殿，将入门，策其马，曰：'非敢后也，马不进也。'"

奔，师败而奔。殿，在后拒敌。事在哀公十一年，齐鲁战于清之役。黄氏曰："矜心未易去也，惟责己以职分所当为而已。不以己所能者病人，不以人所不能者愧人，则私心消而矜心去矣。"愚案：孟之反之不伐，虽未必如颜子之无伐，然当举世争功之会，而谦让若此，必其天资学问有过人者矣。

子曰："不有祝鮀之佞，而有宋朝之美，难乎免于今之世矣。"

佞，巧言。美，令色。巧言令色遍天下，非此不能免，世道人心，可痛甚矣。或曰，此言佞之更胜于色也，不有祝鮀之佞，则虽有宋朝之美，亦所难免，恶利口之覆邦家，而处士横议之日炽也。

子曰："谁能出不由户？何莫由斯道也？"

半门曰户，以一扉启闭者，言人不能出不由户，何以不由圣贤之道耶？黄氏曰："道者，平而不陂，正而不歧，通而不塞，安而不危，是当行之路也。舍此，则所由者陂耳、歧耳、塞耳、危耳，故怪而叹之。"

子曰："质胜文则野，文胜质则史。文质彬彬，然后君子。"

此君子，朱《注》以成德言。黄氏曰："此为修辞者发也。质胜文则野，如后儒语录之类。文胜质则史，如汉魏碑记不载事实，滥用陈言者是也。《仪礼·聘礼》记曰：'辞多则史。'《注》：'史谓策祝。'彼《注》以史指策祝者，古时文辞不繁，而史官策祝之辞，已尚文饰也。"彬彬，据《说文》引作份，文质备也。愚案：《书·金縢》册祝之辞，确系文胜。君子进德，亦尚修辞，黄氏之说，似可与朱《注》并存。

子曰："人之生也直，罔之生也幸而免。"

以生理言之，人受地质，直方乃生；以生气言之，人受天气，直养乃生，故曰："斯民也，三代之所以直道而行也。"直道者，人所以生之心也。罔者，曲折欺诳，令人堕其术中，盖其心已死矣。心死形存，尸居余气，不久必有大祸，亦终无幸免之理也。

子曰："知之者，不如好之者；好之者，不如乐之者。"

知之、好之、乐之，或指义理，或指性天。愚谓当依朱《注》，盖谓道也。黄氏曰："乐原于好，好原于知。以用功之节次言，真知自好，真好自乐；以究竟言，两不如以品言。"愚案：乐之反为苦。天下多不知道者，最苦惟在于不知耳，既能知之，当力求精进而不自已。

子曰："中人以上，可以语上也；中人以下，不可以语上也。"

语上、语下，自教者而言。以上、以下，指学者之质而言。上知、下愚不数觏。两举中人，见其可上可下，惟在于自奋耳。黄氏曰："中人以上，是中人而能上进者。中人以下，是中人而下流者。以之训而，详见王氏《经传释词》。"愚案：此说就学力言，尤足警起学者。

樊迟问知。子曰："务民之义，敬鬼神而远之，可谓知矣。"问仁。曰："仁者先难而后获，可谓仁矣。"

此章之义，有浅言之者，谓知者不惑于祸福，仁者不计较功利也。有深言之者，谓知以所知言，故不惑而达于天人之理；仁以所存言，故无所为而为，而合乎天地之心也。二说皆是，而未协于中。窃谓"务民之义"者，行而宜之，穷理之学也。"敬鬼神而远之"，所谓"未能事人，焉能事鬼"也。"先难"者，克己之学，夫子以克伐怨欲不行为难，《易传》"《损》，先难而后易"，谓惩忿窒欲之难也。"后获"者，复礼之效，视听言动悉合乎礼，喜怒哀乐皆得其中也。《论语》通例，凡问知、问仁之类，问辞皆略。此盖因迟之所问而答之，非必砭迟之失也。

子曰："知者乐水，仁者乐山。知者动，仁者静。知者乐，仁者寿。"

李氏曰："山水外物，其理有与心相契之处，是以乐之也。动静者性体，能尽其性，则其动也不穷，而其静也不迁矣。乐、寿者，命也，而有可以道致者，故知仁之德，君子所为穷理尽性以至于命者也。”愚谓乐水、乐山以体言，动、静以用言，乐、寿以效言。知与仁各具一体，亦相需为用，天资学问，兼而有之，而其功归于定性。以《易》义言之，所谓“知周乎万物”“乐天知命故不忧”“安土敦乎仁故能爱”是也。以《诗》义言之，所谓“天保定尔，亦孔之固”“如川之方至”“如南山之寿”是也。

子曰：“齐一变，至于鲁。鲁一变，至于道。”

《史记》载太公、伯禽报政之言，盖不足信。太公大贤，周公圣人，其立国规模，固自不同，其后风气亦各自移易，故其变而至道有难易耳。此夫子欲借手于齐鲁，以行其道，盖实有设施之方，非徒论变法之次第也。黄氏曰：“齐之衰季，以道为不足守而背驰者也。鲁之秉礼，知道之宜守而有偏而不举者也。治齐者，当使知道在天下，千古不变。治鲁者，但当举其偏以补其弊而已。”

子曰：“觚不觚，觚哉！觚哉！”

觚，酒器有棱者。不觚者，破以为圆而不为棱也。皇《疏》引褚氏曰：“作觚而不用觚法，觚终不成，犹为政而不用政法，岂成哉？”程子曰：“觚而失其形制，则非觚也，举一器而天下之物莫不皆然。故君而失其君之道，则为不君；臣而失其臣之道，则为虚位。”二说均见其大，然要之喜圆而恶方，则人心从可知矣。

宰我问曰："仁者虽告之曰'井有仁焉'，其从之也？"子曰："何为其然也？君子可逝也，不可陷也；可欺也，不可罔也。"

朱《注》："'有仁'之'仁'，当作'人'。逝，谓使之往救。陷，谓陷之于井。欺，谓诳之以理之所有。罔，谓昧之以理之所无。"或疑宰我为言语之科，何以不能辨从井救人之说？不知此正穷理之学也。盖春秋之世，兼爱之说方兴，虽摩顶放踵亦为之，而激烈之徒，又动言牺牲其身，以行匹夫之谅，故宰我充类以问之，而夫子告以可、不可两端，是即穷理之学，而人生当守之界限也。盖知其可，则有以尽我之心；知其不可，则不能穷我之术。若徇情兼爱，则流于愚矣。故曰"好仁不好学，其蔽也愚"。皇本"井有仁焉"作"井有仁者焉"。或引《晋语》"善人在患不救不祥"以证之，于义亦通。

子曰："君子博学于文，约之以礼，亦可以弗畔矣夫。"

博文，致知之事。约礼，兼知行而言。由多识而一贯，亦不外此，盖圣门教法然也。弗畔，弗畔于道也，亦可以句。夫子循循善诱之意，溢于言外。然此章与"颜渊"章较不同："颜渊"章约礼，乃视听言动，悉合乎礼，以臻于复礼之境；此章则不过于六艺之中，约之以礼，荀子所谓"始乎诵经，终乎读礼"。功夫有浅深之不同，然惟弗畔于道，而后欲罢不能也。

子见南子，子路不说。夫子矢之曰："予所否者，天厌之！天厌之！"

南子，卫灵公之夫人。古者有见小君之礼，孔子至卫，南子请见，孔子不得已而见之。子路心以为非，故不说。矢，直陈其辞也。旧注训矢为誓，非是。子路不说，理之正也，夫子何至设誓而指天以明之乎？盖夫子有委曲难言之隐，因子路之不说而直陈之耳。否，读如《易》否泰之否。厌，弃绝也。夫子为子路陈说天命，言予非欲借南子以行道，若所为有否塞吾道者，则天弃绝之也。《易・睽卦》初爻曰"见恶人，以辟咎也。"夫子之见南子、阳货，盖此义也。

子曰："中庸之为德也，其至矣乎！民鲜久矣。"

中者，无过不及之名。庸，平常也。世衰道微，人之性情，皆有所偏：或失之柔弱，或过于激烈，道不明而国不治，故夫子叹之。然曰"民鲜久矣"，则正欲反于中庸之教，陶淑民德而归之大道也。

子贡曰："如有博施于民，而能济众，何如？可谓仁乎？"子曰："何事于仁，必也圣乎！尧舜其犹病诸！

博施济众，爱之道，仁之用也。自其用而充之，则虽天地之大，人犹有所憾，故曰："何事于仁，必也圣乎！"何事，犹言何止。病，心有所不足。此与言修己以安百姓例同。见尧舜之心，歉然常有所不足，非人之病尧舜也。

夫仁者，己欲立而立人，己欲达而达人。

立，自立。达，通达。仁者欲己之自立，亦欲人之自立；欲己之通达，亦欲人之通达。朱《注》谓"状仁之体，莫切于此"，盖仁者以万物为一体，不过去人己之间隔而已。

能近取譬，可谓仁之方也已。"

近，谓切近。譬，谓以己譬人，而去人己之间隔也。为仁之方，犹言为仁之道，《大学》所谓"絜矩"，《孟子》所谓"强恕"，皆是道也。此章先儒以为辟兼爱之说，未是。兼爱者爱无差等，非博施济众之谓。夫子之意，盖谓仁之用充周而不可穷，学者求仁之体，必先行恕。他日告子贡终身行之，即此义也。

雍也篇大义

空山鼓琴，《先进》之文也。云水苍茫，《微子》之文也。桃源缭远，圣哲离忧，（离，罹也，言遭忧患之境也。）《雍也》之文也。承《公冶长》一篇，故又历记诸弟子之事。有弟子三千人，鸿才硕德不能见用于世，徒抱"博施济众"之愿以终,何哉?"不有祝鮀之佞,而有宋朝之美,难乎免于今之世矣。"此吾党所为往复神伤而不自已也。周公曰:"平易近民,民必归之。""雍也可使南面",以其能"居敬而行简",未有不居敬行简而能临民者。《易传》曰:"易简,而天下之理得矣。"颜子独非南面才乎?不幸短命死矣。子华、原思之辨取、与也,仲弓之当见用也,回之三月不违仁也,由、赐、求之果、达、艺也,闵子骞之不为费宰也,伯牛之不幸而有疾也,皆不世出之才也。"回也不改其乐",何乐也?乐道也。乡邻有斗者,闭户可也。呜呼!道也,道也,亦足悲也!冉求闻夫子之教,终当"说子之道"也。子夏以文学之选而为君子儒也,子游以文学之选而崇尚气节之士也。孟之反之不伐,与颜子无伐善相近,其亦尝奉教于圣门乎?昔在我周文王,文明宣化,乐育群才,凤凰鸣于朝阳,菁莪盈于中沚;迨其衰也,后先疏附奔走御侮之彦,遂集于孔氏之门,然而奇才异能,率摈不用,盖祝鮀、宋朝盈天下,而贤者且求免于今之世,岂不悲哉?呜呼!道之不行也,世网之周密也,人心之险巇也。然而救世之心,愈不容已也。"何莫由斯道也?"孔子所以三叹言之。"文质彬彬","得见君子斯可矣"。"人之生也直",直道而行也。"罔而免",终身不知道也。知之、好之、乐之,道有浅深也。语上、语下,道有高下也。知之与仁,虽行事性质不同,而其归于道则一也。呜呼!道也,道也,天运有剥复也,世道有循环也。斧柯之假,当在齐鲁之间,而圣人救世之心,愈不容已也。齐一变可至于鲁,鲁一变可至于道也。"觚哉觚哉",破以为圆,失其方正之道也。

“君子可逝也，不可陷也；可欺也，不可罔也”，难罔以非其道也。大声疾呼，以告吾党从井救人之事不可为也，亦惟有博文约礼，终身弗畔于道而已矣。西狩获麟，孔子曰“吾道穷矣”。子见南子，子路不说，曰“吾道穷矣”，夫子矢之曰“天厌之，天厌之”，不肯终枉其道，至是而圣人之心乃愈伤矣。呜呼！道之不行也，吾知之矣！道之不明也，吾知之矣！“中庸之为德也”，“民鲜久矣”，然而圣人救世之心愈不容已也。故《雍也》一篇，特以博施济众终。盖博施济众，圣人之行其道也；立人达人，贤者之行其道也。仁者相人偶也，（见《说文》，言二人相偶，推己以及人也。）“能近取譬”，即强恕而行也；为仁之方，即为仁之道也。仁非迂远而难行，道非空虚而无际也。然而南面之权不得，则博施济众、立人达人之道，终不可得而行也。君子不能行其道，而小人乃得行其道也。孔子不得行博施济众之道，而人乃借博施济众之说以行其道也。呜呼！道也道也，既难免于今之世，乃独慕乎古之人。读《雍也》一篇，而徒伤心于道也道也，何传道之竟鲜其人？何莫由斯道也！

述而篇第七

子曰："述而不作，信而好古，窃比于我老彭。"

李氏曰："述而不作，则优柔涵泳于古作者之林，而不作聪明以乱旧，自然与古相契，信之深而好之笃矣。及其深信而笃好也，则孜孜于述之不暇，又何疑于作？二句盖亦反复相因也。述与信最难，万一非所述而述，非所信而信，则其弊有不胜言者。故夫子赞《易》道以黜《八索》，述职方而除九邱，讨论坟典，断自唐虞；删古诗三千而为三百，四代礼乐，具折其中，识其正伪，所以能善述也。阙其疑殆，所以能存信也。"愚案：《礼记·乐记》篇"作者之谓圣，述者之谓明"，与此较异。彼盖专指作礼乐而言。夫子所谓述，质诸鬼神而无疑，百世以俟圣人而不惑，自后贤观之，皆作也。老彭，或以为商贤大夫，或以为老聃、彭祖，无确考。

子曰："默而识之，学而不厌，诲人不倦，何有于我哉？"

默识，不言而存诸心。或读作知识之识，解为默觉、默悟者，谬。

何有于我，言何者有于我也。夫子告子贡，我学不厌而教不倦；告公西华，“为之不厌，诲人不倦，可谓云尔已矣”；而此章云“何有于我”者，非相背也。盖默识、不厌、不倦三者，圣人本以之自期，特是其功无尽，其心亦无穷。内省之余，歉然不足，盖望道未见之诚也。或训“何有”为不难，与上下章语意未合。

子曰：“德之不修，学之不讲，闻义不能徙，不善不能改，是吾忧也。”

此与上章意相贯，上章言内省之功，此章言日新之要。德日修而自觉其不修，学日讲而自病其不讲，推之徙义、改不善亦然。盖精密至极，圣学之所以日新也。忧即自古圣人忧勤惕厉之心，忧以终身，故德业之新，终身无已时。《易传》曰：“君子进德修业。”朋友讲习，见善则迁，有过则改，盖乾惕之意，皆从忧中来也。

子之燕居，申申如也，夭夭如也。

《礼记·仲尼燕居》孔《疏》：“退朝而处曰‘燕居’。”刘氏曰：“先言申申，后言夭夭，犹《乡党》先言踧踖，后言与与也。申申，整饬之貌，言其敬。夭夭，安舒之貌，言其和。申申如者，所谓望之俨然。夭夭如者，所谓即之也温。”愚案：申申、夭夭，即肃肃、雝雝之转音，则敬与和自是确诂。黄氏训居为坐，谓申申乃坐容之直，夭夭乃坐容之稍俯，别一义。

子曰："甚矣吾衰也！久矣吾不复梦见周公。"

黄氏曰："孔子此言，盖因天运人事之日非，而身已值衰年，此行道之心，亦不著于梦焉。以一身之衰，天下之衰由之，周公其衰矣。"愚案：志与气相为表里，圣人之志未尝衰，特世衰而气不免与之俱衰耳。"甚矣"一叹，益见思周公之深也。

子曰："志于道，

道者，自内言之，率性之谓，纯粹中正者是也；自外言之，修齐治平之学，达于万物者是也。凡言道必兼内外，始为完备。志为学者入门之要，譬诸两途：志乎名利，则入乎名利矣；志乎道，则入乎道矣。是第一关也。

据于德，

据者，行据之也。《周官·师氏》"以三德教国子"，《注》："德行，内外之称，在心为德，施之为行。"又《大司乐注》："德，能躬行者。"是德字亦当兼内外而言。后儒专言心，以至堕于空虚，殊未合。

依于仁，

依者，不违之谓。或谓仁者心之德，仁与德何分？不知德乃普称，仁乃善之长，依仁则私欲尽去，而天理常存矣。此三句，有循序渐进者，有同时交修者，与“志学”章稍异。

游于艺。”

游，周览博习之谓。李氏曰：“凡名物器数为艺。六艺皆载道者，而有本与末之别。如同一礼乐，庄敬和乐不可斯须去身者，本也；玉帛笾豆鼓舞铿锵者，末也。虽曰‘德成而上，艺成而下’，然又曰‘藏焉修焉，息焉游焉’，《集注》所谓‘博其义理之趣，而应务有余，心无所放……而动息有养’者，亦兼知、行言之，而为志道、据德、依仁之助也。”黄氏曰：“士固有滞于艺而不闻道者，要未有不通于艺而遽高语道德者，此实学之所以出也。后人以冥悟为仁，以虚无为道，以清净为德，遂滋流弊。君子博学无方，六艺之学，皆宜遍历以知之，故曰游于艺。”

子曰：“自行束修以上，吾未尝无诲焉。”

束修，束身修行也。束修以上，言束身修行以上之士，犹言中人以上也。诲者，教之尤切而细。郑君《注》谓年十五以上，能行束带修饰之礼。朱《注》谓十脡为束，古者相见，执贽为礼。二说于“自行”二字及“诲”字似均未洽。

子曰：“不愤不启，不悱不发，举一隅不以三隅反，则不复也。”

《孟子》“有复于王”,《礼记·曲礼》篇“愿有复也”,复皆训告。此章三“不”字就学者言,三“不”字就教者言,必学者有自动之诚,而后教者可施以训迪。《学记》篇所谓“知其心然后能救其失”也,近世所谓“自动力”,亦即此意。惟今人所谓自动,或不裁以绳墨。古时教人之法,则因其自动,而即导其新机,使之中于规矩耳。

子食于有丧者之侧,未尝饱也。

《诗》曰:“凡民有丧,匍匐救之。”匍匐者,扶服也。扶持以救之,恻隐之心也。《礼记·闲居》篇曰:“无服之丧,内恕孔悲。”因恕而悲,亦恻隐之心也,如是而食岂能饱乎?

子于是日哭,则不歌。

哭,吊哭,由哀而乐,性情失正。黄氏曰:“哭则不歌,非歌则不哭。”朱《注》言“余哀未忘”,是。

子谓颜渊曰:“用之则行,舍之则藏,唯我与尔有是夫!”

则、即字古通,用即行,舍即藏。《易传》所谓“乐则行之,忧则违之”,本经所谓“有道则见,无道则隐”是也。有是,是字当重读,谓行藏之具,指学问道德言,又兼因时之义而言。颜子有禹、稷才,又能乐天知命,故夫子许其“有是”,盖具圣功王道之全矣。

子路曰:“子行三军,则谁与?”

黄氏曰:“此与上章类记之,未必为一时之言。”

子曰:“暴虎冯河,死而无悔者,吾不与也。必也临事而惧,好谋而成者也。”

李氏曰:“临事而惧,操心危也;好谋而成,虑事至也。成者,言其所谋动出万全,而诚意周于事后也。古人有无事而终日钦钦,如对大敌者,心常惧也。临阵则志气安闲,如不战者,谋既成也。盖圣贤之学,惟有敬、义二者。以行三军言之,敬则天命是畏,国之存亡,民之死生,不可不谨;义则人谋既尽,成败利钝,不以动心,此事之最大者,而可以血气才能当之乎?”愚案:《周书》曰“敬胜怠者吉,义胜欲者从”,古圣贤敬义之功,至行军为尤密。

子曰:“富而可求也,虽执鞭之士,吾亦为之。如不可求,从吾所好。”

夫子设言如此,可不可决之于道义,非决之于命也。若以命言,则世之任命而求富者多矣。李氏曰:“执鞭是古者仆御之事,以下士为之,亦非今所谓人役者。此章与下‘饭疏食’章当合看。从我所好,即所谓乐在其中者。”愚案:如李说,则所好为道义,明矣。

子之所慎：齐，战，疾。

朱《注》："齐之为言齐也，将祭而齐其思虑之不齐，以交于神明也。战则众之死生、国之存亡系焉。疾又吾身之所以死生存亡者。皆不可以不谨也。"黄氏曰："齐不慎，不诚；战不慎，不忠；疾不慎，不孝。"

子在齐闻《韶》，三月不知肉味，曰："不图为乐之至于斯也。"

《史记》"三月"上有"学之"二字。黄氏曰："三月者，古人习乐之常期。《文王世子》云'春诵夏弦'，诵以乐语，弦以乐音，必经时而毕。"盖齐人习《韶》之久，夫子与闻之，遂学之耳。为乐是泛言，斯字乃指《韶》言，盖曰为乐者多矣，不意至于斯之尽美又尽善也。《尚书》言"箫韶九成，兽舞凤仪"，季札论《韶》"天帱地载"，夫子习其声容，通其象数，而得其神理，有非常人所能企及者矣。

冉有曰："夫子为卫君乎？"子贡曰："诺。吾将问之。"

或疑卫辄拒父之举，本非正理，何以圣门弟子尚有"夫子为卫君"之疑？不知蒯聩得罪于父，石曼姑帅师围戚，或以卫民所为，《公羊传》所谓"以王父命拒父命"，是或一理，故有此问。

入，曰："伯夷、叔齐，何人也？"曰："古之贤人也。"曰："怨乎?”曰:“求仁而得仁,又何怨?”出,曰:“夫子不为也。”

蒯聩得罪于父,固不当立,晋赵鞅帅师纳蒯聩,则卫辄自无拒父之理,为辄计者,惟有逃之而已。故子贡以夷、齐为问。夫子答以古之贤人,则其不为卫君已可知矣。而子贡又有“怨乎”之问,何也?盖所以穷古圣贤之心理也。怨者,固非怨父,亦非怨国人,亦非怨武王,盖叔齐不得立,伯夷或有遗憾;伯夷不得立,叔齐或有遗憾,而吁嗟天命之衰,或不免怨我生之不辰尔。然而中子之立,国祚绵延;不食周粟,正气塞乎天地,忠孝两全,尚何遗憾?夫子曰“求仁得仁,又何怨”,至是而知卫辄之心,决不能以自安,其罪案定矣。故出曰“夫子不为也”,语意紧承,而圣贤心心相印,自在言外。

子曰:“饭疏食饮水,曲肱而枕之,乐亦在其中矣。不义而富且贵,于我如浮云。”

疏食,菜食。曲肱而枕,曲臂以为枕也。黄氏曰:“乐在其中,与颜子不改其乐有别:彼云其乐,是颜子乐道之乐;此言乐在其中,谓贫贱之中亦有可乐。浮,犹过也。如浮云,谓云倏过,不足凭于己也。”愚案:此乃圣人天德淡定,乐道乐贫,随在皆是。伊尹耕于有莘之野,而乐尧舜之道,非义非道,弗顾弗视,意亦如此。

子曰:“加我数年,五十以学《易》,可以无大过矣。”

加，一本作假，古通用。五十学《易》，以知命之年为知命之学。夫子晚年好《易》，韦编三绝，作《十翼》以赞之，不能不宽以岁月也。李氏曰："《易》有吉凶悔吝之循环，而要以无咎为归。盖不祈吉而谨于悔吝之介，以求免于凶焉者，《易》之教也。然则《易》六十四卦，三百八十四爻，亦可一言以蔽之曰'善补过'。圣人所以能无过者，以其心常恐有过，兢兢业业，以成于性，故能动不逾矩焉尔。且不敢言无过，而曰无大过，圣人之存心固如此。夫子其得《易》之《乾》者乎？颜子其得《易》之《复》者乎？"或曰：五十者，天地之数，大衍所从生，圣人用五用十以学《易》，谓错综变化以求之也。此说与上文义不贯，失之凿矣。

子所雅言，《诗》《书》、执礼，皆雅言也。

雅，常也。《诗》以养性情，而归本于端风化；《书》以道政事，而归本于敬天命；礼言执者，所以范围视听言动，而归本于尊德、性道、问学，此圣门之家法。由博反约，实基于此。或曰：雅，正也，读先王典法，必正言其音，然后义全。此说不合。盖诵《诗》、读《书》，犹可云正读其音；若执礼，则道在力行，何所谓正读乎？

叶公问孔子于子路，子路不对。

问孔子者，问孔子之为人也。叶公好名，或有延揽圣人之意，子路不对，不屑告之也。

子曰："女奚不曰，其为人也，发愤忘食，乐以忘忧，不知老之将至云尔。"

此圣人善自韬晦之辞，而即此可见至诚无息之意。惟至诚然后能愤，惟至诚然后能乐。进学之道必始于发愤，惟发愤而后得乐，《易传》所谓"乐天知命，故不忧也"。不知老之将至，无息之功也。案：孔圣年谱，如叶时年六十二，故云"老之将至"。

子曰："我非生而知之者，好古，敏以求之者也。"

知之者，知道也。求之者，求道也。笃好出于心，敏求则由知而进于行，敏者如不及也。先儒谓此系圣人之谦辞，愚谓天下无生而知之者，虽圣人亦必为穷理之学也。人人皆有良知，虽因困而知之，亦与生知无异，则天下亦无不生知之人，惟"好古敏求"四字，当守以终身耳。

子不语：怪、力、乱、神。

或疑怪、异、勇、力四事，《左氏传》备载之，而此经言不语者何？案：语字有二义，答述曰语，论难亦曰语。此不语，谓不与人辨诘也。《左传》所载，盖所以垂警戒，义当分别观之。

子曰："三人行，必有我师焉。择其善者而从之，其不善者而改之。"

此夫子之设辞，三人同行，其一我也，其二人者，或此善而彼恶，或始善而终恶，或始恶而终善，或二人皆善，或二人皆恶。择之之道，在乎穷理精尔。此取人为善之学，待观感既深，不善者亦化为善，则与人为善，亦在于是矣。

子曰："天生德于予，桓魋其如予何？"

《史记·世家》：孔子适宋，与弟子习礼大树下。宋司马桓魋欲杀孔子，拔其树，孔子去。弟子曰："可速矣！"孔子告以此语，所以慰诸弟子也。朱子谓："圣人之临患难，有为不自必之辞，孔子之于公伯寮，孟子之于臧仓是也。其为自必之辞，则孔子之于桓魋、匡人是也。"愚谓圣贤所可自必者，义理之天也，故于惕厉之中，自有闲暇之意。

子曰："二三子以我为隐乎？吾无隐乎尔。吾无行而不与二三子者，是丘也。"

学圣人者，不第在言语之间，要在动作、礼义、威仪之则。盖圣人动、静、语、默，无非敬畏天命之诚，即无在非格致诚正之学，故曰"无行而不与二三子"，是在学者善体之耳。是故圣人犹天也，本经曰：

“天何言哉？四时行焉，百物生焉。”《礼记·闲居》篇曰：“天有四时，春秋冬夏，风雨霜露，无非教也。地载神气，神气风霆，风霆流形，庶物露生，无非教也。”故或者因此谓圣人不尚言诠而高冥悟，则谬矣。

子以四教：文、行、忠、信。

李氏曰：“四者之序，当云忠、信、文、行。然忠信者，所以成始，亦以成终。以忠信为本，而从事于博文约礼之功，所谓成始也。修辞立其诚，无非忠信之心，贯彻于一，所谓成终也。故夫子言‘主忠信，徙义’，又言‘义以为质，信以成之’。”愚案：此盖泥于程子忠信为本之说，实则四教不可偏重。《易传》“知至至之”“知终终之”，所以知至而知终者，博文之事也；所以至之而终之者，行与忠信之事也。然非博文以致其穷理之功，则有行非所当行，而以非忠为忠、非信为信者矣。故四教以文为首。

子曰：“圣人，吾不得而见之矣，得见君子者，斯可矣。”

朱《注》：“圣人，神明不测之号。君子，才德出众之名。”黄氏引《韩诗外传》曰：“言行多当，未安愉也。知虑多当，未周密也。是笃厚君子，未及圣人也。”愚案：春秋时，寡过之君子，如伯玉之俦，尚或有之；若大而化之如孔子者，固绝无其人也。

子曰：“善人，吾不得而见之矣，得见有恒者，斯可矣。

张子曰："有恒者，不贰其心。善人者，志于仁而无恶。"愚案：孟子曰："鸡鸣而起，孳孳为善者，舜之徒也。"孳孳，即惟日不足之意，惟有恒乃能为善人也。

亡而为有，虚而为盈，约而为泰，难乎有恒矣！"

李氏曰："有恒者，笃实之人，不笃实则虚夸，必不能有常心而久于事。《易》曰：'浚恒之凶，始求深也。'求深非不善也，始而求深，在贤者尚有进锐退速之过，况其下者乎？夫子有川上之叹，而亟称于水曰'水哉水哉！'为其德至实，不舍昼夜，盈科后进也。故学者始而求小得，得一善则拳拳服膺，如水虽未出；中而涓涓不息也；终则其中未大，有若无，实若虚，如水之既平而终不盈也。惟其如是，是以能'常德行而习教事'，久于其道，而忽不知其入于圣贤之域矣。此夫子之思有恒意也。"愚案：李氏以《恒》《坎》两卦释此经，与孟子有本之意亦相合，其义极精。

子钓而不纲，弋不射宿。

朱《注》："纲，以大绳属网，绝流而渔者也。弋，以生丝系矢而射也。"或谓纲者，作大网横遮于广水，而罗列多钩，著之以取鱼。弋，以细绳系丸而弹。别备一义。黄氏曰："宿，止也，言日中巢栖之鸟，非必夜止也。鸟飞集无常所，日中栖巢者，必伏卵育雏之类，夫子不射之，《礼》所谓'不卵、不杀胎、不殀夭、不覆巢'者是也。"愚案：圣人于祭祀、宾客，躬自钓弋，所以致敬，礼所当然也。不纲、不射宿者，体天地生物之心，不尽其有余，遂其生，即遂其性，此至诚之所以尽物性也。

子曰：“盖有不知而作之者，我无是也。多闻，择其善者而从之；多见而识之，知之次也。”

不知而作，穿凿而妄作篇籍也。多闻择善而从，博考制度文章，折衷于至当也。多见而识，多识前言往行以畜其德也。知之次，谓次于生知者也。或解不知而作为生知之圣。案之“我无是也”句，语意不类。或谓德性之良知，非由于闻见，专求于闻见之末，故曰“知之次”。此非圣人劝学之旨，尤不可信。盖圣人明教人以多闻多见，未尝教人扫除闻见也。

互乡难与言，童子见，门人惑。

郑君《注》：“难与言者，言语自专，不达时宜。”盖风气蔽塞者也。

子曰：“与其进也，不与其退也，唯何甚！人洁己以进，与其洁也，不保其往也。”

与，许也。与其进而来见，非与其昔日之退行也。唯何甚，不为已甚也。洁，修治也。往，前日也。不保其往，不咎既往也。或解往为后日者，非。孟子曰："往者不追，来者不拒。苟以是心至，斯受之而已矣。"朱《注》谓"'人洁'至'往也'十四字，当在'与其进也'之前"，恐有以意改经之失。盖上三句明所以见童子之意，下三句广言与人之道耳，不必疑也。

子曰："仁远乎哉？我欲仁，斯仁至矣。"

或疑曾子言"仁以为己任，不亦重乎？死而后已，不亦远乎"，《礼记·表记》篇言"仁之为道远"，与此相背。不知曾子与《表记》之说，乃指后获之功夫而言；而此则言本心之德也。仁，人心也。放其心，则仁日远矣。我欲仁，求放心也。仁至，操则存也。盖本心之仁，反之即是，非欲者一物，至者又一物也。特提撕警觉之后，当加涵养之功，庶可保而弗失。先儒以《易·复卦》冬至日喻仁至，而以夏至日喻积累之功，其说极精。盖仁道之精进，无已时也。

陈司败问昭公知礼乎，孔子曰："知礼。"

司败，即司寇。《左氏传》所谓"自拘于司败"是也。刘氏曰："《左氏·昭五年传》：'公如晋，自郊劳至于赠贿，无失礼。晋侯谓女叔齐曰："鲁侯不亦善于礼乎？"对曰："鲁侯焉知礼？"公曰："何为？"对曰："是仪也，不可谓礼。"'《公羊·昭二十五年传》，公孙于齐，次于阳州，齐侯唁公于野井。昭公曰'丧人不佞，失守鲁国之社稷'云云，孔子曰:‘其礼与其辞足观矣。’是鲁昭本习于容仪,当时以为知礼,故司败有此问。”孔子亦指仪容而言,非诡辞以对也。

孔子退,揖巫马期而进之,曰:“吾闻君子不党,君子亦党乎?君取于吴,为同姓,谓之吴孟子。君而知礼,孰不知礼?”

相助匿非曰党。谓之吴孟子者,讳之,使若宋女子姓者然,如鲁惠公妃孟子、仲子,皆子姓也。黄氏读“君取于吴”句,“为同姓谓之吴孟子”句,亦通。《礼记·坊记》篇曰:“《鲁春秋》犹去夫人之姓曰吴,其死曰孟子卒。”案:《春秋》哀公十二年经书孟子卒,不书姓,是去夫人之姓也。

巫马期以告。子曰:“丘也幸,苟有过,人必知之。”

圣人讳君之恶,而司败揭之,故直以为己过,此圣人度量之宏也。黄氏曰:“昭公非不知礼者,不能守礼者也。爱君者自不深言,非必故讳之也。然司败之论,公议也,故不与辨。近儒专言讳恶,信如是,司败之问,期之告,皆不答可也。”别备一义。

子与人歌而善,必使反之,而后和之。

歌,乐歌,《韶》舞等乐是也。子与人歌,教门弟子乐歌也。古者春诵夏弦,弦歌为必修之业,故记其教法如此。必使反之,使弟子复歌也。而后和之,夫子和弟子同歌,复教正之也。此见圣人诲人不倦之诚，而取人为善、与人为善之意，皆在其中矣。

子曰："文，莫吾犹人也。躬行君子，则吾未之有得。"

李氏曰："博文、约礼，相须并进，文之所得愈深，则行之所成愈笃。世盖有缓于反己自修之实，而徒以闻见之多、修饰之工为事者，故夫子言此，以救偏重之病。"或谓"文莫"乃"忞慔"之省字，谓黾勉也。黾勉吾犹人，言勉强自修，与"听讼吾犹人也"句例同，说亦可取。

子曰："若圣与仁，则吾岂敢？抑为之不厌，诲人不倦，则可谓云尔已矣。"公西华曰："正唯弟子不能学也。"

此夫子谦辞。为不厌，诲不倦，浅言之即有恒之学，《易传》所谓"恒杂而不厌"是也；深言之即无息之学，《中庸》所谓"纯亦不已"是也。惟为不厌，而后造于圣；教不倦，而后进于仁。子贡曰："学不厌，智也；教不倦，仁也。仁且智，夫子既圣矣。"不能学，即指不厌、不倦而言。

子疾病，子路请祷。子曰："有诸？"子路对曰："有之诔曰：'祷尔于上下神祇。'"子曰："丘之祷久矣。"

有诸，问于古有徵否也。"有之诔曰"，当作一句读，以古之诔辞作证也。"诔"，《说文》引作"讄"，段氏《注》曰："讄，施于生者以求福。

诔,施于死者以作谥。”则此经当作“讄”为是。圣人未尝有过,素行合于神明,自无求祷之意。丘之祷久者,谓敬畏天命,尚不愧于屋漏,内省不疚之功也。盖圣人之祷,在神明而不在形迹,在心性而不在祸福,在居恒而不在临时,《书》所谓“祈天永命”者是也。

子曰:“奢则不孙,俭则固。与其不孙也,宁固。”

不孙,不顺也。固,陋也,与执一不通之固异。此章为周末文胜而言:文胜则奢,奢则骄溢而不顺,故圣人欲以俭救之。《八佾》篇“与其奢也,宁俭”,指礼本而言,此章“与其不孙也,宁固”,指心理而言。欲救人心者,先救其偏。

子曰:“君子坦荡荡,小人长戚戚。”

《书》曰:“王道荡荡。”坦荡荡者,孟子所谓“居广居、立正位、行大道”是也。戚戚,乃蹙蹙之省文,言居心迫促而无所容,《诗》所谓“我瞻四方,蹙蹙靡所骋”也。屈子《离骚》曰:“彼尧舜之耿介兮,既遵道而得路。何桀纣之猖披兮,夫惟捷径以窘步。”盖遵道而后能得路,所以坦荡荡也。若捷径,未有不窘步,所以长戚戚也。此以境喻心也。

子温而厉,威而不猛,恭而安。

李氏曰:“温者,春生之气。威者,秋肃之气。恭者,内温外肃,阴阳合德之气也。温而厉，则阳中有阴；威而不猛，则阴中有阳。合二句，只一‘恭’字尽之，又推出一‘安’字，则见其一出于诚，而无勉强，性之德固若是也。三句就一时想像亦可，然亦有迭见者，盖喜怒哀乐，圣与人同，当其喜则温之气形，当其怒则威之气形，及乎喜怒未发，则恭之意常在也。深体而默识之，则知圣人与天地相似。”愚案：圣人全体太极，一阴一阳之道，成性存存。《述而》篇记夫子之威仪容貌，以“申申”“夭夭”始，以此章终，盖涵养之功至矣。

述而篇大义

古之经师，最重学派；古之人师，最重师表。有学派而后师表尊，有师表而后学派盛。读《述而》一篇，可以知圣门之学派，可以知圣人之师表。学派惟何？曰“述而不作，信而好古”，曰“志道，据德，依仁，游艺”，曰“用之则行，舍之则藏”，曰“《诗》《书》、执礼”，“文、行、忠、信”，曰“多闻择其善者而从之，多见而识之”，曰“躬行君子”。以上数端，圣人之学派，表里精粗，出处、体用、本末，具于是矣。而记者又以圣人之威仪动作，杂记其间，以明师表。如“默而识之”，修德，讲学，承“述而”章，皆言学也，而记者即记之曰“申申如，夭夭如”，是威仪中之师表也。不复梦周公，示人以政治学之要。“自行束修”“不愤不启”，皆所以激励学者，而记者即记之曰“子食于有丧者之侧，未尝饱”，是性情中之师表也。“富而可求”，承“舍之则藏”言，戒学者之心，勿为境迁，而记者即记之曰“子之所慎：齐、战、疾”，亦性情中之师表也。“在齐闻《韶》”，“学而不厌”，“求仁得仁”，“信而好古”，富贵浮云终不可求，“五十学易”所以知天命，“发愤忘食”，“好古敏求”，皆以辅雅言之教，而记者即记之曰“子不语怪、力、乱、神”，是实事求是之师表，教学者务民之义也。“择善而从”，能自得师，“天生德于予”，斯文在兹，“无行不与”，言语动作皆师表也。有恒之诣，承忠信而言，而记者即记之曰“子钓而不纲，弋不射宿”，是慈惠有余之师表，教学者爱物之仁也。“互乡童子”“鲁昭公”两章，皆不绝人以已甚，所以然者，仁在方寸之间，各有其本心之明也，而记者即记之曰“子与人歌而善，必使反之，而后和之”，是亦性情中之师表，教学者与人为善之诚也。圣门之学，要在知行合一。后世尚空言而不务躬行，学派纷歧，遂永无入道之日。“为之不厌，诲人不倦”，皆躬行之实事也。创鬼神宗教之说，开人迷信之门，非日用伦常之正，故曰“丘之祷久矣”。“与其不孙，宁固”，居心坦然荡荡，皆所以躬行也，而记者即记之曰“子温而厉，威而不猛，恭而安”，是威仪兼性情中之师表也。综圣人之学派凡七章，而记者记圣人之师表，亦分为七章。若于各章之后，均为一结，错综参互，文法特奇。先儒谓《史记》文线索难寻，文治谓《论语》文线索更为难寻，若求而得之，则怡然理顺矣。《礼记》曰：“师严然后道尊。”周子曰：“师道立则善人多。”师道之不明于天下久矣，后之为人师者，其学派果可以信从乎？其师表果足为矜式乎？其可不慎乎！其可不兢兢乎！

泰伯篇第八

子曰："泰伯，其可谓至德也已矣。三以天下让，民无得而称焉。"

此章有三层：一释三让之义。或曰：采药赴吴，一让也；太王没，季历赴之不来，二让也；免丧之后，断发文身，三让也。或曰：一让王季，二让文王，三让武王。实皆臆说。李氏谓："三让者，必泰伯曾辞避之，而太王未之许，卒乃托名遁去，以遂其志，故曰三让。"其说最可信。一让国、让天下之辨。泰伯之让，让岐阳耳，而夫子云天下者，盖以当日言则让国，以后日言则让天下。夫子言"稷躬稼而有天下"，孟子言"文王一怒而安天下之民"，语意相似。李氏谓："周室将兴，其兆已见。泰伯又贤，势可奄大。'以天下让'云者，事后追论之辞。"其说亦可信。一让商、让周之辨。周自太王至武王，百余年而始有天下，岂得谓之让商？朱《注》本《史记》之说，谓太王有翦商之志，而泰伯不从，因逃去之。揆诸事理，殊未必然。太王时，殷道犹盛，太王贤者，安得遂萌不臣之心？使有是心，而泰伯逃去之，则是成父之过，尚得为至德乎？顾氏谓："将称泰伯之让，而先以莽、操之志加诸太王，决非夫子立言之意。"然则《鲁颂》言"实始翦商"非与？案：《尔雅》翦，箽勤也，翦商即其勤王家之义。则因"翦商"之文，而疑为让商，固不可也。至泰伯之窜身荆蛮，特以国与弟耳，周之天下，武王始有之，则谓以天下让周，似亦未安。要之泰伯之让，其心至隐，夷、齐让于事之已形，而泰伯则让于迹之未著，既不得谓之让商，又不得谓之让周，是以民无得而称。惟其无称，乃为至德，此圣人显微阐幽之义也。

子曰："恭而无礼则劳，慎而无礼则葸，勇而无礼则乱，直而无礼则绞。

劳者适所以取辱，葸者适所以偾事，此二者文胜之过，阴柔之弊。反而激焉，则为乱、为绞。《阳货》篇曰："好勇不好学，其蔽也乱；好直不好学，其蔽也绞。"此二者嚣凌之习，阳刚之弊，上行下效，秩序紊而世道日衰矣。

君子笃于亲，则民兴于仁；故旧不遗，则民不偷。"

朱《注》引吴氏曰："君子以下，当自为一章，乃曾子之言也。"愚谓此说无确据。盖夫子因世衰道微，而思周公之明训耳。周公曰："君子不施其亲"，即笃于亲也。又曰："故旧无大过，则不弃也。"即不遗故旧也。周初人心风俗之所以厚，赖有君子提倡于上尔。

曾子有疾，召门弟子曰："启予足！启予手！《诗》云：'战战兢兢，如临深渊，如履薄冰。'而今而后，吾知免夫！小子！"

《礼记·哀公问》篇曰："仁人之事亲如事天，事天如事亲。"张子《西铭》曰："体其受而归全者，参乎？"不毁伤其身，即不毁伤其亲，而体其所受乎天道之全也。此即曾子之大孝也。启足、启手，朱《注》谓"使弟子开其衾而视之"。黄氏曰："手足不毁伤，何待开衾？'启'为'晵'之借字，晵者，省察之谓。"亦通。黄氏又谓："《礼》载孔圣将病，曳杖消摇。又载曾子易箦事，曰：'吾得正而毙焉，斯已矣。'……合此经观之，知贤者之学圣如此。"愚谓此说未免太拘。兢兢业业，始自尧舜，"战兢"十二字，乃圣贤平日相传之心法，不必至死时而始见其不懈也。

曾子有疾，孟敬子问之。

朱《注》："问之者，问其疾也。"

曾子言曰："鸟之将死，其鸣也哀；人之将死，其言也善。

常人将死，感动良心；君子将死，志气清明，故其言善。

君子所贵乎道者三：动容貌，斯远暴慢矣；正颜色，斯近信矣；出辞气，斯远鄙倍矣。笾豆之事，则有司存。"

郑君《注》："此道谓礼也。"《礼记·表记》篇："君子貌足畏也，色足惮也，言足信也。”《冠义》篇：“礼义之始，在于正容体，齐颜色，顺辞令。”本经子夏曰：“望之俨然，即之也温，听其言也厉。”皆指此三者而言。以《玉藻》九容言之，动容貌，“足容重，手容恭，目容端，头容直，立容德”是也；正颜色，“色容庄”是也；出辞气，“口容止，气容肃，声容静”是也。所贵乎道，言平日涵养之功。曰“动”、曰“正”、曰“出”，言临时持守之力。“远暴慢”“近信”“远鄙倍”，郑君指他人言，朱子指本身言，窃谓主本心言较为切实。末世士大夫，于考核器数，炫博矜奇，而修身立品之大原，转置不讲，故曾子揭言之，以为此乃府史胥徒之职，君子所不必究心也。

曾子曰：“以能问于不能，以多问于寡；有若无，实若虚；犯而不校，昔者吾友尝从事于斯矣。”

此所谓大也。人之生莫不有德，有德即有量。人莫不具天地之量，只以私欲锢蔽，遂至动与物忤，而己之所知所能，亦遂日以狭窄。颜子之从事于斯，所谓有容德乃大也。进乎此，则如舜之与人为善，而与天地同其大矣。陆氏曰：“颜子已至充实光辉之域，而欿然不自足，方可谓‘若无若虚’。今人未至充实境界，正当就正有道，虽博稽广询，不得谓之‘若无若虚’。颜子立于无过之地，而人自犯之，方可谓‘犯而不校’。今人未能无过，我以非理加人，人亦以非理答我，此乃出尔反尔，非犯也，即使默然无言，亦不得谓之‘不校’。故欲如颜子之‘若无若虚’，当先如子夏之‘切问近思’；欲如颜子之‘不校’，当先如孟子之‘三自反’。”

曾子曰：“可以托六尺之孤，可以寄百里之命，临大节而不可夺也。君子人与？君子人也。”

此章指情之诚挚，与才之能提挈纲领者而言。可以托孤，可以寄命，两“可以”字，情为之主，才为之辅。临大节而不可夺，此“不可”字，发于至情，而才无与焉。孟子论性善，情居才之先，天下惟生有至情者，乃能善用其才。昔周公辅成王，摄国政，恐惧流言，读《鸱鸮》《东山》之诗，而其情恻然如见。汉诸葛武侯辅后主，至于鞠躬尽瘁，死而后已，读《出师表》，而其情亦恻然如见。皆合此章分量。陆氏谓：“可托、可寄、不可夺，原有浅深，故事业各有不同。”其说亦是。

曾子曰：“士不可以不弘毅，任重而道远。

《白虎通·爵》篇曰：“士者，事也，任事之称也。”可见为士者，皆当自任天下之事。弘毅，以性质言；任重道远，以志趣言。不曰“士当弘毅”，而曰“士不可以不弘毅”，又有以学问化性质之义。

仁以为己任，不亦重乎？死而后已，不亦远乎？”

仁以为己任，是学问之实在处。死而后已，是学问之究竟处，所谓尽性以立命也。《礼记·表记》篇曰:“仁之为器重,其为道远,举者莫能胜也,行者莫能致也。”曾子所以得道统之传者,惟在仁以为己任;而千古有志之士,所以能立德、立功、立言者,亦惟在仁以为己任。李氏曰:“前文连记曾子数章,以尽于此。合而观之,以‘能问于不能’一章是弘,‘可以托六尺之孤’一章是毅,但其根本,则在‘战战兢兢’以存心,而用力于容貌、颜色、辞气之际而已。盖心弥小则德弥弘,行弥谨则守弥固。《易》之《大过》,任天下之重者也,而以‘藉用白茅’为基。《大壮》,极君子之刚者也,而以‘非礼弗履’自胜。故朱子之告陈同父曰:‘临深履薄,敛然于规矩准绳之中,而其自任以天下之重者,虽贲、育不能夺也。’可谓得曾子之传者矣。”

子曰:“兴于诗,

人皆求有以兴,而不知所以兴之道,未通经也。《礼记·经解》篇曰:“温柔敦厚,《诗》教也。”此盖以养性为主,故不曰“诗可以兴”,而曰“兴于诗”。

立于礼,

人皆求有以立,而不知所以立之道,未通经也。《记》又曰:“恭俭庄敬,礼教也。”此盖以定命为主,故不曰“礼可以立”,而曰“立于礼”。

成于乐。”

人皆求有以成,而不知所以成之道,未通经也。《记》又曰:“广博易良，乐教也。”此盖以磨砻德器为主，故不曰“乐可以成”，而曰“成于乐”。可见夫子非评论诗、礼、乐也。李氏曰：“‘志于道，据于德，依于仁，游于艺’，首一字是用功处；‘兴于诗，立于礼，成于乐’，首一字是得效处。文虽同而意异。然二章之理，有可相通者。感发兴起，是志道中事；卓立不惑，是据德中事；纯粹完成，是依仁中事。至于诗、礼、乐，皆艺也，其精者与道、德、仁同归，故可以兴、以立、以成；其粗者为篇章、文辞、器数、声容之属，亦莫非至精之所寓，故彼言道、德、仁，又言艺，而此混而一之。”

子曰：“民可使由之，不可使知之。”

可，能也。不可，不能也。此犹“中人以上，可以语上；中人以下，不可以语上”之例。春秋时民智浅，但能使由之，不能使知之。夫子所深惜，非有所秘也。程子曰：“圣人设教，非不欲家喻而户晓也，然不能使之知，但能使之由之尔。若曰圣人不能使民知，则是后世朝三暮四之术也，岂圣人之心乎？”李氏曰：“服教而明其意者，惟士为能，百姓则日用而不知。然性者人所固有，故王道之行，使之由于斯道之中，可以移风易俗，而德归厚。若愚者不安于愚，而曰予智，则王泽之竭，衰世之事也。民字重读，其义自见。”愚案：二说俱精。惟所谓由之、知之者何？使由之、使知之者何？所以可使由、不可使知之者何？盖由之、知之者，道也；使由之、使知之者，上也；所以不可使知之者，非特道也，即事理之始终本末。苟知其偏而不知其全，则徒滋议论，而政治为之掣肘矣。《书·盘庚》篇曰："不匿厥指。"《诗·节南山》篇曰："俾民不迷。"圣人岂不欲使民知哉？其不能使知之者，理也，势也。后人有深诋夫子之言以为愚民之策者，谬之又谬矣。

子曰："好勇疾贫，乱也。人而不仁，疾之已甚，乱也。"

疾，恶也。朱《注》："好勇而不安分，则必作乱。恶不仁之人，而使之无所容，则必致乱。"或解乱字以为皆自乱其心，亦通。黄氏曰："欲治世者，先平其心。"

子曰："如有周公之才之美，使骄且吝，其余不足观也已。"

黄氏曰："古有以德称才者，如《左传》高阳氏才子齐圣广渊、明允笃诚，高辛氏才子忠肃共懿、宣慈惠和是也。有才、德分言者，如《左传》酆舒'怙其隽才，而不以茂德，兹益罪也'是也。"愚案：司马氏曰："德胜才谓之君子，才胜德谓之小人。"惟才胜德，故不免于骄且吝。骄者刚恶，吝者柔恶，然骄者未有不吝，惟吝乃益形其骄，二者相因而致也。其余不足观，正谓其才无足取。

子曰："三年学，不至于穀，不易得也。"

朱《注》："穀，禄也。至，疑当作志。"愚案：《周礼》三年大比，而兴贤能，用为乡遂之吏，可以得禄。不至于穀者，不安于小成，而由司徒升国学也，志在远大，故不易得。或读穀为穀，谓学之久必至于穀。或训穀为善，谓反言以勉学者。说皆迂曲。

子曰："笃信好学，守死善道。

笃信而不好学，恐或流于异说，或堕于空虚；好学而不笃信，恐不得师承，不明宗旨；守死而不能善道，是谓徒死。故善道者贵有守死不渝之节，而后吾道可传诸永久。此圣门八字箴，上句乃尽心知性之功，下句乃事天立命之事。李氏曰："笃信好学，以所知言；守死善道，以所行言。下文皆守死善道之事，而自笃信好学中来者。盖所谓守死者，言安贫贱之节，不苟合于当世而已。若撄暴乱之锋，以为守死，则'危邦不入，乱邦不居'云云者，皆不可通矣。"

危邦不入，乱邦不居。天下有道则见，无道则隐。

国本动摇，谓之危邦。政刑不修，谓之乱邦。不入不居，所以免祸。有道无道，指天下大局而言。君子之出处视之，此乐天知命之谊，惟笃信好学、守死善道者能之，品诣之最高者也。李氏曰："危邦不入，乱邦不居，是有邦之可择也。若夫天下无道，则惟有隐遁不出而已，故又言'天下有道'二句。"

邦有道，贫且贱焉，耻也；邦无道，富且贵焉，耻也。"

此为笃信好学者戒勉之辞，立品之初基也。李氏曰："天下无道，可以隐则隐矣。万一姓名既著，乡国既知，举世混浊，莫之适也，父母之邦，不可去也，则惟固守贫贱以终其身而已。故又言‘邦有道’六句。反覆申说，究归于安守贫贱而止，故曰：‘守死善道’也。此三节重叠复说，所谓邦字、天下字，皆有意指，不然，末节成赘语矣。”

子曰：“不在其位，不谋其政。”

有性分中之位，有职分中之位。曾子曰：“君子思不出其位。”性分中之位也。此章位字，职分中之位也。惟性分之位定，而后职分之位明，人人各尽其职，无越分侵官之弊，则天下自治。若人人有出位之思，议论纷纭，动多牵掣，则秩序混淆，而政事日乱。夫子垂戒之意深矣。

子曰：“师挚之始，《关雎》之乱，洋洋乎盈耳哉。”

朱《注》：“孔子自卫反鲁，适师挚在官之初。”说恐未合。案：始者，乐之始；乱者，乐之终。凡乐之大节，有歌有笙，有开有合。始于升歌，终于合乐，故升歌谓之始，合乐谓之乱，《仪礼》燕及大射，皆太师升歌。挚为太师，故云“师挚之始”。合乐，《周南·关雎》《葛覃》《卷耳》，《召南·鹊巢》《采蘩》《采蘋》，凡六篇。言“《关雎》之乱”者，举上以该下也。升歌言人，合乐言《诗》，互相备也。

子曰：“狂而不直，侗而不愿，悾悾而不信，吾不知之矣。”

朱《注》："侗，无知貌。愿，谨厚也。悾悾，无能貌。"愚案：狂、侗、悾悾，气质之性也；不直、不愿、不信，习也。气质有偏，而能矫之以学，犹可救也。若为恶习所染，浮伪巧滑，则终身不能入德，虽圣人无如之何矣，可畏哉！

子曰："学如不及，犹恐失之。"

李氏曰："及者，及前路也。失者，失当前也。与'日知其所亡，月无忘其所能'相似。如字，犹恐字，形容其瞻前顾后之心。"愚谓此章圣人勉学者，重在一"犹"字，言学者如不及，孳孳以求，犹恐其失之；若自以为已及，则更无所得矣。恐者，惕之于心也。失之者，失其学业也。

子曰："巍巍乎！舜禹之有天下也，而不与焉。"

不与者，天怀淡定之致。巢、许之轻天下，实则重天下。若舜、禹，非特无重天下之心，亦无轻天下之心，所性分定故也。黄氏谓："孟子答陈相，上言以不得人为忧，下言非无所用心，中引此经及下章为证，而此经下章'舜有臣五人而天下治'，复骈章类叙，则'不与'者，得人善任，不身亲其事也。与读为豫。"说亦贯通。

子曰："大哉尧之为君也！巍巍乎！唯天为大，唯尧则之。

荡荡乎！民无能名焉。

此节赞尧之德。巍巍乎句，亦指尧言，非指天言。《说文》曰："天，颠也，至高无上，从一大。"故曰"唯天为大"。民无能名者，其仁如天，其知如神，莫得而名言之也。黄氏曰："尧则天者，无为而成。"正言其得人善任也。

巍巍乎其有成功也，焕乎其有文章！"

此节赞尧之功。文章本于成功，故用一"也"作转。《尧典》自"亲九族"，以至"黎民于变时雍"，皆成功也。自"历象日月星辰""敬授人时"，以至"允厘百工，庶绩咸熙"，皆文章也。而其功皆本于明德，此民之所以无能名也。黄氏曰："尧无为，然一时之功皆其功，文章皆其文章，见尧之善任人而不待自为之也。"

舜有臣五人而天下治。

五人，禹、稷、契、皋陶、伯益。舜之所以能得人者，惟在专任、久任。若以皋陶为农官，以后稷敷五教，则不得其治矣。后世之法舜者，其亦知此道乎？

武王曰："予有乱臣十人。"

朱《注》："乱，治也。十人，谓周公旦、召公奭、太公望、毕公、荣公、太颠、闳夭、散宜生、南宫适，其一人谓文母。刘侍读以为子无臣母之义，盖邑姜也。九人治外，邑姜治内。”或引古本无“臣”字，谓十人中有文母，揆诸武王语气，似有未合。

孔子曰：“才难，不其然乎？唐虞之际，于斯为盛。有妇人焉，九人而已。

黄氏曰：“古注谓周才盛于唐虞，两代五人，周一代十人，是周盛也。申朱子注者云：‘唐虞盛于周，而夏商不能及，难也。十人取足于妇人，难也。’周十人而以五人为盛者，盖不计多寡，顾其人物地位何如也①。”愚谓此不必拘，孔子之意，盖谓唐虞之际与周初人才皆为极盛，然周不过九人而已，总以见人才之难得也。

三分天下有其二，以服事殷。周之德，其可谓至德也已矣。”

朱《注》：“文王率商之叛国以事纣，盖天下归文王者六州：荆、梁、雍、豫、徐、扬也，惟青、兖、冀尚属纣耳。”愚案：《左氏·襄三十一年传》：《周书》数文王之德曰：“大国畏其力，小国怀其德。……纣囚文王七年，天下皆从之囚，纣于是惧而归之，可谓爱之。文王伐崇，再驾而降为臣，蛮夷帅服，可谓畏之。”《礼记·表记》篇：“有君民之大德，有事君之小心。”《诗》曰：“惟此文王，小心翼翼。”此其所以为至德也。李氏曰：“此章必夫子因论才难之事，而感慨于文王之德。记者序列之意，乃欲以文王至德，参于尧、舜、禹三圣之间也。”或谓宜断“三分”

---

① 据《论语后案》，“不计多寡，顾其人物地位何如也”乃蔡介夫语。

以下，别以“孔子曰”起之而自为一章，未是。

子曰：“禹，吾无间然矣。菲饮食而致孝乎鬼神，恶衣服而致美乎黻冕，卑宫室而尽力乎沟洫。禹，吾无间然矣。”

菲饮食三者，克俭也。致孝鬼神三者，克勤也。或疑尧、舜、禹皆无间，夫子独称禹者何？曰：禹于古帝王中，为至艰至苦之人，所以独推禹也。然则禹之丰功伟绩，何以不言，而独举衣、食、居三者何？曰：此其穷理之极精极密，无间之至也。李氏曰：“致孝鬼神与菲饮食相对，言牺牲粢盛之丰洁也。致美黻冕与恶衣服相对，尽力沟洫亦与卑宫室相对。当洪水未平，下巢上窟，民不得平土而居之。禹决九川，距四海，使大水有所归。然经理犹未详密也，乃复浚畎浍距川，则小水皆有所入，然后四隩既宅，民得安居。是则卑宫室而尽力乎沟洫者，居无求安，而奠万姓之居是急也。”愚案：致孝鬼神，致美黻冕，孝敬之礼尽矣。夷考古者沟洫之制，方里为井，井间有沟，沟广深四尺；十里为成，成间有洫，洫广深八尺。一纵一横，因地制宜，无事备旱潦，有事阻戎车。沟之水归于洫，洫之水归于浍，浍之水归于川，然后地可耕稼，中国可得而食。然则禹非特奠民居，亦所以兴民食，其功岂不大哉？更有进者，禹之功德，造于至精至密，然后可谓之无间。后世帝王，德行不修，无一善之足述，尚不可谓之有间，而况无间乎？读此章急宜猛省也。

泰伯篇大义

人心衰，世风薄，圣人则以忠厚笃实之道教人，并以笃实之学教人。三代之时，人心无私而无所诈伪，无欺而无所计较，浑浑穆穆，何其盛也！吾读《泰伯》一篇而深有味焉。子曰："泰伯，其可谓至德也已矣！三以天下让。"朱子云："三让，谓固逊也。"德厚之至也。"君子笃于亲，则民兴于仁。故旧不遗，则民不偷。"君子之德风也，小人之德草也，上下之交相厚也。曾子之学，于圣门中最为笃实，"启予足！启予手！"与《大戴记》中《疾病》篇语绝相类。"动容貌"三者，行谊笃实之至也。"以能问于不能"，交友忠厚之义也。"可以托六尺之孤"，事君忠厚之义也；"任重而道远"，为学之笃实者，皆当守此以为宗旨也。诗、礼、乐三者，渐民于厚也。"可使由之"，导民于厚也。不"疾人已甚"，使人亦返于厚也。不骄不吝，已德益归于厚也。"三年学，不至于穀"，笃信好学，为学之笃实如此，无以复加矣。"守死善道"者何也？即曾子启手足之言也。"任重道远""死而后已"也，尤圣门笃实之真传也。孟子曰"大匠不为拙工改废绳墨"，欲人之笃信好学也。又曰"天下有道，以道殉身；天下无道，以身殉道"，欲人之"守死善道"也，亦圣门笃实之真传也。不在其位而谋其政，天下多出位之事，天下皆虚㤭之徒也。"有《关雎》之意，而后可以行《周官》之政"，忠厚之至也。"洋洋盈耳"，民俗归于厚矣。士气浮而嚣，士志诞而无实，圣人日以为大忧，故曰："狂而不直，侗而不愿，悾悾而不信，吾不知之矣。”又曰“学如不及，犹恐失之”，教学者之力求笃实也。夫子叙书至舜、禹相让之际，盖未尝不太息也。曰：“嗟乎！为天下得人者谓之仁。”如舜、禹之有天下而不与，尧之则天，其德可谓至厚矣。积德愈厚，则人才愈多，继起者其周文王乎！盖民无能名，应乎名无得而称也。周之德其可谓至德，应乎泰伯可谓至德也，明周家之忠厚开基也。记者至此，可以终篇矣。乃又曰“禹，吾无间然”者，自古制行之笃实，无过于禹。天下惟大拙之人，乃能为大巧之事。禹之所以能治水者，以其治事无不笃实也。吾尝谓治中国者，必不在空言之士，宜广求力行之人。自古力行家能勤能苦，其必以夏王为法乎？其端于菲饮食、致孝乎鬼神三者见之。《传》曰：“美哉禹功，明德远矣。”明德即至德也。故《泰伯》篇以“禹，吾无间然”终，犹《八佾》篇言礼乐以木铎、《韶》舞终，而复发礼主于敬之义，教学者以宗旨之所在也。此皆孔思之精微也。呜呼！人心衰，世风薄，令人益神游于中天之世。耕田凿井之风，既渺不可追矣，惟望后来者上而君相，下而儒生，皆无忘忠厚笃实之至意，其犹可挽回世运哉！其犹可挽回世运哉！

子罕篇第九

子罕言利与命与仁。

罕,少也。自言曰言。《子罕》篇详言教人之法。《诗》《书》、礼为夫子所雅言,利、命、仁为夫子所罕言,三者皆《易》之精蕴也。“利者义之和”,如所谓“以美利利天下,不言所利”“利居贞”是也。命者,穷理尽性之学,如所谓“穷理尽性,以至于命”“顺性命之理”等是也。仁者,长人之本,如所谓“仁以行之”“何以守位曰仁”“立人之道曰仁与义”等是也。《易》义精微,故其言不可得而闻。本经中诸弟子问仁,夫子答语较多,其余自言者,皆仁之大概,不及本体功夫。至利与命,并语亦罕焉。黄氏谓:“罕当借为轩,有显豁之义。”说似迂曲。《史记》:“夫子罕言利,常防其源也。”司马迁习古文《论语》,而其言如是,则罕字自当训少为是。

达巷党人曰:“大哉孔子！博学而无所成名。”

党人,或云项橐是也。夫子赞尧曰“大哉”,子思子赞圣人之道,亦曰“大哉”，则“大哉”之赞，党人可谓谈言微中矣。惟不云“无能名”，而云“无所成名”，盖惜其学之博，而不能成一艺之名也。

子闻之，谓门弟子曰：“吾何执？执御乎？执射乎？吾执御矣。”

射、御皆六艺中事，《周礼》保氏所教。言执御者，盖圣学虽在于成德，然惟艺成而下，乃能德成而上。博学则守之以约，此夫子所以特训门弟子也。李氏曰：“此章答语，非故为谦辞，盖泛滥而不精于一，诚为学者大病，在圣人虽不然，然党人既有是言，则直受之而已。六艺莫粗于射、御，而御较射又粗。学无精粗，而必由粗者始。人之为学，往往驰心高妙，而有不屑卑近之过，此子游所以薄洒扫应对为末节，而见讥于子夏也。”

子曰：“麻冕，礼也；今也纯，俭。吾从众。”

麻冕，先儒谓绩麻三十升布以为之，染黑色，故又名缁布冠。纯，用丝为之。刘氏曰：“三十升者，郑注：‘《丧服》云，八十缕为升。’一升八十缕，三十升是二千四百缕，郑依汉制。推古布幅广二尺二寸，以二尺二寸布广之度，容二千四百缕，是细密难成，转不如用丝之省约矣。”愚案：“吾从众”者，圣人之变礼以从俗也。举麻冕一端，而凡类于麻冕者可知也。

拜下，礼也；今拜乎上，泰也。虽违众，吾从下。

黄氏曰："拜下之礼，见于《觐礼》《燕礼》《大射仪》《公食大夫礼》《聘礼》诸篇为详。凡臣与君行礼，皆堂下再拜稽首，君待以客礼。下拜则辞之，然后升成拜。以觐礼言之，觐之时入门右，再拜稽首；享之时中庭奠币，再拜稽首。凡经曰'中庭'，曰'门右'，皆拜下也。"诸篇礼节，大致皆同。愚案："吾从下"者，圣人之变俗以从礼也。举"拜下"一端，而凡类于拜下者可知也。大抵圣人处礼俗之宜，不论古今新旧，要必察其是非。今而是也，不妨从众；今而非也，自宜违众。惟穷理至精，力行不惑，然后能转移风气，而不为风气所转移，初非有成见存乎其间也。后人论新旧而不论是非，遂致风俗日下，可叹也已。

子绝四：毋意，毋必，毋固，毋我。

绝四有二说：一说孔子自无此四者，毋即无字；一说禁绝学者毋得有此四者，盖圣人所无，学者亦当禁绝。两说可并存。"意"或作"亿"，为测度之义，不如朱《注》解作私意为善。李氏曰："我乃私意之根，虽不动念而不化者，《易》之《艮》，所谓身也。有我则不能廓然大公，故不能物来顺应，而有意、有必、有固。若物来顺应，则物未来而私心妄念之不生，何意之有？应物而不累于物，何必之有？顺理以应之，而不滞于物，何固之有？如是则复还于太虚而无迹，何我之有？盖毋意则所发者皆天地之心，'元'之德也。毋必则为不计效，施不望报,'亨'之德也。毋固则因物付物,'利'之德也。毋我则不言所利,'贞'之德也。三者皆归于毋我,而行乎毋我,犹'贞'之始终万物也。不获其身而不私于己,故能不见其人而不系于物,圣人之与天地相似者如此。"

子畏于匡,

畏者,有戒心之谓。匡,郑、卫间邑。匡人曾围夫子,故夫子有戒心也。

曰:"文王既没,文不在兹乎?

道必寓于文,故四教以文为首。黄氏曰:"先王所以治天下者曰道,所以载道者文。夫子云'述而不作',述斯文,即述斯道也。自先儒[①]分文与道为二,朱《注》因以不言道为谦辞,然经意是自任,非自谦之词也。"

天之将丧斯文也,后死者不得与于斯文也;天之未丧斯文也,匡人其如予何?"

马氏曰:"文王既没,故孔子自谓后死者。"黄氏曰:"后死者,谓后己而死者。"愚案:圣人所敬畏者,天命而已。天命不绝,则道亦不绝,世亦不绝。匡人既不能违天,恶能灭道而绝世?

---

① 先儒,黄氏《论语后案》本作"程门"。

大宰问于子贡曰："夫子圣者与？何其多能也？"

孔氏曰："大宰，官名，或吴或宋，未可知也。"愚案：春秋时他国亦有大宰，不仅吴、宋两国有之。夫子圣者与，犹疑夫子之未圣也。何其多能，以多能为圣也。古训圣字仅属通明之称，故大宰以多能为圣耳。

子贡曰："固天纵之将圣，又多能也。"

将，大也，或谓"固天纵之"句，未是。固天纵之将圣，破其疑夫子之未圣也。又多能也，破其以多能为圣也。圣门以大而化之为圣，仅此二语，而子贡之善赞圣人可见矣。

子闻之，曰："大宰知我乎？吾少也贱，故多能鄙事。君子多乎哉？不多也。"

或读"故多能鄙事"句，或以"鄙事"属下句为读，均可。李氏曰："子贡智足知圣，故夫子舍其言，而与大宰相答。详绎语意，盖避圣之号，而又示人以学圣之方也。然前答党人，则欲专于执御之卑；此答大宰，又言不贵鄙事，意似相反，而实相贯。党人誉夫子以博学，就艺言之，故夫子因所谓无成名者而审所执，盖克勤小物，亦学也。专精于一而不务博者，学之要也。大宰因多能而誉夫子以圣，则不知有德艺之分，故夫子不让多能之名，而为之明君子之学。大德不官，大道不器，务本而不急末者，尤学之要也。"

牢曰："子云，'吾不试，故艺。'"

不试，不小试其才也。记者恐夫子鄙事之谦辞，后世又以多能为轻，故类记此节，见圣门之尚艺，亦与"党人"章相应。

子曰："吾有知乎哉？无知也。有鄙夫问于我，空空如也。我叩其两端而竭焉。"

无知，谦辞也。时人有因夫子应问不穷，而矜其无所不知者，故夫子谦言之耳。空空，犹悾悾，悫也。叩，问也。两端，末也。凡事物之始，皆起微末，故末有始意。盖鄙夫来问，必有所疑，惟有两端斯有疑，故先叩发其两端，谓先还问其所疑，而后即其所疑之两端，而穷尽其义以告之也。此两端，即《中庸》舜"执其两端用其中于民"之两端。处则以此为学，用则以此为治，皆圣人通变神化之妙也。

子曰："凤鸟不至，河不出图，吾已矣夫！"

《诗》曰："凤皇鸣矣，于彼高冈。"此周初时之瑞也。《易传》曰："河出图。"此伏羲时之瑞也。春秋时，圣王不作，世运晦塞，故夫子伤之，而有终止之叹。然吉凶与民同患，此心实无已时也。汉董子引此经而申之曰："自悲可致此物，而身卑贱不得致也。"恐未合经义。盖圣人为一世慨，非为一身慨也。

子见齐衰者、冕衣裳者，与瞽者，见之，虽少，必作；过之，必趋。

此圣人之哀有丧，尊有爵，矜废疾也。记此见《曲礼》之意。黄氏曰："观'师冕见'一章与此章，圣人之一言一动，皆诚心之所流行，日用间无非仁义也。"

颜渊喟然叹曰："仰之弥高，钻之弥坚。瞻之在前，忽焉在后。

仰弥高，言道难及。钻弥坚，言道难入。在前、在后，言难以依据。或读下八字为句，以"瞻之"读，亦可。盖道不过中庸而已。颜子初学时，觉中庸之道难能，致知力行，总觉未能适合，故有此叹，非恍惚之象也。李氏曰："'仰之弥高'四句，乃颜子造圣根基，如周公之不合仰思，夫子之发愤忘食，皆此意也。"

夫子循循然善诱人，博我以文，约我以礼。

循循，有次序貌。诱，通作牖，言引导也。颜子初苦道难几及，而夫子则谓学必有积累，并无顿悟之法。惟有从事于文、礼二者，以由浅而入深。博文，格致之学也。约礼，克复之功也。至是而颜子之学，殆将由博反约，而进于一贯矣。

欲罢不能，既竭吾才，如有所立卓尔。虽欲从之，末由

也已。”

此颜子从事于博文约礼，不能罢而竭尽其才也，至是乃大进矣。惟孟子言“中道而立，能者从之”，而颜子则言“欲从末由”者，盖孟子以道为绳墨彀率，有形迹之可求，犹其粗焉者也；颜子则力守中庸之道，拳拳服膺，大而未能化，故曰：“欲从末由。”此盖极至精至细之学，非谓圣道终不可几及也。李氏曰：“‘如有所立卓尔’，知之明也。‘欲从末由’，行之未熟也。盖夫子之自言曰‘七十而从心所欲不逾矩’，形骸有几微之未化，则不能从心所欲而与之相应，至于心即体、体即心，然后能从心所欲而不逾矩，所谓‘不言而喻’者是也。颜子见道之真，心欲从之，而似有未能从心者，盖去道益亲，而望道如未见也。此章当与“吾十有五”章合看，则孔颜之学可窥。周子所谓发圣人之蕴，教万世无穷者也。”

子疾病，子路使门人为臣。

疾甚曰病。黄氏曰：“使门人为臣，欲使门人治丧制服，依君臣礼也。礼，师弟之服，心丧三年；君臣之服，斩衰三年。此所以使为臣，始得伸其情。”愚案：孔子尝为大夫，春秋时大夫去位，或有用家臣以治丧者，子路盖从流俗之见以尊圣人耳。

病间，曰：“久矣哉！由之行诈也，无臣而为有臣，吾谁欺？欺天乎！

夫子去大夫之位，当以士礼葬。无臣而为有臣者，言人皆知吾无臣，则人不可欺，近于欺天矣。子路不过从俗耳，乃夫子责之曰“诈”，又自责曰“欺天”，盖圣人之所谓诈、欺，非世俗之所谓诈、欺也，其敬天命者至矣。

且予与其死于臣之手也，无宁死于二三子之手乎！且予纵不得大葬，予死于道路乎？”

无宁，宁也。有臣死于臣手，礼也。夫子愿死于弟子之手者，以弟子之情，更亲于臣也。刘氏曰：“此为孔子未反鲁事，当是鲁以币召孔子，孔子将反鲁，适于道路中得疾也。纵不得大葬，言予纵不得位，以大夫礼葬，亦必反鲁，不至死于道路。所以然者，知斯文之在兹，必将以制作教万世，又以见子路之豫凶事为非礼也。”愚案：即此一端，圣人之不违礼以从俗，与夫重师弟之情，概可见矣。

子贡曰：“有美玉于斯，韫匵而藏诸？求善贾而沽诸？”子曰：“沽之哉！沽之哉！我待贾者也。”

待贾，待明王而出也。此章以待字破求字，盖圣人之不愿舍藏固矣，然亦非有求于人也，待贾焉耳。《礼记·聘义》篇曰：“昔者君子比德于玉焉。”《儒行》篇曰：“儒有席上之珍以待聘。”盖儒者，人所需也。既为人所需，则当待人之求，故曰待贾。《易传》曰：“君子藏器于身，待时而动，何不利之有？”

子欲居九夷。

东方之夷有九种，曰畎夷、于夷、方夷、黄夷、白夷、赤夷、玄夷、风夷、阳夷。欲居之者，以道不行，欲居海岛之国也。

或曰："陋，如之何？"子曰："君子居之，何陋之有？"

陋，谓其地僻陋，不知礼义。君子所居则化，若虞帝以孝友格耕稼陶渔之民，泰伯以仁让治断发文身之俗，讲道德，开风气，则僻陋变为文明矣。刘氏曰："'居九夷'，与'乘桴浮海'，皆谓朝鲜。朝鲜为九夷之一，箕子受封后，能推道训俗，教民礼义田蚕，衣冠礼乐，与中州同。'君子居之'，指箕子言，非孔子自称。"其说极新。

子曰："吾自卫反鲁，然后乐正，雅、颂各得其所。"

朱《注》："鲁哀公十一年冬，孔子自卫反鲁，是时诗、乐残缺失次，乃归而正之。"李氏曰："乐正所该者广，凡律吕、声音、器数皆是。然诗为乐章，乃乐之本，故又以雅、颂得所言之。得所亦有二义：篇什失次，厘而定之；工歌僭差，辨而明之也。如《文王》《大明》《绵》，天子所以享元侯者，则叔孙不拜，三家《雍》彻，而夫子讥之，则当日所用，僭差可知矣。"愚案：李说是。得所者，言用之乡党，用之朝廷邦国，用之燕射诸礼，皆得其宜，而不凌杂，故曰各得其所。

子曰:“出则事公卿,入则事父兄,丧事不敢不勉,不为酒困,何有于我哉?”

出事公卿,贵贵之义。入事父兄,亲亲之义。勉丧事,重哀也。不为酒困,节乐也。或以何有作不难解。案:夫子尝言“所求乎子以事父,未能也”,盖圣不自圣,故常有欿然不足之意,岂必遽自期许哉?

子在川上曰:“逝者如斯,夫不舍昼夜。”

逝,往也,言往而进也。或曰:流行也。不舍,不止也。或读“夫”字绝句,或以九字作一句,“逝者”略读,均可。日往月来,月往日来;寒往暑来,暑往寒来,此天体之不息也。憧憧往来,朋从尔思,同归殊途,一致百虑,此心体之不息也。四时行,百物生,人身之呼吸,与天地之阖辟相应,此道体之不息也。程子曰:“纯亦不已,天德也,其要只在谨独。”盖圣人以至诚配天,日就月将,缉熙光明,一动一静,互为其根,而静者常为之主。至于体用一原,显微无间,而后心体与天地相似。若人欲间之,则有息矣。至由浅入深功夫,必先有本,故孟子曰:“盈科而后进,放乎四海,有本者如是。”无本则涸,涸为息之大者,此初学之大患也。《易·坎》之《象传》曰:“君子以常德行。”观水者取之,学道者取之。

子曰:“吾未见好德如好色者也。”

《史记》以此为指卫灵公而言。愚案:好德如好色,即《大学》诚意“如好好色”之意,谓慎独之功,固未易见。

子曰:“譬如为山,未成一篑,止,吾止也。譬如平地,虽覆一篑,进,吾往也。”

朱《注》:“言山成而但少一篑,其止者吾自止耳。平地而方覆一篑,其进者吾自往耳。”盖学问之道,在积小以高大,故荀子曰:“积土成山,风雨兴焉。积水成渊,蛟龙生焉。”然积时而进,惟在于我,若必借他人之策励,必无所成。故《易传》言“自强”,《大学》言“自明”,而《孟子》则言“自暴自弃”。“君子终日乾乾”,所以贵因时而惕也。

子曰:“语之而不惰者,其回也与!”

此不惰为极深细之功:以克己言,非礼勿视听言动,无丝毫之或惰也;以复礼言,三月不违,无顷刻之或惰也;以博约言,欲罢不能,既竭吾才,无一知一行之或惰也。故为其余门弟子所不能及。何氏曰:“颜子解,故语之而不惰;余人不解,故有惰语之时。是以‘惰’字属教者言。”大误。

子谓颜渊,曰:“惜乎!吾见其进也,未见其止也。”

此颜子既死而夫子惜之也。学贵乎不止,走者之速也,而过二里止；步者之迟也，而百里不止，必也步者前，而走者后矣。况以颜子之猛进而久不止，岂不几于圣哉？此二章，皆言心体之无息也。

子曰："苗而不秀者有矣夫！秀而不实者有矣夫！"

苗而不秀，质美而不学也；秀而不实，半途而中止也。苗之不秀不实，地有肥硗，雨露之养，人事之不齐也。而学之不成，则皆由于人事，可不惧哉？或曰亦惜颜子而发，殊不伦。此盖为浮而不实者戒尔。浮而不实，则妄念胜而学遂废，故《易·无妄卦》曰："不耕获，不菑畲，凶。"

子曰："后生可畏，焉知来者之不如今也？四十、五十而无闻焉，斯亦不足畏也已。"

此勉后生之惕于将来也。来者，后日也。焉知来者之不如今，言来者不如今日之可畏也。无闻，不能闻道也。或曰无令闻，亦通。陆氏曰："继往开来之业，后生无不可任；参赞位育之事，后生无不可为，是以可畏。若悠忽因循，知行不能精进，气质不能变化，至于老而无闻，则一庸俗人而已。纵使翻然悔悟，其年已非向时之年，其力已非向时之力，而况习气日深，天性日汩，其能有成者鲜矣。"夫子所以为后生痛下针砭也。

子曰："法语之言，能无从乎？改之为贵。巽与之言，能无说乎？绎之为贵。说而不绎，从而不改，吾末如之何也已矣。"

朱《注》："法言人所敬惮，故必从，然不改，则面从而已。巽言无所乖忤，故必说，然不怿，则又不足以知其微意之所在。由是言之，则从与说未始非本心之发见，无如电光石火，稍纵即逝，不绎不改，则终其身无成矣。是故学者贵有猛进之心，尤贵有强毅之力也。"陆氏曰："从与说权在言者，改与绎权不在言者，故曰'吾末如何'以激厉之。"或读"也"字绝句，"已矣"句，言止也。

子曰："主忠信，毋友不如己者，过则勿惮改。"

较"君子不重"章少二句，盖言者非一时，记者非一人也。黄氏曰："主、友，俱以交际言。"愚案：《礼记·儒行》篇："忠信之美，优游之法。"郑君《注》："美忠信，法和柔者。"盖君子之学，合外内之道也。

子曰："三军可夺帅也，匹夫不可夺志也。"

三军虽众，而其志不一，故其帅可得而夺。匹夫虽微，而其志独立，故不可得而夺。夫子曰："志士不忘在沟壑。"盖此志大矣。终身立德、立功在于是。人苟志为圣贤，谁能沮之？所谓不为威屈，不为利诱也。

子曰："衣敝缊袍，与衣狐貉者立，而不耻者，其由也与？

敝，坏也。缊，絮也，盖丝之乱者。貉似狸。耻非必形诸外也，但使有内疚之意，则卑鄙之心已伏矣。道德至重，衣服至轻，固无所为耻也。然贫富相形，终不免有流俗之见。子路特立独行，故能不耻。

'不忮不求，何用不臧？'"

忮，忌也。忌从己，古文象蛇形。以无形之蛇伏于心，害人之毒至矣，然而终必自害也。求，干求也，丧气节之本也。先儒谓逢人即有求，所以百事非也。《韩诗外传》曰："利为害本，福为祸先。惟不求利者为无害，不求福者为无祸。"引此诗文，盖害与祸皆所谓否臧凶也，明乎利害祸福之原，则忮求之心泯矣。

子路终身诵之。子曰："是道也，何足以臧？"

终身诵之，犹三复白圭也。是道，不忮不求之道也。何足以臧？言虽善矣，而未足为至善也。盖圣学无止境，乐天知命，其功当更进矣。此章体例，与《子路》篇"南人"章引"不恒其德"相类，盖记者类志之。或以"不忮不求"二句为夫子美子路者，非也。

子曰："岁寒，然后知松柏之后雕也。"

李氏曰："此章比喻者广，惟守先待后之君子最相似也。《诗》曰："风雨如晦，鸡鸣不已。既见君子，云胡不喜。"又曰："蒹葭苍苍，白露为霜。所谓伊人，在水一方。”皆言贤人君子处淫昏悍戾之邦，而喈喈者不辍其音，苍苍者不改其色，故愿见而思从之也。不曰‘不雕’而‘后雕’云者，盖松柏未尝不雕，但其雕也后，旧叶未谢，而新枝已继，《诗》所谓“无不尔或承者”是也。道之将废，虽圣贤不能回天而易命，但能守道而不与时俗同流，则其绪有传，而其风有继。‘然后知’三字，盖言遇变乱，乃知道之足重，勉人之为松柏云尔。”愚案：李说极精。《鲁颂》曰：“徂来之松，新甫之柏。”美鲁道之兴而不绝也。《商颂》曰：“陟彼景山，松柏丸丸。”美商道之兴而不绝也。其皆言松柏何也？《礼记·礼器》篇曰：“其在人也，如松柏之有心也，故冠四时而不改柯易叶。”盖松柏之心，固贞下而起元者也。后之传道者，其勉之哉！

子曰：“知者不惑，仁者不忧，勇者不惧。”

知、仁、勇，言其德。不惑、不忧、不惧，言其效。《宪问》篇曰：“君子道者三，我无能焉。”盖以之自责。而此章则以教学者，功有精粗，道无二致也。《中庸》曰：“知、仁、勇三者，天下之达德也。及其成功一也。”

子曰：“可与共学，未可与适道；可与适道，未可与立；可与立，未可与权。”

可与共学，知力求正学者也，则惑于异端者去矣。可与适道，知力行正道者也，则迷于歧途者黜矣。可与立，知笃志固执者也，则转移于风气者退矣。可与立未可与权者，盖立者，事有一是一非，而能固守其一是；权则审度于两是不并存之时，而取其至重者也。程子曰："汉儒以反经合道为权，故有权变、权术之论，皆非也。"案：《易传》言"巽以行权"，惟守经而后能行权，非辨义至精，乌足语此！故圣门不轻言权，盖非汤武之至圣，不能用之也。

"唐棣之华，偏其反而。岂不尔思？室是远而。"

《尔雅》："唐棣，栘。"郭《注》："今白栘，似白杨，生江南山谷中。"偏，华摇动貌。凡华皆先合后开，唐棣则先开后合，故曰反。此以华之偏反有情，兴起一人之有思也。后儒以偏反为反经之证，谓若非与上章相合，则引此二语为无谓，不知《大学》言"宜其家人"，亦先引《桃夭》二句以起兴，岂别有取义乎？穿凿之说，不足信。

子曰："未之思也，夫何远之有？"

盖夫子删此诗而复论之也。《竹竿》之诗曰："岂不尔思，远莫致之。"词意与此诗相类。而夫子存之者，盖女子思归而不可得，其词诚；朋友怀人而不相访，其词伪。圣人尚诚而去伪也。诚者天道，思诚者人道，不思又焉能诚？周子曰："思者，圣功之本。"故思为圣学入门之要。或读"夫"字绝句，亦可。

子罕篇大义

物之不齐，物之情也；人之不齐，人之性也、质也。言教育而欲齐生徒，不问程度之高下，概以语之，或失之过浅，或失之过深，岂不妄哉？《述而》《子罕》两篇，同言师范，同言教育，然《述而》篇重在明学派，自修之意多；《子罕》篇重在施教术，督责之意多；《述而》篇大抵为中人以上言；《子罕》篇大抵为中人以下言，读首章而即知之。孔子未尝不言利与命，至答门弟子问仁尤多，而云“罕言”者，盖末学之士，语以利则志昏，命则迷信，仁则广大则不知所归宿也。“执御”“执射”，务实之至也。“从众”“从下”，“毋意”“毋必”，圣人之师范也。不曰“道不在兹”，而曰“文不在兹”，文实而道虚也，文所以载道也，教初学之士先以文也。“少贱多能”“两端必竭”，所以教中材以下者至矣。呜呼！圣人之道德，不获施于天下，而徒以杏坛设教终，此圣人所深惜也。“凤鸟不至，河不出图”，所为三叹也。“子见齐衰”章，师范也。“仰高钻坚”，见道之无穷尽，无方体。然“博文约礼”，则归于实矣，求道者不可迷于所响也。“无宁死于二三子之手”，见师弟之情至亲也。“美玉待贾”，师范当自尊也。“欲居九夷”，教育无间于种族也。“雅颂得所，国乐既正”，教育之入人者深也。“出入”“哀乐”，教育在家庭社会之间。日往则月来，寒往则暑来，天地之所以常存，人心之所以不死者，道在不息而已矣。“吾未见好德如好色”以下，所以督责末学者尤至。“惰也”“不惰也”，“进也”“止也”，皆吾自为之也。论颜渊，所以策学者也。“苗而不秀，秀而不实”，“四十、五十而无闻”，老冉冉其将至，没世而名不称，可惧也哉！此大禹惜寸阴，吾辈所以当惜分阴也。然而君子之施教也，用何术乎？必也先定其语乎！“法语之言，能无从乎？”“巽与之言，能无说乎？”“说而不绎，从而不改”，虽圣人亦无如之何。人生天地间，同是耳目，同是心思，何为无志而至于此极乎！“匹夫不可夺志”，军国民之教育也。“何足以臧”，学者进德，不宜自画。“岁寒松柏”，“不惑、不忧、不惧”，皆以坚学者求道之心。“可与共学，未可与适道”，则又明论学者程度之高下，欲令施教术者定其浅深之法。君子之道，不可诬也。《学记》曰：“道而弗牵，强而弗抑，开而弗达。”（道，示以道涂。牵，牵引也。强，勉强之。抑，抑其志意也。开，开其端。达，竟其绪也。皆所以养成学者自治之道。）此三者，皆所以教学者之思。盖天下之学者，其大患恒在于不思。能教育者，要在善导学者之思。孔子曰：“未之思也，夫何远之有？”不思，虽圣人无如之何也。能思而后能由浅以入深，由近以及远也。故读《子罕》篇又有倒读之法：能思而后能听法语，而后不至于无闻，不至于秀而不实，不至于功亏一篑；能思而后能得博文约礼之教，而后能多才多艺，而后能保斯文之在兹。万能之事，贯以一思，是故文治谓：《论语·子罕》一篇，所以明师范教育之原理；《礼记·学记》一篇，所以示师范教育之入门。

乡党篇第十

孔子于乡党，恂恂如也，似不能言者。

孔子生于陬邑，迁于阙党，而设教焉。此文“乡党”，即指此二地也。郑君《注》：“恂恂，恭顺貌。”盖兼容貌、辞气而言。朱《注》：“似不能言者，谦卑逊顺，不以贤知先人也。”

其在宗庙朝廷，便便言，唯谨尔。

在宗庙朝廷，谓助祭于公与见君时也。便便，《史记·世家》作“辩辩”。《书·尧典》“平章百姓”，伏《传》作“辩章”，《史记》作“便章”。便、辩，古字通用。便便，谓辩论之也。谨者，慎言其余也。朱《注》：“此一节，记孔子在乡党、宗庙朝廷言貌之不同。”

朝，与下大夫言，侃侃如也；与上大夫言，訚訚如也。

朱《注》：“侃侃，刚直。訚訚，和悦而诤。”愚案：朝，朝鲁君也，时鲁国政逮于下大夫，故言必侃侃。上大夫如三桓子孙，失政权，故言可訚訚，非严于下大夫而和于上大夫也。或曰：侃侃，通作衎衎，和乐意。訚訚，通作龂龂，中正貌。

君在，踧踖如也，与与如也。

《礼记·玉藻》篇："朝，辨色始入，君日出而视之。"此"君在"，谓君视朝。踧踖，敬畏貌。与与，徐徐意，言恭而安也。古圣威仪，皆以敬与和对言，《诗》所谓"肃肃雍雍"也。朱《注》："此一节，记孔子在朝廷事上接下之不同。"

君召使摈，色勃如也，足躩如也。

郑君《注》："君召使摈者，有宾客使迎之也。"《说文》：傧，导也。摈、傧一字。召使摈者，以孔子知礼。刘氏曰："孔子摄行相事，即摄行摈相之事，若夹谷之会，孔子相是也。"亦备一义。勃如，颜色之变。躩如，容止之变。圣人本无所不敬，但因君命，则敬心愈至耳。

揖所与立，左右手，衣前后，襜如也。

揖所与立，揖同为摈者也。摈分左右，以次传君命而出，传宾命而入。孔子传命时，揖左摈则左其手，揖右摈则右其手，顺所向也。江氏曰："摈者雁行立于东方西面北上，是以南北为左右，东西为前后，叙位次极明。襜，衣动貌。"

趋进，翼如也。

趋进，据《聘礼》，从中庭进至东阶也。步张足曰趋，两手略高拱，如鸟舒翼。

宾退，必复命曰："宾不顾矣。"

复命，复命于君也。回首曰顾。《聘礼》："君拜送于门内。"宾不顾，所以不顾者，不敢当君之盛礼，且示有终也。朱《注》："此一节记孔子为君摈相之容。"

入公门，鞠躬如也，如不容。

刘氏曰："此及下节，言孔子为聘宾事也。公门者，诸侯之外门。中门，即库门、雉门也。"公者，君也。《曲礼》："大夫士出入公门。"彼谓己国，此谓所聘之国也。《释文》："躬作穷。"《广雅·释训》："匑匑，谨敬也。"踧踖、鞠躬，皆用双声字以形容之。愚案：鞠，曲也。鞠躬，犹折枝之义。如不容者，谨畏之形，若无所容也。

立不中门，行不履阈。

刘氏曰："《曲礼》云：'为人子者，立不中门。'可知中门为尊者之迹，人臣人子皆当避之。《曲礼》又云：'大夫士出入君门，由闑右。'孔《疏》谓右在东，此为臣入君门法也。阈，门限，门启或去其阈，以通车行，庙门则常设而不去，行者多践履其上，夫子则以不履为敬。"愚案：古者庙门之阈，未必过卑，此不履，盖恐蹴之而失容，言行必以度也。

过位，色勃如也，足躩如也，其言似不足者。

过位，过君在朝时所立之处也。圣人色容庄，足容重，口容止，无往不然，虽当君不在之时，尤必加谨，不敢略有所肆也。

摄齐升堂，鞠躬如也，屏气似不息者。

刘氏曰："摄，敛也，整也。举足登阶，齐易发阳，以收敛整饬为难。""衣之下齐整齐曰摄齐，犹上节言衣前后襜如者，皆自然合礼，不假手为更动也。""诸侯堂高七尺，见《礼器》。""升堂，谓拾级聚足，连步以上也。"《说文》："屏，蔽也。"《广雅·释诂》："屏，藏也。"屏气似不息，谓气容肃也。或引郑《注》"屏气自静，以俟君言"，是别一义。

出，降一等，逞颜色，怡怡如也。没阶，趋进，翼如也。复其位，踧踖如也。

刘氏曰："等者，阶之级。《曲礼》'拾级'《注》：'级，等也。'天子堂九尺，阶九等；诸侯堂七尺，阶七等。降一等者，指堂廉而言。上文言屏息，息即气也。颜色，是气之见于外者，《聘礼》记下阶，'发气怡焉'。《注》：'发气，舍息也。'舍与舒音同，舒与逞义同。没阶者，谓降西阶尽等，下至地也。趋进者，趋前之谓。《史记·世家》及《聘礼注》引并有'进'字，非误也。复其位，复聘宾之位也。"朱《注》："此一节记孔子在朝之容。"

执圭，鞠躬如也，如不胜。上如揖，下如授，勃如战色，足蹜蹜如有循。

刘氏曰："执圭者，行聘时宾执圭以致君命也。《曲礼》云：'执天子之器则上衡，国君则平衡。'衡者，衡于心也。此执圭亦当平衡也。"如不胜者，敬之至也。《曲礼》云："凡执主器，执轻如不克。"《注》云："重慎也，即敬义。"上如揖，如今与人相拱手，有高平下之别。此如揖，不过平衡也。《聘礼》记"下如送"，送当谓送物与人，与此言"授"同。"勃如战色"，战战兢兢，惧有失坠，贻辱君命也。《玉藻》："执龟玉，举前曳踵，蹜蹜如也。"《注》云："著徐趋之事。"又"圈豚行不举足，齐如流"，《注》云："圈，转也。豚之言若有循。不举足曳踵，则衣之齐如水之流矣。"孔子执圭则然。《说文》："循，顺行也。"两足不能分步，则趾踵相接，顺递而行，故曰"如有循"。

享礼，有容色。

郑君《注》："享，献也。"《聘礼》："既聘而享，用圭璧，有庭实。"案：《聘礼》记云："及享，发气焉盈容。"《注》："发气，舍气也。"江氏曰："聘执圭，享执璧，严与和微异。享礼有容色，正对勃如战色，谓身容、手容、足容如初，惟发气盈容，不若初之变色耳。"

私觌，愉愉如也。

郑君《注》："觌，见也。既享乃以私礼见。愉愉，颜色和。"刘氏曰:“《郊特牲》云:‘朝觐大夫之私觌,非礼也。大夫执圭而使,所以申信也;不敢私觌,所以致敬也。而庭实私觌,何为乎诸侯之庭?为人臣者无外交,不敢贰君也。’案:此周时儒者议礼之言,盖其君亲来,其臣不敢见于主国之君。以君命聘,则有私见,未为失礼也。”愚案:此章首专言敬,次则敬与和并言,末专言和,圣人之尽礼尽情如此。朱《注》:“此一节记孔子为君聘于邻国之礼。”

君子不以绀緅饰。

刘氏曰:“君子,谓孔子。变言之者,见凡君子宜然也。绀,深青兼赤色。段氏曰:‘即今之天青,又名红青也。’緅,微黑色。二者皆以为祭服。饰,缘边也。不以为饰,所以别于祭服耳。”

红紫不以为亵服。

朱《注》:“红紫,间色不正,且近于妇人女子之服也。亵服,私居服也。言此,则不以为朝祭之服可知。”愚案:段氏谓红如桃红、粉红之类,则其非正色可知。夫子恶紫夺朱,玄冠紫緌,自鲁桓公始,则古时贱紫,由来久矣。后世衣裳多用间色,诡更奇邪,端人耻之。此经当以朱《注》为正。或解红紫为玄纁色,类祭服者,误。

当暑,袗絺绤,必表而出之。

刘氏曰:“袗,一本作紾。段氏《说文注》:‘以袗为正,言单也。’

《礼·玉藻》:‘振絺绤,不入公门。’《注》:‘振,读为袗,单也。’单,谓衣无里。对袷褶之有里者言之也。”愚案:《诗·葛覃》“为絺为绤。”《毛传》:“精曰絺,粗曰绤。”又《诗》:“君子偕老,蒙彼绉絺。”《毛传》:“蒙,覆也。”盖加絺绤于亵衣之上,即所谓表而出之也。

缁衣,羔裘;素衣,麑裘;黄衣,狐裘。

朱《注》:“缁,黑色。羔裘,黑羊皮。麑,鹿子,色白。狐,色黄。”愚案:《礼记·玉藻》篇曰:“羔裘,缁衣以裼之;狐裘,黄衣以裼之。”盖古人着裘,皆以毛向外,加衣于裘上,其色相称,所谓裼衣也。

亵裘长,短右袂。

江氏曰:“亵裘,即狐貉裘。礼服之狐裘,欲其文,与亵服之狐裘异。亵裘长,则礼服之裘宜短,以其行礼时有升降上下,长则不便于行礼也。”愚案:右,又也,《说文》:“又,手也,象形。”单言手不言右手者,明又为两手之统词,则此经“右袂”,统言“左袂”可知。《礼记·深衣》篇:“袂之长短,反诎之及肘是也。”旧解谓仅短右袂,则是衣不中度矣。

必有寝衣,长一身有半。

刘氏曰:“寝衣,郑《注》云今小卧被也。古人衣不连裳,夫子制此寝衣,较平时所服之衣稍长。寝时著之以卧,盖取其兼可覆体。”李氏曰:“一身有半,旧说恐非,盖比一身仅半耳。”引“三分天下有其二”

“有”字为证,别备一义。

狐貉之厚以居。

狐貉,裘之贵者。厚,温厚。居,家居。在家以接见宾客与亵裘不同。刘氏曰:“居,坐也。《阳货》篇‘居,吾语女’,即坐也。古人席地而坐,大夫席再重。至冬时气寒,故夫子于所居处,用狐貉之厚为之藉也。”

去丧,无所不佩。

去,除也。刘氏曰:“《说文》:‘佩,大带佩也。’段氏《注》:大带佩者,谓佩必系于大带也。从人者,人所利用;从凡者,无所不佩;从巾者,其一端也。”愚案:《礼记·乐记》篇:“君子在车,则闻鸾和之声。”行则鸣佩玉,是以非辟之心无自入也。圣人无所不佩,盖以谨步趋,考德行,非谓文饰也。

非帷裳,必杀之。

帷裳,谓朝祭之服。裳用正幅,如帷。帷,围也。朝祭之裳,襞积无数,以人要中宽狭不一,各就所宜为之也。非帷裳,谓其余之衣。杀之者,削其幅使有下缝,所以别于朝祭之服也。

羔裘玄冠不以吊。

朱《注》:“丧主素,吉主玄,吊必变服,所以哀死。”愚案:《士冠礼》

记:“委貌,周道也。”郑君《注》:“或谓委貌为玄冠。”委,犹安也,所以安正容貌也。君子临丧则有哀色,以吉服临凶事,不独非礼之宜,且于本心有不安矣。

吉月,必朝服而朝。

朱《注》:“吉月,月朔也。孔子在鲁致仕时如此。”愚案:《礼记·玉藻》篇曰:“诸侯皮弁以听朔于太庙,朝服以日视朝于内朝。”听朔者,每月之礼,视朝者,每日之礼。诸侯每月听朝,所以颁布国政,孔子时为国老,朝服而朝,听政事而备询问也。朱《注》:“此一节记孔子衣服之制。”

齐,必有明衣,布。

刘氏曰:“《御览》引郑《注》云:‘明衣,亲身衣,所以自洁清也。亲身衣,即汗襗襦袴之属,因其洁清,故称明衣。衣者,上下服之通称。’”愚案:《中庸》两言“齐明盛服”,齐服必取明盛,而里衣尤当洁清,必每日易之也。

齐必变食,居必迁坐。

变食,改常馔,谓不饮酒,不茹荤也。刘氏曰:“不茹荤者,《礼·玉藻注》:‘荤者,姜及辛菜也。’又《荀子》杨倞《注》:‘荤,盖葱韭之属也。’解者误以荤为肉食,而凡齐皆禁用之,与礼意悖矣。”愚案:荤字从草，所以知为葱韭之属者，以其气发扬，神明易散，于齐非宜也。迁坐，易常处。刘氏曰："古者自天子至于士，常居皆在燕寝，至齐必迁居正寝。"愚案：古人齐必有室，迁坐者，取其静而安尔。朱《注》："此一节记孔子谨齐之事。"

食不厌精，脍不厌细。

食，饭也。精，凿也。脍，切肉为丝。厌，足也。孔子食必有节，不因精细而求餍足，与下文"不多食"相应，卫生之道也。

食饐而餲，鱼馁而肉败，不食。色恶，不食。臭恶，不食。失饪，不食。不时，不食。

朱《注》："饐，饭伤热湿也。餲，味变也。鱼烂曰馁，肉腐曰败，色恶、臭恶，未败而色臭变也。饪，烹调生熟之节也。不时，五谷不成，果实未熟之类。此数者皆足以伤人，故不食。"或曰："不时，非朝、夕、日中时。"别备一义。

割不正，不食。不得其酱，不食。

割不正，谓解割牲体，不中腠理，配置樽俎，狼藉不纯正也。马氏曰："鱼脍非芥酱不食。"愚案：《礼记·曲礼》篇："凡进食之礼，左殽右胾，脍炙处外，醯酱处内。"盖古人设馔，皆有定则，不得则不食者，恶其不备也。

肉虽多，不使胜食气。惟酒无量，不及乱。

人含天气地质以生，食者，得天气而秉地质以成者也。凡人养生，以食气为主，肉以佐之。若食肉多，则食气为肉所胜，或致伤人矣。酒无量，犹《礼》言“无算爵”，谓不居多寡，无一定之量。凌氏曰：“‘肉虽多’二句，为食礼言之也；‘惟酒无量’二句，为燕礼言之也。”愚案：《礼记·曲礼》篇：“食飨不为概。”郑君《注》：“概，量也。”此无量，即不为概之义，盖指燕宾客而言，非谓一人之饮量也。乱者移性，亦足伤生。

沽酒，市脯，不食。

沽，粗恶，谓恶酒也。《周礼·酒正注》“作酒有功沽之巧。”《疏》曰：“功沽，谓善恶。”是沽酒为恶酒之证。《说文》：“市，买卖所之也。”脯，干肉。刘氏曰：“市脯不食，亦恐不精洁，且恐日久味变也。”

不撒姜食。

《说文》：“薑，御湿之菜也。”作“畺”①者，省文。《本草经》：“干姜，主逐风湿，生者尤良，久服去臭气，通神明。”不撒者，盖用以和羹而已。

不多食。

---

① 整理者按：薑，畺，今皆简化为姜，其实字义不同。

《易·颐卦·象传》曰:“节饮食。”先儒云“患从口入”,盖多食易致疾也,不多食为卫生之要法也。

祭于公,不宿肉。祭肉不出三日,出三日,不食之矣。

朱《注》:“助祭于公,所得胙肉。归即颁赐,不俟经宿者,不留神惠也。家之祭肉,则不过三日,皆以分赐。盖过三日,则肉必败,而人不食之,是亵鬼神之余也。”愚案:食物经久味变,食之伤生,举祭肉为例,其他可知。

食不语,寝不言。

答述而辨难曰语,发端而自言曰言。君子最宝气,肺为气主,而声出焉。寝、食则气窒而不通,语言尤易伤气。老年之人有患哽咽之疾者,皆由不知宝气有以致之。此二者,亦卫生之要旨也。

虽疏食菜羹,瓜祭,必齐如也。

朱《注》:“古人饮食,每种各出少许,以祭先代始为饮食之人,不忘本也。齐,严敬貌。”愚案:疏食、菜羹、瓜,三者虽薄物,而圣人祭之必敬,心诚壹也。《礼记·玉藻》篇曰:“瓜祭上环。”是瓜亦用以祭也。先儒谓“瓜”当作“必”,改经字,恐非。朱《注》:“此一节记孔子饮食之节。”

席不正，不坐。

席，借也，谓借之于地也。身偏则形偏，必致有妨于生理；身正则心正，所以自养其神明。圣人必正席而后坐者，《礼》所谓“庄敬日强”也，而卫生寓其中矣。

乡人饮酒，杖者出，斯出矣。

朱《注》：“杖者，老人也。六十杖于乡，未出不敢先，既出不敢后。”愚案：乡饮酒义，以敬老为主，“徐行后长”，圣人之以身作则也。

乡人傩，朝服而立于阼阶。

傩，古读作难。《礼记·郊特牲》篇：“乡人禓，孔子朝服立于阼，存室神也。”禓读如阳，与难音相近。禓所以逐强鬼，傩所以殴疫，其义一也。存室神者，恐惊祖考五祀之神也。朱《注》：“此一节记孔子居乡之事。”

问人于他邦，再拜而送之。

问人，致问于朋友也。古人之使，非必仆人，如蘧伯玉使人之类是。再拜而送，致其礼，即所以表其情也。刘氏训问为遗，谓问人必有物以将意，其说太拘。

康子馈药，拜而受之，曰："丘未达，不敢尝。"

古者致物于人，尊之则曰献，通行曰馈。拜受，敬也。礼，大夫赐皆拜受于家，常例也。未达，未晓也。尝，饮也。言未晓其药性，故不敢饮。《易·无妄卦·传》曰："无妄之药，不可试也。"《礼记·曲礼》篇："医不三世，不服其药。"盖皆慎疾之意。朱《注》："此一节记孔子与人交之诚意。"

厩焚。子退朝，曰："伤人乎？"不问马。

《释名》："厩，勼也。勼，聚也。牛马之所聚也。"焚，失火。《左氏传》："人火曰火，天火曰灾。"二者皆谓之焚。不问马，记者之辞，盖圣人贵人贱畜，流露于自然，非有意而为之也。

君赐食，必正席先尝之。君赐腥，必熟而荐之。君赐生，必畜之。

朱《注》："正席先尝，如对君也。言先尝，则余当以颁赐矣。腥，生肉。熟而荐之祖考，荣君赐也。畜之者，仁君之惠，无故不敢杀也。"愚案：君赐，兼本国异国而言。荐，进也。凡熟物曰荐，若荐新之类，非祭礼也。或读生为牲，作兽畜之称，不若从生为正。

侍食于君，君祭，先饭。

朱《注》："《周礼》：'王日一举，膳夫授祭。品尝食，王乃食。'故侍食者，君祭，则己不祭而先饭。若为君尝食然，不敢当客，礼也。"愚案：《礼记·玉藻》篇曰："若赐之食而君客之，则命之祭，然后祭，先饭辨尝羞，饮而侍[①]。"则此经当为不命祭之时也。

疾，君视之。东首，加朝服，拖绅。

朱《注》："东首，以受生气也。病卧不能着衣束带，又不可以亵服见君，故加朝服于身，又引大带于上也。"愚案：疾不能兴，犹不敢忘恭也。本经明言君视，或解作使人视者，非。

君命召，不俟驾行矣。

《礼记·玉藻》篇曰："凡君召以三节，二节以走，一节以趋，在官不俟屦，在外不俟车。"盖君命来召，必有要政也。孟子曰："孔子当仕有官职，而以其官召之也。"朱《注》："此一节记孔子事君之礼。"

入大庙，每事问。

义见《八佾》篇。

---

① 侍，《礼记》作"俟"。

朋友死，无所归，曰："于我殡。"

《礼记·檀弓》篇："宾客至，无所馆。夫子曰：'生于我乎馆，死于我乎殡。'"圣人交谊不因生死而变，其情之厚如此。一说：殡之为言宾也，死者在棺，将迁而葬，以宾礼待之，故曰殡。别备一义。

朋友之馈，虽车马，非祭肉，不拜。

朱《注》："朋友有通财之义，故虽车马之重不拜。祭肉则拜者，敬其祖考，同于己亲也。"愚案：《礼记·坊记》篇曰："父母在，馈献不及车马。"则车马之重可知。此经系一"虽"字，盖至重之物皆该焉。朱《注》："此一节记孔子交朋友之义。"

寝不尸，居不容。

朱《注》："尸，谓偃卧似死人也。"愚案：凡仰仆皆谓之偃。《礼记·曲礼》篇："寝毋伏。"亦不尸之义。刘氏谓人卧法，眠当欹而小屈，谓足小屈也。夫子曲肱而枕，则侧卧可知，今养生家说亦如此，语极精确。居，燕居。容，谓礼容。言燕居之时，不为礼容也。"容"或作"客"，谓行客礼。

见齐衰者，虽狎必变。见冕者与瞽者，虽亵必以貌。

洪氏曰："虽少必作，过之必趋，谓不相识者也；虽狎必变，虽亵必以貌，谓素所亲比者也。"愚谓：圣人之心，无往不存，虽狎虽亵，皆震动恪恭之时也。

凶服者式之，式负版者。

刘氏曰："式，又作轼。《说文》：'轼，车前也。'《释名》：'轼，式也。'所伏以式所敬者也。古人车皆立乘，若有所礼以为敬，则微俯其首，以手伏轼，《礼记》所谓'抚式'是也。郑君《注》：'版，谓邦国图籍者。'朱《注》：'式此二者，哀有丧，重民数也。'"愚案：民以君为天，君亦以民为天。《周礼》司民之职，献民数于王，王拜受之，古之重民如此。圣人式负版者，老安少怀、民吾同胞之意至矣。

有盛馔，必变色而作。

盖敬主人之亲馈也。刘氏曰："《曲礼》云：'侍食于长者，主人亲馈，则拜而食；主人不亲馈，则不拜而食。'《坊记》云：'故食礼，主人亲馈，则客祭；主人不亲馈，则客不祭。'故君子苟无礼，虽美不食焉。据此，则亲馈乃为礼盛，不只在食品之多备矣。"

迅雷、风烈，必变。

郑君《注》："敬天之怒。"愚案：《礼记·玉藻》篇曰："若有疾风、迅雷、甚雨，则必变，虽夜必兴，衣服冠而坐。"盖圣人戒慎恐惧之学，无乎不在，而于此又加敬焉者。《易》所谓"茂对时"是也。朱《注》："此一节记孔子容貌之变。”

升车，必正立，执绥。

朱《注》：“绥，挽以上车之索也。”愚案：绥者，安也，《礼记·曲礼篇》：“凡仆人之礼，必授人绥。”此谓升车时正立，受绥执之，著其敬也。

车中，不内顾，不疾言，不亲指。

朱《注》：“内顾，回视也，《礼》曰：‘顾不过毂。’”愚案：此即尊其瞻视也。疾，高急也。在车上言易高，故不疾言，为惊于人也。《礼记·曲礼》篇曰：“车上不广欬，不妄指。”郑君彼注云：“为惑众。盖人在车上，若无事虚以手指麾于四方，是惑众也。”刘氏欲改“亲指”为“妄指”，非是。亲者，近也，言近以该远也。以上皆在威仪三千之中，旧礼寖废，圣人盖本身以作则耳。朱《注》：“此一节记孔子升车之容。”

色斯举矣，翔而后集。

朱《注》：“言鸟见人之颜色不善，则飞去，回翔审视，而后下止。人之见几而作，审择所处，亦当如此。”或以“色斯”二字连读，指鸟言，谓色斯惊动貌，不若从朱《注》为正。

曰：“山梁雌雉，时哉时哉！”子路共之，三嗅而作。

凡两端低而中隆起者谓之梁。山梁，山之高处，非桥梁也。或谓通作梁，义更迂曲。时哉，言雉举集得其时。嗅，《石经》作“戛”，谓雉鸣也。“子路共之”二句，其说不一。或曰：子路共具之，孔子不食，三嗅其气而起。或曰：拱执之，雉惊鸣而起。愚案：夫子既赞雌雉之时，子路断无执而供之之理，此二说非也。或曰：子路供雉之饮食，雉不食子路所供，终作而不集，言其性之灵警也。此说近之。然犹不若李氏说为善。李氏曰：“‘色斯举矣’，易退也；‘翔而后集’，难进也。夫子偶见山梁雌雉之如此，而叹其得缓速之时也。当其集也，子路拱而望之，遂三鸣而起，又所谓‘色斯举’者也。孟子以仕止久速言孔子之时，记者记此篇终，其此意也与。”此说盖本西山真氏而引申之，最合经意。

乡党篇大义

嘻吁！世皆机也，机杀多而生少也。物就生以避杀，而人常就杀以避生者；物能见有形之网，而人不能见无形之网也。子曰：“凤鸟不至。”有子曰：“凤凰之于飞鸟。”接舆歌曰：“凤兮凤兮！”孔子，凤也，何为乎言雉哉？我知之矣。《卫风》之诗曰：“雄雉于飞，泄泄其羽。”（泄泄，舒缓貌。）《王风》之诗曰：“有兔爰爰，雉离于罗。”（爰爰，缓意。离，罹也。罗，网也。）雉，易入网罗者也。而山梁之雌雉，能不陷于杀机，何也？审于机而善自藏也。孔子赞之曰：“时哉时哉！”此非孔子自赞，记者更无庸赞一辞也，而不得谓非赞辞也。《乡党》篇记孔子之居乡居朝、为摈出使、衣服饮食，以逮辞受取与、居常处变、造次颠沛，无一不合于中道，而不入春秋时之网罗者，圣人之善韬晦也。故不言凤而言雉，不独言雉而言雌雉，且不独言雌雉，而先引起之曰“色斯举矣，翔而后集”，喻圣人之审于机也。老子曰：“知其雄，守其雌，为天下谿。”忍而默之，露斯为灭矣。噫吁！德辉莫下，（《楚辞》：“凤凰翔于千仞兮，览德辉而下之。”）吾安适矣。羽毛既丰，行自惜矣。凤兮凤兮，不可谏而犹可追矣。雉兮雉兮，吾见其举而不见其集矣。

先进篇第十一

子曰:"先进于礼乐,野人也;后进于礼乐,君子也。

此时人之言也。周初礼乐,周公所定,文质得中,备哉灿烂,今乃谓之"野人";周末文胜,渐近饰伪,今乃谓之"君子"。流俗之论,暗无知识,自昔已然,于今为烈,岂可为其所惑哉?

如用之,则吾从先进。"

朱《注》:"用之,谓用礼乐。"窃谓当时礼乐尚未尽废,此"如用之",与《中庸》"今用之"不同,当如"用之则行"之例,言用我以正礼乐也。从先进,复周公之旧也。《诗》曰:"虽无老成人,尚有典刑。"自古以来,世道日新月异,而人道不至于绝灭者,正赖有先进之士转移风气,而不为风气所转移尔。

子曰:"从我于陈、蔡者,皆不及门也。"

郑君《注》:"言弟子从我而厄于陈蔡者,皆不及仕进之门。"朱《注》以为皆不在门。愚案:此篇大意,言圣门人才众多,惜其不用,当依郑说为是。

德行：颜渊、闵子骞、冉伯牛、仲弓。言语：宰我、子贡。政事：冉有、季路。文学：子游、子夏。

此节有数义：一当知四科必圣人所许可而论定者，故记者特记之；二当知曾子、有子诸人不与其列者，盖未从陈、蔡之役，十哲之称，未为论定；三当知四科皆为特长，如颜渊、仲弓、子贡，未尝不优于政事，惟其专长在此不在彼耳；四当知圣门所重，在立德、立功、立言，而学道必以德行为本。或曰：游、夏开文学两大宗，为南北派，南方学者多聪颖文藻之徒，北方学者多笃守力行之士。说亦近理。

子曰："回也非助我者也，于吾言无所不说。"

朱《注》："助我，若子夏之起予。"愚谓子夏之因论《诗》而悟礼，与子贡之因论贫富而悟《诗》，皆不过闻一知二。而颜子则闻一知十，触类旁通，无所不解，是以无所不说，《礼记·学记》篇所谓"相说以解"是也。然本经不言"解"而言"说"者，盖解在剖析义理，而说则学者与教者之心理契合于无形之中，是以不违如愚，转无问难以相启发，故夫子深喜之也。

子曰："孝哉闵子骞！人不间于其父母昆弟之言。"

“孝哉”一语，人言也，圣门无字弟子者，夫子盖即引人言以赞闵子也。不间，无间于其言也。同父者称昆弟，疏者称兄弟。孝誉始于家庭，推而至于国人称愿然曰“幸哉有子如此”，闵子之孝，可谓至矣。

南容三复白圭，孔子以其兄之子妻之。

三复，回环雒诵，言屡读之也。《易·颐卦·大象传》曰：“君子以慎言语。”孔《疏》：“先儒云祸从口出。”言祸患皆自口而出也，是以夫子告子张曰：“慎言其余。”告司马牛曰：“其言也讱。”盖言语之时，必斩绝其余，乃不至召尤而取辱。南容三复白圭，所以免于刑戮，夫子以兄子妻之，因其慎言而知其谨行也。

季康子问：“弟子孰为好学？”孔子对曰：“有颜回者好学，不幸短命死矣，今也则亡。”

或曰：哀公、康子之问同，而对有详略者，盖对君宜详尽，若康子则冀其能问而后告之也。

颜渊死，颜路请子之车以为之椁。

朱《注》：“椁，外棺也。请为椁，欲卖车以买椁也。”刘氏曰：“古者丧事有赗，赗者盖以乘马束帛，是赗丧之礼本有车马，故夫子于旧馆人之丧，说骖以赠。今颜子死，夫子亦必有赗，而颜路复请子之车以为椁，哀痛迫切，不遑计及于礼之当否也。”

子曰：“才不才，亦各言其子也。鲤也死，有棺而无椁。吾不徒行以为之椁。以吾从大夫之后，不可徒行也。”

此节当与“厚葬”章参看。贫而无椁，县棺而窆，礼也。伯鱼之死，因贫不能具椁，则颜子之死，亦当循礼。不可徒行，亦守礼之义。

颜渊死。子曰：“噫！天丧予！天丧予！”

《公羊·哀公十四年传》：“颜渊死，子曰：‘噫！天丧予！’子路死，子曰：‘噫！天祝予！’西狩获麟，孔子曰：‘吾道穷矣！’”盖天生圣人，必生贤才以辅佐之。颜子王佐之才，而早夭以死，夫子痛助己之无人，而致吾道之终穷，故曰“丧予”。朱《注》：“悼道无传。”义似稍隘。

颜渊死，子哭之恸。从者曰：“子恸矣！”

黄氏曰：“郑君《注》：‘恸，变动容貌。’见《释文》。”

曰：“有恸乎？

朱《注》：“哀伤之至，不自知也。”

非夫人之为恸而谁为？”

夫，彼也。下文同。

颜渊死，门人欲厚葬之。子曰："不可。"

门人欲厚葬，朋友之谊也。然家贫而受厚谊，非礼所宜，故夫子止之。

门人厚葬之。

朱《注》："盖颜路听之。"

子曰："回也，视予犹父也，予不得视犹子也。非我也，夫二三子也。"

颜子安贫乐道，动必以礼。贫而厚葬，于死者之心必有不安，故夫子深痛之曰"非我也，夫二三子也"，正与"使门人为臣"章责子路意相似。盖圣人于礼，虽丝毫不敢有所失也。

季路问事鬼神。子曰："未能事人，焉能事鬼？""敢问死。"曰："未知生，焉知死？"

夫子非不告子路也，言能事人而后能事鬼，能知生而后能知死也。事人，事父母也，其礼详见于《礼记·曲礼》《内则》篇。事鬼，祭祖考也，其礼详见于《礼记·祭义》篇。然所谓"齐之日，思其所乐，思其所嗜"者，要必先于逮存之日，视于无形，听于无声，而后能尽其道。《中庸》言"君子之道，行远自迩，登高自卑"，由顺父母推而至于继志述事，事死如事生，事亡如事存，是必能事人而后能事鬼也。生有生之理，良知也；有生之气，良能也。人秉天气地质以生，即受天地之中以生。知能尽则理气亡，故立命之学，必本于存心养性。《易传》曰："昼夜者，死生之象也。"又曰："精气为物，游魂为变。""原始反终，故知死生之说。"其理精微而不可穷。然以分宫卦象言之，五世灭而为游魂，为归魂，为善则长，不善则促，是必能知生而后能知死也。道在人伦日用之间，若杂以释氏之学，则流于迷信矣。

闵子侍侧，訚訚如也；子路，行行如也；冉有、子贡，侃侃如也。子乐。

訚訚、侃侃，义见前。朱《注》："行行，刚强貌。"或曰：訚訚，中正也。侃侃，和乐也。要之訚訚是含蓄之意，行行是发露刚果之意，侃侃则微露圭角之意。三者记四贤之气象，而其有疑必问，有怀必吐，亦可见矣。

"若由也，不得其死然。"

言子路过刚，处乱世，恐不得以寿终。若"然"者，疑辞，微言以戒之也。一本"子乐"作"子曰"。或曰即上章知死之义，殊失之凿。

鲁人为长府。

朱《注》："长府，藏名。藏货财曰府。为，盖改作之。"刘氏曰："鲁人，指鲁昭公。长府，储甲兵货藏之地。昭公欲据之以伐季氏，因毁坏而有所改作，以为不虞之备。昭公伐季氏，事在廿五年，孔子时正居鲁。本经称鲁人者，明为公讳也。或以鲁人为季氏及三家，未合。盖季氏若欲毁长府以去公之所恃，则不必改作之矣。"

闵子骞曰："仍旧贯，如之何？何必改作？"

朱《注》："贯，事也。"或曰："习也，言习惯也。"刘氏曰："季氏得民已久，非可以力相制，故闵子曰'仍旧贯'，言但仍旧事，略加缮治，何必改作，讽公无妄动也。"

子曰："夫人不言，言必有中。"

中者，中于理也。盖其不欲伤财害民，为仁人之言也。刘氏曰："伐季之谋，当时路人皆知。闵子所言，正指其事。然其辞微而婉，故夫子称其言必有中也。"

子曰："由之瑟，奚为于丘之门？"

声音之道，与性情通。子路性刚，其鼓瑟有激烈杀伐之声，而不足于中和，故夫子戒之。《说苑・修文》篇："子路鼓瑟，有北鄙之声。孔子闻之曰：'信矣由之不才也。'冉有侍，孔子曰：'求，尔奚不谓由？夫先王之制，音也。奏中声为中节，流入于南，不归于北。南者生育之乡，北者杀伐之域，故君子执中以为本，务生以为基。故其温和而居中，以象生育之气也。'"愚案：《说苑》所载，或出傅会，惟此章确系裁仲由以中之意，故录之。

门人不敬子路。子曰："由也升堂矣，未入于室也。"

刘氏曰："升堂、入室，喻学道有浅深。凡入室必由堂。至入室则已观止，故夫子言善人之道，亦以入室为喻也。"愚案：孟子言"子路，人告之以有过则喜"。程子称子路为百世之师，升堂岂易言哉！

子贡问："师与商也孰贤？"子曰："师也过，商也不及。"

过者，过乎中。不及者，不及乎中。子张、子夏奉教于圣门，盖已近于中道。而犹有过、不及者，盖气质之偏也。夫子指而示之，欲二子尽力学问，更加精进，以求所谓中也。

曰："然则师愈与？"

陆氏曰："子贡平日才识亦近于过，故有'师愈'之问，以为过乎中者，犹愈于不及中者也。"

子曰："过犹不及。"

陆氏曰："师愈一问，病痛非细，充其愈之意，则天下不能中者，皆将求过乎中以掩其短，言必求其惊世，行必求其骇俗，或入于浮夸，或流于过激，皆由于此。故夫子急正之曰：'过犹不及。'盖沈潜刚克，高明柔克，无非大中之教也。然二子皆圣门高弟，其所谓过、不及，不过较中道略差一针耳。夫子之品题，至精至微之论也，后世学道者，程度尚远，譬诸适燕京然，二子相去仅二三里，后儒则千百里矣。向道者急宜勉之。"

季氏富于周公，而求也为之聚敛而附益之。

周公，天子之卿。如《左氏传》周公黑肩、周公忌父、周公孔之类，非成王时所封周公旦也。富，谓食采之地所入。季氏以诸侯之卿，而富过于天子之卿，故曰"富于周公"。聚敛，敛财而聚之府库也。附益者，赋粟倍他日以益其富也。

子曰："非吾徒也。小子鸣鼓而攻之，可也。"

冉有善于理财，夫子所恶者，为其聚敛耳。财聚则民散，聚敛非理财之道也，孟子所谓"君不行仁政而富之，皆弃于孔子者也"。朱氏曰："《论语》出于子夏等六十四人所撰，其意专主尊其师，故于弟子之过具书之，以明师教之严也。若后人为之，必将曲为同学者讳矣。"或曰：上节即称冉子之名，此"子曰"当在章首。

柴也愚。

《礼记·檀弓》篇："高子皋之执亲之丧也，泣血三年，未尝见齿。君子以为难。"其人之孝敬诚笃可知，愚盖言其气质之偏也。下鲁、辟、喭同。黄氏曰："葬不买道，遭卫难不死。愚不终愚，所以明圣教也。"

参也鲁。

鲁者，言其学从艰苦而得也。先儒谓参也以鲁得之，盖曾子诚笃，故能卒传夫子之道。凡天下至艰之事，惟至拙者能之。黄氏曰："闻孝而得道之纲，闻礼而通事之变，不终鲁矣。"

师也辟。

辟，偏也。子张才高意广，容貌堂堂，其气质不免有稍偏之处，故曰"辟"。朱《注》训辟为便辟，谓习于容止，少诚实，恐非。黄氏曰："自书绅励学后，执德宏，信道笃，不终于辟矣。"

由也喭。

喭，率尔之义。子路闻斯行之，其气质不免有率直之处，故曰"喭"。朱《注》训喭为粗俗，恐非。黄氏曰："喭不终喭，本于闻过则喜，承誉则恐也。"愚案：以四子之才，自圣人观之，则谓之愚、鲁、辟、喭，然一经时雨之化，而其气质皆合于中。言此固所以进四子，尤见天下无不可化之气质，惜不能奉教于圣门耳。

子曰:“回也其庶乎？屡空。

《易传》:“颜氏之子,其殆庶几乎？有不善,未尝不知,知之未尝复行也。”此庶乎即庶几之义,言其不远复而近道也。朱《注》:“屡空,数至空匮也。不以贫窭动心而求富,故屡至于空匮。”或曰:屡,每也。空,犹虚中也。不虚心,不能知道。说殊迂曲。

赐不受命而货殖焉,亿则屡中。”

不受命,言不为命所限制。朱《注》:“货殖,货财生殖也。”案:马、班、范、陈四史,皆以货殖为商贾。《韩诗外传》曰:“子贡,卫之贾人,学于孔子,遂为天下显士。”盖其初年尝为此也。亿则屡中,言其天资敏达,料事多中。或曰:以亿中致富。说亦迂曲。本经每以颜子、端木子并论,此章“屡空”与“货殖”相对,“庶乎”与“屡中”相对,皆有许之之意。

子张问善人之道。子曰:“不践迹,亦不入于室。”

践迹,循途守辙,如博文约礼、致知力行等是也。室,圣人之奥室,惟能好学,乃可入精微之奥。下章子路曰:“何必读书,然后为学。”即不践迹之意,是以升堂而未入于室耳。陆氏谓:“善人天资类中行,而中行能进,善人不能进。善人功夫未至似狂狷,然狂狷病痛多而能进,善人病痛少而不能进。”愚谓:重读一“亦”字,圣人勉践迹之意可知。若能践迹，则造于美大圣神之域不难矣。天下乡党自好之士，倘皆得圣学为依归，其成就何可限量哉！

子曰："论笃是与，君子者乎？色庄者乎？"

与，许也。庄，妆之假借字，饰也。言但以其言论笃实而许之，则未知其为君子者乎？抑饰为色庄者乎。此言观人之法，当审其心术，亦以勉学者修辞立其诚也。

子路问："闻斯行诸？"子曰："有父兄在，如之何其闻斯行之？"冉有问："闻斯行诸？"子曰："闻斯行之。"公西华曰："由也问，闻斯行诸，子曰'有父兄在'；求也问，闻斯行诸，子曰'闻斯行之'。赤也惑，敢问。"子曰："求也退，故进之；由也兼人，故退之。"

闻、行，旧注谓振穷救乏之事，极是。盖惟其为善举，故二子有"闻斯行之"之问也。陆氏曰："此章见圣人因材施教，与'师、商孰与'章一例。夫子之意，非谓求之于行但当进不当退，特退非求之所难，所难者进耳；非谓由之于行但当退不当进，特进非由之所难，所难者退耳。因其气质之偏，而以义理挽之，使归于中。圣门之教，无处不然，力行其一端也。"愚谓：此即《中庸》"执两用中"之义，夫子教门弟子如此，则所以教天下之民而化其偏者，其道盖不外是矣。

子畏于匡，颜渊后。子曰："吾以女为死矣。"曰："子在，回何敢死？"

任氏曰："'以女为死'，情急中之喜语，颜子直答以'子在'，信子之必在也。曰'何敢死'，明免难之道同也。"愚案：读此则圣贤信天知命之诚，与夫全身避害之智，皆在言外。而师弟相依，有如性命，感情之厚，因道义相结而愈深，尤可知矣。

季子然问："仲由、冉求，可谓大臣与？"

朱《注》："子然，季氏子弟，自多其家得臣二子，故问之。"

子曰："吾以子为异之问，曾由与求之问。

民生疾苦，国家大政，非常之事，应问国老者甚多，子然仅以门弟子为问，故夫子云然。

所谓大臣者，以道事君，不可则止。

道，仁义之道。事君，事天子诸侯也。不可则止者，止，已也，《礼》所谓"道合则服从，不可则去"是也。

今由与求也，可谓具臣矣。"

具臣，谓备用之臣。二子明于大臣之道者也，乃不见用于天子诸侯，而为家臣，可慨也已。夫子称之曰"具臣"，为二子韬晦之辞也。

曰："然则从之者与？"

"从"字对"止"字言，子然意二子既不在"不可则止"之列，则从季氏之所为否。

子曰："弑父与君，亦不从也。"

子路尝曰："亲于其身为不善者，君子不入也。"二子亲炙圣教，弑逆大故，岂有从之之理？盖其时季氏已有无君之心，夫子此言，《春秋》诛心之论也。先儒论此章，谓季氏不臣，二子不当仕于其家，甚至以荀彧从曹操、刘穆之从刘裕比二子，其说近谬。案：《史记》季桓子临终，命康子必用孔子，二子之仕于季氏为之兆也。乃终不能救季氏之失，卒去之而已。读书宜求事实，未可妄生议论，后学慎诸！

子路使子羔为费宰。

《史记·弟子列传》："高柴，字子羔，少孔子三十岁。"子路年长，故举之为宰，实出于爱才之意。

子曰："贼夫人之子。"

贼，害也。《左氏·襄三十一年传》："子皮欲使尹何为邑。子产曰：'人之爱人，求利之也。今吾子爱人则以政，犹未能操刀而使割也，其伤实多。'又云：'侨闻学而后入政，未闻以政学者也。'"亦此节之意。后世年少者多求仕以为荣，害人而实以自害。夫子此语，可作千古官箴。

子路曰："有民人焉，有社稷焉，何必读书，然后为学？"

民，庶民。人，庶人在官者。社，土神。稷，谷神。古者建国，筑坛以为神主。子路之意，言治民事神，皆所以为学，所谓"以政学"也。

子曰："是故恶夫佞者。"

本经子夏曰："仕而优则学。"《礼记·学记》篇曰："凡学，官先事，士先志。"是古者学校本有学仕之法，惟指夫仕而有余力者言，非谓学未成而可以入仕也。子路明知此理，因爱才心切，特为高论以相答，故夫子不辨其非，而特斥其佞耳。又案：《礼记·檀弓》篇载成人有其兄死而不为衰者，闻子皋将为成宰，遂为衰，成人讴歌之甚至，当是子羔学成后仕，足见其才可用，夫子有以裁成之也。

子路、曾皙、冉有、公西华侍坐。

此以齿为序也。

子曰："以吾一日长乎尔，毋吾以也。

朱《注》："言我虽年少长于女，然女勿以我长而难言。"或曰以、已通，言勿因师长在前，而遂已于言也。

居则曰：'不吾知也！'如或知尔，则何以哉？"

圣门之学，用则行，舍则藏。夫子此问，盖欲考诸贤经纶之业。若空疏无具，则非儒者之志矣。

子路率尔而对曰："千乘之国，摄乎大国之间，加之以师旅，因之以饥馑；由也为之，比及三年，可使有勇，且知方也。"夫子哂之。

朱《注》："摄，管束也。"或曰迫也，迫居大国之间也。二千五百人为师，五百人为旅，谓加以敌国师旅之侵伐也。因，仍也。谷不熟曰饥，菜不熟曰馑，谓频年荒歉也。《穀梁传》曰："二谷不升谓之饥，三谷不升谓之馑。"别备一义。方，义方也，谓民知向义。盖子路所言，三年中实有次第训练之法，非虚言也。哂，微笑。或解为大笑。通作矧者，非。

"求！尔何如？"对曰："方六七十，如五六十，求也为之，比及三年，可使足民，如其礼乐，以俟君子。"

方，方里。方六七十，如五六十，谓小有展布耳。足，谓富足。黄氏曰："《大学》言'生众食寡，为疾用舒'，治家以此而家富，治国以此而国富。使民之家皆如是，则足民之道也。又曰'用之者舒'，言循序为之，不可遽迫也。"愚案：《易传》言"节以制度。不伤财，不害民。"古人理财，必先节俭，以纾民力，然后可徐使之富。冉有所言三年中实有预算之法，开源节流，次第行之，非虚言也。礼乐俟君子，谦辞。

“赤！尔何如？”对曰：“非曰能之，愿学焉。宗庙之事，如会同，端章甫，愿为小相焉。”

宗庙之事，承大祭也。《周礼·春官·大宗伯》：“时见曰会，殷见曰同。”郑《注》：“时见无常期，诸侯有不顺服者，王将有讨伐之事，合诸侯而命事焉。殷，犹众也。十二岁王如不巡守，合诸侯以命政焉。所命之政，如王巡守，殷见四方，四时分来，终岁则遍也。端，玄端服，即玄裳也。”《礼记·儒行》篇孔子曰：“长居宋，冠章甫之冠。”章甫本属殷官，此经统言为礼冠尔。小相，亦谦辞。

“点！尔何如？”鼓瑟希，铿尔，舍瑟而作，对曰：“异乎三子者之撰。”子曰：“何伤乎？亦各言其志也。”曰：“莫春者，春服既成，冠者五六人，童子六七人，浴乎沂，风乎舞雩，咏而归。”夫子喟然叹曰：“吾与点也。”

三子问答之时，皙方鼓瑟，至此而希，狂者之气象可见。撰，犹具也。浴，洗濯，盖上巳祓除之意，洗濯手足，非裸浴也。风、讽通，讽诵文章也。咏，咏先王之道。归，归夫子之门。吾与点者，伤世不吾用，虽有三代之英，而将隐居以老也。先儒以为圣人与点之意，以其胸次悠然，上下与天地同流，不若三子规规于事为之末。愚谓圣人用世之志，因曾皙之言而兴感，故与之，不必言之太高。若因与点而抑三子，则与上文“如或知尔”之问，意不贯串。李氏以“孟武伯”章不许三子之仁作比例，亦属枝节。夫子与曾皙之高旷自乐，非许皙以仁也。

三子者出，曾皙后。曾皙曰："夫三子者之言何如？"子曰："亦各言其志也已矣。"

隐居求志、行义达道，固圣人所期许，然成材于身，以著用于世，乃是学问至实处。曾皙知夫子之意未尝不与三子，故问之。

曰："夫子何哂由也？"

曰："为国以礼，其言不让，是故哂之。"

夫子论为国之道，以礼为本，曰"能以礼让为国，于从政乎何有"，曰"动之不以礼，未善也"。子路奉教有年，而率尔之态度犹然呈露，故夫子哂之。

"唯求则非邦也与？""安见方六七十，如五六十，而非邦也者？"

"唯赤则非邦也与？""宗庙会同，非诸侯而何？赤也为之小，孰能为之大？"

刘氏曰："唯求、唯赤二语，皇、邢《疏》皆谓夫子语，是也。夫子以求、赤所言皆为邦之事，而求只言能仕方六七十、如五六十之小地，赤只言能为小相，则所言皆让，与子路异，故夫子反言以明之，言方六七十、如五六十安见非邦？宗庙会同皆诸侯之事，安见不能为大相？而二子之言皆让，故无可议也。"愚案：刘说甚是。二子所言，皆礼乐之事，此二节承"为国以礼"而言。旧解谓曾皙一问再问，恐不若是之拙，盖夫子虽与曾皙，而终不忘用世之志，记者恐后世误会圣人之心，故特记赞三子之言以结之也。

先进篇大义

悲哉圣人用世之心也！子曰："甚矣吾衰也，久矣吾不复梦见周公。"《先进》首章曰："如用之，则吾从先进。"从周公之礼乐也，怀周公也。吾夫子欲以兴鲁者兴天下，非一日矣。四科之选，皆王佐之才，乃不见用于世，而困阨于陈、蔡间，绝粮兴叹，夫子思之，所为黯然而神伤者也。颜子、闵子又特加以赞语。南容三复白圭，邦有道不废者也。康子问弟子，孔子独荐颜渊为好学，而颜子卒早夭，子哭之恸。呜呼！"子在，回何敢死"，其言犹在耳也。天阨圣人，而俾无助我之人，天意盖可知也。政治之学，不贵以神道设教，曾于《为政》篇末发明之。而《雍也》篇又曰"务民之义，敬鬼神而远之"，此亦政治之纲要。两答子路之问，亦此义也，务实之道也。"闵子侍侧，訚訚如；子路，行行如；冉有、子贡，侃侃如。"子乐者，乐其皆用世之才也。善为政者，不务更张其名，而在力行实事。"仍旧贯，何必改作"，闵子真治世才也，其不就费宰宜哉！由之瑟不协于中和，赐与商过犹不及，治世之才，不宜有所偏也。理财之本，端在生财，国虽贫弱，决不可为搜括聚敛之事，求"非吾徒也"，不仅为吾党戒也，为今之从政者戒也。柴也、参也、师也、由也、回也、赐也，其材质行事不同，其归于有用一也。“不践迹，亦不入于室”，当引而进之。论笃而色庄，当斥而远之，此不独设科教人之法，亦用人之方也。“求也退，故进之；由也兼人，故退之”，陶铸人才之道，在于无形之中，至矣尽矣。中庸至德，民鲜久矣，推而教之，意在斯乎？其即虞舜执两用中之道乎？匡之役，犹陈蔡之役也。踽踽凉凉者，独悲颜子一人而已。季子然何如人也，不可与言而与之言，则曰由、求具臣而已，此为二子韬晦之词也。郑子产之言曰“学而后入政，未闻以政学者也”，此政治家之名言。民人、社稷，非尝试之具，未能操刀而使割，伤己以伤人，圣门之所大戒也。记者因孔子之从先进，而序弟子之列传，以记人才之盛，意固昭然，吾读“四子侍坐”章而益有感焉。“居则曰不我知也，如或知尔，则何以哉?”圣人用世之心，萦于梦寐之间，溢于语言之表。而三子之对，则皆用世之事也。乃世不吾用，至于莫春成服，“浴乎沂，风乎舞雩”，而猥与童冠之徒，咏歌自适以终其身也。夫子喟然叹曰“吾与点也”，盖大道之行，与三代之英，所以有志而未逮也。“唯求则非邦也与”“唯赤则非邦也与”，回环往复，而益足征圣人用世之心也。盖至是而夫子从先进之志泬然其无闻也，至是而夫子梦周公之志渺乎其不复也。洙泗之人才，皆风流而云散也。呜呼！其可悲也，伊可痛也！

颜渊篇第十二

颜渊问仁。子曰："克己复礼为仁。一日克己复礼，天下归仁焉。为仁由己，而由人乎哉？"

此节义极精微。一当知颜子已有格致之功，于理欲之界，剖析已精，故直以"克己复礼"告之。二当知克己"己"字，与下文"己"字不同，克己者，克有我之私。或解作责己，未合。三当知"礼"字是浑言之礼，与孟子偏言恭俭辞让不同，盖本于天叙、天秩，如《诗》所谓物则是也。四当知天下归仁，仍言其功，非言其效，谓天下之仁皆归之也，朱《注》以为天下皆与其仁，似未明显。五当知末二句非赞叹，亦非勉励，盖天下归仁，如张子所谓"天下之疲癃残疾，皆吾兄弟之颠连而无告"，若是者，所以全吾之性，完吾之体，故曰"由己不由人"也。意义本属一贯，先儒解作三层，未是。李氏以义胜欲、敬胜怠为说，亦属枝节。

颜渊曰："请问其目。"子曰："非礼勿视，非礼勿听，非礼勿言，非礼勿动。"颜渊曰："回虽不敏，请事斯语矣。"

目者，克复之目也。《洪范》五事言思，而此经不言思者，四勿即思。朱《注》所谓："人心之所以为主，而胜私复礼之机也。"此"机"字最要，通微作圣之基，实在于是。盖非礼者己也，勿者克也，视听言动者礼之目也。先儒有谓克己之后，别有复礼功夫；有谓克己即以复礼，二说未有折衷。愚谓：克己后又须复礼者，如克伐怨欲不行未可为仁也，此就功之浅者而言也。克己即以复礼者，知之未尝复行，《易》所称"不远之复"是也，此就功之深者而言也。请事斯语，颜子之功，精密可知。程子《四箴》录后，学者读之，可得入门之法矣。其《视箴》曰："心兮本虚，应物无迹。操之有要，视为之则。蔽交于前，其中则迁。制之于外，以安其内。克己复礼，久而诚矣。"其《听箴》曰："人有秉彝，本乎天性。知诱物化，遂亡其正。卓彼先觉，知止有定。闲邪存诚，非礼勿听。"其《言箴》曰："人心之动，因言以宣。发禁躁妄，内斯静专。矧是枢机，兴戎出好。吉凶荣辱，惟其所召。伤易则诞，伤烦则支。己肆物忤，出悖来违。非法不道，钦哉训辞。"其《动箴》曰："哲人知几，诚之于思。志士励行，守之于为。顺理则裕，从欲惟危。造次克念，战兢自持。习与性成，圣贤同归。"

仲弓问仁。子曰："出门如见大宾，使民如承大祭。己所不欲，勿施于人。在邦无怨，在家无怨。"仲弓曰："雍虽不敏，请事斯语矣。"

不曰“宾”而曰“大宾”，不曰“祭”而曰“大祭”，敬之至也。曰“出门”，曰“使民”，则其未出门、未使民之时，涵养深邃可知也。此敬之无间于动静也。曰“不欲”“勿施”，则其所欲者施于人可知。能近取譬，恕之无间于人、己也。邦、家无怨，所以极其功而致其效，亦兼人、己而言。然必在我先无怨于邦、家，而后邦、家无怨于我，犹《孝经》言不敢恶于人，不敢慢于人，而后人不得而恶慢之也。此皆敬恕之所推也。颜子天资明健，克复者，自强不息之功也，乾道也。仲弓天资敦厚，敬恕者，厚德载物之功也，坤道也。

司马牛问仁。

朱《注》：“司马牛，孔子弟子，名犁。向魋之弟。”

子曰：“仁者其言也讱。”

朱《注》：“讱，忍也，难也。仁者心存而不放，故其言若有所忍而不易发。”愚案：讱字义，从言从刃，有斩绝之意。当未发之际，慎度而出，斩绝之而不使易，所谓言前定则不跲也。及既发之际，适可而止，斩绝之而不使支，所谓慎言其余则寡尤也。如此则心存而不放矣。《史记》载牛“多言而躁”，故夫子告之以此。

曰：“其言也讱，斯谓之仁已乎？”子曰：“为之难，言之得无讱乎？”

讱言者，德之一端耳，故牛意以为不足以尽仁，不知夫子之意在对病发药，以为牛必先能讱言，而后可以求仁，此乃入德之方。盖存养之功，始于定静。以《易》义言之，“艮其辅”，而后绝朋从之思。以《礼》义言之，“安定辞”，而后“清明在躬”也。为之“之”字，指仁而言；言之“之”字，乃泛言。旧解专属言仁者，非。

司马牛问君子。子曰：“君子不忧不惧。”

仁者不忧，勇者不惧。处常如此，处变亦如此。君子盖无入而不自得也。

曰：“不忧不惧，斯谓之君子已乎？”子曰：“内省不疚，夫何忧何惧？”

牛意当忧惧而不忧惧，貌为镇定，恐不得为君子。此一问，实为本无学问，强自排遣者而发，不知君子有内省之学也。《中庸》曰：“内省不疚，无恶于志。”盖君子之不忧不惧，实从忧惧中来。戒慎不睹，恐惧不闻，然后能无愧于心，而自无忧惧，所谓“有终身之忧，无一朝之患”也，此诣岂易几哉！

司马牛忧曰：“人皆有兄弟，我独亡。”

《左传·哀公十四年》载司马牛适齐、适吴、至鲁事甚详，此言当在向魋、向巢或奔或死之时也。

子夏曰:“商闻之矣:‘死生有命,富贵在天。’

富贵,兼贫贱患难而言。莫之为而为者天也,莫之致而至者命也。居易俟命,君子之学也,后天而奉天时者也。乐天知命,圣人之道也,先天而天弗违者也。

君子敬而无失,与人恭而有礼。四海之内,皆兄弟也。君子何患乎无兄弟也?”

敬者,敬天命也。无失者,念兹在兹,顾諟天之明命也。恭而有礼者,循礼以尽仁。“敬人者,人恒敬之;爱人者,人恒爱之”,民吾同胞,故“四海之内,皆兄弟也”。此章虽系宽牛之忧,实与上数章论仁、论君子,及答樊迟“居处恭、执事敬、与人忠”之义,息息相通。圣门敬天命之学,不外乎是矣。

子张问明。子曰:“浸润之谮,肤受之愬,不行焉,可谓明也已矣。浸润之谮,肤受之愬,不行焉,可谓远也已矣。”

陆氏曰:“子张才高,其问明之意,或欲究天地古今之理,而转忽于人情阅历之常。不知明者,是非、邪正不惑而已,而是非、邪正之淆于谮、愬者最多。谮之术不一,而莫难辨者,浸润之谮。愬之术不一,而莫难辨者,肤受之愬。况后世人情益险,谮、愬益工。我防其缓,彼偏用急；我防其急，彼偏用缓。千态万状，虽工于逆亿，亦属无益。惟有居敬穷理，则彼之术穷矣。”愚案：陆说至精。盖不行者，必在我有知人之学，使彼谮、愬者不得行也。以《易》象言之：《坎》阴象也，当以刚克之，故中爻为阳，则《坎》水明矣。《离》阳象也，当以柔克之，故中爻为阴，则《离》火明矣。《离·大象传》曰：“大人以继明照于四方。”言其明之至远也。

子贡问政。子曰：“足食，足兵，民信之矣。”

陆氏曰：“足食者，制田里，薄税敛，而使仓廪实也。足兵者，比什伍，时简阅，而使武备修也。至于重礼教，崇信义，则民自无欺诈离叛之心，此周礼也。”愚案：“民信之矣”贯彻于兵、食二者之中，盖兵以信，训练而来；食以信，制度而入也。

子贡曰：“必不得已而去，于斯三者何先？”曰：“去兵。”

陆氏曰：“上节言其常，此不得已，言其变也。去兵者，非必尽去之，盖伍两卒旅之缺未暇补，蒐苗狝狩之制未暇讲尔。”

子贡曰：“必不得已而去，于斯二者何先？”曰：“去食。自古皆有死，民无信不立。”

陆氏曰：“此不得已，于时势为更迫矣。去食者，就固有之食以图存，而不为加派搜括之事也。然恐人以为迂，故大声疾呼曰：‘自古皆有死，民无信不立。’盖信者，乃人之所以为人者也。民无信，则相欺相诈，无所不至。形虽人而质不异于禽兽，身虽存而心则死矣，何以立于天地间？不若死之为安矣！”愚案：陆氏说深得经意。后世阻兵而不能去兵，甚至侮夺人以取食，则与民同归于尽矣。圣人之言，岂非万世之法戒乎！

棘子成曰：“君子质而已矣，何以文为？”

朱《注》：“棘子成，卫大夫。疾时人文胜，故为此言。”

子贡曰：“惜乎夫子之说！君子也，驷不及舌。

君子也，指尚质而言。驷不及舌，指废文而言。所谓一言以为知，一言以为不知也。或以“君子也”属上句连读，非。

文，犹质也。质，犹文也。虎豹之鞟，犹犬羊之鞟。”

朱《注》：“鞟，皮去毛者也。言文、质等耳，不可相无。若必尽去其文，独存其质，则君子、小人，无以辨矣。”愚案：《易·革卦》言虎变，《象传》曰：“其文炳也。”又言豹变，《象传》曰：“其文蔚也”。盖虎豹与犬羊之别，以毛文异耳。若去其毛而留其鞟，何以别虎豹与犬羊耶？或曰：“鞟为革，虎豹之鞟喻文，犬羊之鞟喻质，言其皮皆有所用。如文质不宜偏废也。”

哀公问于有若曰："年饥，用不足，如之(用)[何]？"

称有若者，臣对于君之辞。李氏曰："哀公斯问，其将丧邦乎？年饥不忧民之饿莩，而忧用之不足，此岂君道也哉？"

有若对曰："盍彻乎？"

古井田之制，象井字形，井九百亩，八家同井，耕则通力合作，收则计亩均分。大率民得其九，公家取一，故谓之彻。孟子曰："周人百亩而彻。"彻者彻也，谓通计之也。鲁自宣公税亩，又逐亩什取其一，则为什取二矣。哀公忧己用之不足，而有若则忧民用之不足，若不喻其意者。盖仁人之心，忠告之道也。

曰："二，吾犹不足，如之何其彻也？"

二，什分而取其二。公欲加赋，故云"不足"，至是而公欲加赋之意，乃显白矣。曰"吾犹不足"，与上"用不足"相应，但知有己，不知有民也。

对曰："百姓足，君孰与不足？百姓不足，君孰与足？"

李氏曰："此节非泛言君民一体之义，实专主年饥时用不足而言。盖年饥之时，百姓必死亡流离，邑里将虚，田卒汙莱，于此不加宽恤而厚敛之，是避小不足而就大不足，大不足者将至矣。故惟加惠于民，使之乐生安土，则君虽损己节用，亦无忧于不足也。"愚案：《礼记·缁衣》篇曰:“心以体全,亦以体伤。君以民存,亦以民亡。”百姓足则君存矣,百姓不足则君亡矣。愚读有子之言,未尝不流涕也。又案:《说苑·政理》篇:“哀公问政于孔子。对曰:‘政有使民富。’公曰:‘何谓也?’对曰:‘薄赋敛则民富。’公曰:‘若是则寡人贫。’孔子曰:‘《诗》云:“岂弟君子,民之父母。”未见其子富而父母贫者也。’”与此章大义同。

子张问崇德辨惑。子曰:“主忠信,徙义,崇德也。

此章盖言智也。《易传》曰:“夫易,圣人之所以崇德而广业也。”智崇礼卑,其义可见。知其为忠信而主之,知其为义而徙之,此穷理之学,智者之事也。

爱之欲其生,恶之欲其死。既欲其生,又欲其死,是惑也。

此言不智者之惑。上二句是泛言;“既欲其生”二句,是专指一人而言,犹所谓“进人若将加诸膝,退人若将坠诸渊”也。此不仅爱恶之无定识也,但“之其所亲爱而辟焉,之其所贱恶而辟焉”,已有此弊矣。故曰:“好而知其恶,恶而知其美者,天下鲜矣。”能穷理则知人,能知人则不惑。

‘诚不以富,亦只以异。’”

此《诗·小雅·我行其野》之辞也。富,益也。异,取异也。夫子引此诗，以明其人爱恶如是，诚不为有益，亦只以自取异而已。先儒以为错简，恐非。

齐景公问政于孔子。

朱《注》：“齐景公，名杵臼。鲁昭公末年，孔子适齐。”

孔子对曰：“君君，臣臣，父父，子子。”

《易传》言：“有夫妇，然后有父子；有父子，然后有君臣；有君臣，然后有上下；有上下，然后礼义有所错。”此天地之常经，人道之根本也。由此者，家盛而国兴；不由此者，家衰而国灭。盖四者，天叙、天秩之所由生也。秩、叙顺，则治以存；秩、叙反，则乱以亡。春秋时欲废礼义求治，难矣。夫子为景公言，盖不仅为景公言也。

公曰：“善哉！信如君不君，臣不臣，父不父，子不子，虽有粟，吾得而食诸？”

信如，诚如也。不得食粟，不能有其身也。景公之语不足道，而记者记之者。《易·坤卦》初爻“履霜，坚冰至”，《传》曰：“臣弑其君，子弑其父，非一朝一夕之故，其所由来者渐矣，由辨之不早辨也。”后世君不君，臣不臣，父不父，子不子，以致国亡而家破者，何可胜数。景公此言，盖良心之乍露，惜乎不能用，而卒致篡弑之祸，所谓“不暇自哀而后人哀之”也，后人哀之而废伦常，“亦使后人而复哀后人”也。

故特记之以为千古之炯戒。

子曰："片言可以折狱者，其由也与？"

片言，一言也。子路忠信明决，故言一发而可以断狱。或谓听一造之辞，已可折服其心，恐非。

子路无宿诺。

朱《注》："宿，留也。急于践言，不留其诺也。"盖上节言其言之果，此节记其行之果。或训宿为豫，谓子路不豫诺，故无诺责，亦非。

子曰："听讼，吾犹人也。必也使无讼乎！"

无讼者，非不敢讼也，诚意相孚，乃能畏民志也。若谓民不敢讼，则精明武健者能之矣，岂知本之学乎？杨氏谓："子路片言折狱，未能使民无讼，故又记孔子之言，以见圣人不以听讼为难，而以使民无讼为贵。"说恐未然。《大学》"无讼"承"与国人交止于信"而言，此章"无讼"承"无宿诺"而言，亦谓其信也。惟信乃进于诚也。

子张问政。子曰："居之无倦，行之以忠。"

无倦者，心之贞也，恒固之精神也。以忠，行之实也，有实心而后行实政也。两"之"字或指心言，或指事言，愚谓皆指政而言，盖在上者必使政治与心理息息相依，久之则至诚而无息矣。

子曰："博学于文，约之以礼，亦可以弗畔矣夫！"

此圣门之家法。黄氏曰："夫子累言之者，谆复之意也。"

子曰："君子成人之美，不成人之恶。小人反是。"

不言善而言美者，善蕴诸心，美则兼名实而言也。扩而充之，与人为善之道在是矣。盖君子之心，以为美乃天下之美，非一人之美也，有以成之，天下皆进于美矣。恶非一人之恶，天下之恶也，无以成之，天下皆改其恶矣。小人之心，以为美者一人之美也，一人擅其美，而我无美名矣。至于同恶相济，更无待言。要其性情心术，公私厚薄，各因其类而殊，而人心风俗，遂因以转移焉。或曰此章指毁誉而言，盖誉者，所以成人之美，毁者，所以成人之恶也。

季康子问政于孔子。孔子对曰："政者，正也。子帅以正，孰敢不正？"

政之为正，古字义也。本经曰："其身正，不令而行。"表正则影端，故《礼记·表记》篇曰："仁者，天下之表也。"汉桓宽《盐铁论》曰："民乱反之政，政乱反之身，身正而天下定。"然则身者，所以帅民之准，而家国天下之主宰也。此义盖晦于后世久矣。

季康子患盗，问于孔子。孔子对曰："苟子之不欲，虽赏之不窃。"

胡氏曰："盗生于欲。康子，鲁之大盗也，夫子答其患盗之问，不直曰'苟子之不盗'，其辞婉而意深矣。夫上为大盗，而欲禁民之盗，岂不愚哉？康子亦反诸身而已矣。"或曰：《说文》："赏，赐有功也。"言虽功名赏禄亦不窃，而况财贿乎？"别备一义。

季康子问政于孔子，曰："如杀无道，以就有道，何如？"孔子对曰："子为政，焉用杀？子欲善，而民善矣。君子之德风，小人之德草，草上之风必偃。"

洪氏曰："康子欲杀恶人以成就善人，夫子则欲化恶人亦为善人。意谓上之所欲者善，非特不待于杀，且化恶为善矣。为政之道，教化为本，刑罚为末。上失其道，民散久矣，孰使之无道，尚忍言杀乎？夫子曰'君子之德风，小人之德草'，盖即善机与杀机之判也。善机生而天下皆好善，杀机生而天下皆好杀矣。以上三章，皆重言子者，见为政必本身以作则也。"

子张问："士何如斯可谓之达矣？"

士君子处末世，往往有方枘圆凿、窒碍不通之患，故子张问之。

子曰："何哉尔所谓达者？"

达有实心，有实行，若徇外为人，圆通以求合于世，则大误矣。故夫子诘之。

子张对曰："在邦必闻，在家必闻。"

闻者，流于外者也。子张之意，是求之于人，而非求之于我矣。

子曰："是闻也，非达也。

朱《注》："闻与达相似而不同，乃诚伪之所以分。学者不可不审也。"愚谓：诚伪者，务实与求名之别，即君子、小人所由判也。

夫达也者，质直而好义，察言而观色，虑以下人。在邦必达，在家必达。

李氏曰："质直则存忠信，好义则能徙义，此是有实德实行者，而又不敢径情直行，察乎人情，思其所以处之者，而退让以下之，此所以诚乎行著，而邦家必达也。"愚案：此所谓诚而务实者也。以《易》义言之，《履卦》初爻曰："素履，往无咎。"素者质也。二爻曰："履道坦坦。"言行乎义之正路也。《谦卦》初爻《传》曰："谦谦君子，卑以自牧。"即所谓虑以下人也，履德之基也，谦德之柄也。君子处忧患之世，能和而至，尊而光，则无所不达矣。

夫闻也者，色取仁而行违，居之不疑。在邦必闻，在家必闻。

李氏曰："色取仁，则非质直；行违，则不能好义；居之不疑，则又自以为是而不顾人之是非，即圣人之所谓'乡原'者，是以充其欺世盗名之术，而邦家必闻也。"愚案：此所谓伪而求名者也，然有与乡原不同者。盖乡原阉然阴柔以媚世，此则好为大言，务在压倒一切，虽君子不免受其欺矣。呜呼！学者苟揣摩风气，良心泯灭，亦复何所不至乎？所谓闻者，不久亦消磨于无有矣。

樊迟从游于舞雩之下，曰："敢问崇德、修慝、辨惑。"

特记"舞雩之下"者，以其时雨旸不能时。若樊迟问崇德三者，盖其意专指执政者而言。刘氏曰："崇德、修慝、辨惑，当是雩祷之辞，以德、慝、惑为韵，如汤祷桑林以六事自责也。"

子曰："善哉问！

迟意欲本人心以对答天心，与子张问不同，故夫子特善之。

先事后得，非崇德与？攻其恶，无攻人之恶，非修慝与？一朝之忿，忘其身，以及其亲，非惑与？"

三者皆作疑辞，亦指执政者而不明言之也。先事后得，行仁修德，得乎民心，乃能奉若天时也。攻其恶，无攻人之恶，恐惧修省，洗心斋戒，消除沴气，乃能上迓天庥也。恶人慢人，戾气充塞久矣，积愤以结仇怨，忘身及亲，不保其宗庙社稷，不孝之甚，尤大惑而不解者也。夫子此言，切中当日人心之患。《论衡·明雩篇》曰："樊迟从游，感雩而问，刺鲁不论崇德而徒雩也。"盖古义如此。

樊迟问仁。子曰："爱人。"问知。子曰："知人。"

陆氏曰："樊迟问仁、知，是二者平说，夫子亦平答之。就仁论仁，则曰爱人；就知论知，则曰知人。仁、知兼体、用，而此独以用言者。朱子谓体与用虽是二事，本末未尝相离，用即体之所以流行者也。"愚案：樊迟兼问仁、知，本经两见，当时各有问词，夫子盖随所问而答耳。

樊迟未达。

陆氏曰："迟疑爱人则无所不爱，知人则当有别，二者若相妨，此亦疑所当疑也。"

子曰："举直错诸枉，能使枉者直。"

陆氏曰："仁、知本属合一，仁中有知，知中有仁，非谓爱人不论直枉皆爱之也。直固当举，枉自不得不错，仁何尝妨知？既举直错枉，则枉者亦且化而为直，是错之适以爱之，知何尝妨仁？夫子言仁、知相成之意，可谓明矣。"

樊迟退，见子夏曰："乡也吾见于夫子而问知，子曰，'举直错诸枉，能使枉者直'，何谓也？

陆氏曰:“樊迟已明仁、知合一之理,故此节专言知。盖谓知即仁也,仁即知也,是乡之未达者,至此已达矣。而又一未达者,谓举错是我所得主,枉者直则非我所得主。天下贤愚不齐,刚柔不一,举直错枉,何以即能使枉者直?此盖深忧人心之难动,风俗之难变,而疑区区一举错,未必遂能见效也。”

子夏曰:“富哉言乎!舜有天下,选于众,举皋陶,不仁者远矣。汤有天下,选于众,举伊尹,不仁者远矣。”

陆氏曰:“子夏既叹夫子之言所包者广,不止言知,乃引舜、汤之事以申其义。盖舜、汤之有天下,非有举而无错也,其所举者特一皋陶,一伊尹,则所错者亦多矣,而不仁者胥远。然则不忧枉者之不直也,忧举错之不如舜、汤耳,能使枉直之言又何疑乎?能使枉直既无可疑,则仁、知之相成,益无可疑矣。”愚案:此章为千古仁、知之名言,即为千古选举之标准。盖选举而出于意气、党见之私,则必有所偏,而直者且无立足之地;选举而出于大公至正之途,则天下咸服,而枉者皆有革非之心。后世言选举者,盍三复圣贤之言?

子贡问友。子曰:“忠告而善道之,不可则止,毋自辱焉。”

饶氏曰:“忠告者,尽此心之诚。既诚矣,不能善其辞说以道之,恐其未必从。二者俱尽,而彼不从,然后宜止。未能忠且善焉,而泛然告之道之,遽以彼不从而止,则是在我者有未尽也。”愚案:忠告善道，仁也。不可则止，知也。仁、知流行于交际之间，故《里仁》篇首言仁、知，亦以“朋友数斯疏”终也。

曾子曰：“君子以文会友，以友辅仁。”

不言“取友”而言“会友”者，会，集也。《易·兑卦·传》曰：“君子以朋友讲习。”惟会友而后能取友也。不言成仁而言辅仁者，辅，助也。吾心之仁有欠缺，有间断，必赖友以辅助之，惟辅仁而后能成仁也。《大戴礼·曾子疾病》篇曰：“与君子游，如长日加益而不自知；与小人游，如履薄冰，每履而下，岂有不陷乎？”是故取友不可不慎也。

颜渊篇大义

仁、义、礼、智、信为五德，何始乎？或曰始自《孟子》，非也。盖实始于《论语·颜渊》一篇。《颜渊》篇以仁为主。仁者，爱、敬之原也，必以礼、义、智、信为辅，故曰“徙义”、曰“质直而好义”，曰“复礼”，曰“与人恭而有礼”，曰“约之以礼”。问智则曰“知人”，又曰“民无信不立”、曰“主忠信”，盖五德之信，犹五行之土，寄王于四时。（王与旺通。）信为仁之榦，非信则仁无以行也。颜渊问仁，夫子告以“克己复礼”，又示以目曰“非礼勿视，非礼勿听，非礼勿言，非礼勿动”，盖礼者天则也。吾之耳、目自有天则，何为而有非礼之视、非礼之听？吾之口、吾之身自有天则，何为而有非礼之言、非礼之动？制于外所以养其内，节乎人所以合乎天，程子《四箴》宜日三复也。“出门如见大宾”云云者，敬以致中，爱以致和也。“其言也讱”，敬之至也。“不忧不惧”，仁者之事也。“君子敬而无失，与人恭而有礼”，爱敬之心，推诸四海而皆准也。末世风俗伪而人心诈，爱人者易受人愚，“明也”“远也”，仁中之智也。中国数千年来天下所以难治者，在于民不知有信。“自古皆有死，民无信不立”，圣人之言，和易以缓，未有若斯之斩截者也。于字义，人言为信，无信而无以为言，无信而无以为人也。民无信不立，无信而不能立国，无信而不能立于天地之间也。文、质相宜，礼之宜也；无本不立，无文不行也。“盍彻”之对，爱民之至也。“百姓足，君孰与不足”，仁人之言蔼如也。“主忠信，徙义”，皆所以辅仁也。因爱恶之偏，而颠倒其死生之念，是昧于智而失其仁也。仁义之道，起于君臣、父子相爱之间；而礼法、政治之原，出于君臣上下相敬之际。相爱则有所不忍，相敬则有所不敢，不忍与不敢之心合，而后圣人之道得行乎其中。此天地之常经，古今之通义也。若“君不君”则犯，“臣不臣”则诛，“父不父”则无道，“子不子”则不孝。“虽有粟，吾得而食诸”，其言亦可痛矣哉！孟子曰：“天子不仁，不保四海；诸侯不仁，不保社稷；卿大夫不仁，不保宗庙；士庶人不仁，不保四体。”此之谓也。然则救之者其惟孝乎！其惟孝而后可推其仁于天下乎！“片言折狱”“无宿诺”，智也，信也。“听讼吾犹人”，智也。“使无讼”，仁也。“居之无倦”，礼也。“行之以忠”，仁也。“博文约礼”，复于礼，所以进于仁也。“君子成人之美”，厚之至，仁之德也，未有小人而仁者也。

帅民以正而不欲，义也，亦仁也。风行草偃，仁义之道，庶几其相感而化乎？“质直好义”，宽以下人，义也，亦礼也。“色取仁而行违”，不仁也。“居之不疑”，不信也。达者无不闻也，求人之闻，可耻也。“先事后得”，即所谓“先难后获”，仁者之事也。“无攻人之恶”，仁中之义也。不逞“一朝之忿”，仁中之智也。“举直错诸枉，能使枉者直”，仁中之智，即智中之仁也。“忠告善道”，尽己之仁；“以友辅仁”，取人之仁。然“不可则止”“以文会友”，则义与礼兼赅焉。凡仁、义、礼、智、信五德，参互错综于一篇之中，仁为之主，义、礼、智、信为辅。其义理若不相蒙，而实相贯也；其文法若不相联，而实相间也。呜呼！圣人之言，广矣，大矣！圣门之文，奥矣，妙矣！非夫探赜索隐，钩深致远，其孰能知之？

子路篇第十三

子路问政。子曰："先之，劳之。"

先，谓以身先民，倡率之也。劳，谓不辞劳瘁，与民同辛苦也。《易》曰："说以先民。"又曰："劳而不伐。"苟在上者不能勤苦，则民亦惰婾。或训劳为慰劳，非是。

请益。曰："无倦。"

请益，请申言也。勤苦之事，易生倦心，惟持之以恒而已。盖先、劳乃"迈往"之精神，无倦乃"贞固"之精神，皆从"忧勤惕厉"中来，故《子路》篇言政治，以是为首。

仲弓为季氏宰，问政。子曰："先有司，赦小过，举贤才。"

李氏曰："先有司者，以身为有司倡也。如倡之以廉，倡之以惠，倡之以勤，皆其事也。赦小过，承有司言，亦指在官之过误。先有司，则自治也严，而下皆相师。赦小过，则待人也恕，而人得自尽。至举贤才，尤为政之要务，不但使有司得其职，而所以厉人才、成风俗者，在于是也。”

曰：“焉知贤才而举之？”曰：“举尔所知，尔所不知，人其舍诸？”

黄氏曰：“古者荐举之法，只是举其所知，得其人，则受进贤之赏；不得其人，则被滥举之罚。黜陟之内，刑赏因之，国家所以得真才，而士之为知己报者，亦激切也。”愚案：《易·泰》《否》二卦初爻，皆言“拔茅茹，以其汇”，君子以同类为朋，小人亦以同类而进。选举之法，国家治乱、民生休戚系焉，可不慎哉？仲弓居德行之科，所举者必善士，故夫子告之以此。

子路曰：“卫君待子而为政，子将奚先？”

卫君，出公辄也。时辄父蒯聩不得立，在外，诸侯多非之，而孔子弟子多仕于卫，故卫君欲得孔子为政。奚先，以何者为先。

子曰：“必也正名乎！”

正名，正父子之名也。灵公逐蒯聩，而辄复拒之，父子之伦蔑矣。必正其名，以明大义，卫国之事，乃可次第而治。郑君《注》“正书字”，后人申之，以为正文字之误，其意盖谓正文字中之名词也。

子路曰：“有是哉，子之迂也！奚其正？”

奚其正者，言卫事乱，徒正父子之名，奚益于实事也。李氏曰：“夫子而为卫，则必待卫君感悟，而求善处于父子之间。顾言正名，则实事在其中矣。子路未喻其意，以为夫子当此之际，而欲正名，则空言而不可施于事，正与下文‘言之必可行’相对。”

子曰：“野哉，由也！君子于其所不知，盖阙如也。

质胜文谓之野，责其率尔而言也。盖阙如，与“踧踖如”“鞠躬如”同一句例。盖阙，谓审慎不言也。

名不正，则言不顺；言不顺，则事不成；

《春秋》道名分，名不正，则言不能表示于众，必有作伪而不能顺遂者，岂能行之于事实乎？故凡以急遽之心行苟且之政者，皆可断其无成也。黄氏曰：“《孟子》言‘瞽瞍底豫’，而天下之为父子者定。本孝出治，父子之伦为重也。治国者不正一家父子之名，而欲正一国之父子，无诸己而求诸人，言之则一己多忌讳之私，而事亦阻窒而不成矣。”

事不成，则礼乐不兴；礼乐不兴，则刑罚不中；刑罚不中，则民无所措手足。

礼生于孝之序，乐生于孝之和，不孝则乖戾之气积，焉能兴礼乐乎？五刑之属三千，罪莫大于不孝，故《周礼》先不孝之刑。上无以率下，则民皆罹于刑罚矣。措，置也。无以置其手足，言动皆获罪，国无纪纲之害也。黄氏曰:“礼乐刑罚,事之大者。礼莫大于父子之序,乐莫大于父子之和,刑罚莫大于不孝,三者失而事之不成甚矣。是以治世之要务,在彝伦攸叙。”

故君子名之必可言也,言之必可行也。君子于其言,无所苟而已矣。”

名必正大,是谓可言。言必副实,是谓可行。君子于言无所苟,戒子路之失言也。此章夫子推论名言之实,所以隐蒯聩之事而不言者,乃居是邦不非其大夫之意,当与“为卫君”章参看。黄氏谓:“蒯聩志在杀母,父丧未葬,又兴晋师以袭国,其罪必不容立。而辄之让国,亦有所难。圣人必有善处于骨肉之间者。”其论甚正,详见《论语后案》。

樊迟请学稼。子曰:“吾不如老农。”请学为圃。曰:“吾不如老圃。”

耕田而种五谷谓之稼,辟场而种蔬菜谓之圃。樊迟请为稼、圃之学,盖欲研究农家之说。夫子告以不如者,言学识不如经验之实也。李氏曰:“使樊迟但为营生细谋而问,则夫子下文所言,若不相应。盖迟亦以稼、圃为实学。如《汉书》之有九流,亦学者所宜游心也。故夫子拒之,而复言其远者大者,使之闻之。”

樊迟出。子曰："小人哉，樊须也！

《书·无逸》篇："先知稼穑之艰难，则知小人之依。"稼穑非不当学，惟士君子之所学，不屑屑于农事，故斥之曰"小人"，以其所学者小也。

上好礼，则民莫敢不敬；上好义，则民莫敢不服；上好信，则民莫敢不用情。夫如是，则四方之民襁负其子而至矣，焉用稼？"

礼、义、信，大人之事。焉用稼，言何用学稼以教民乎？樊迟所问，近于并耕之说，故夫子正之。或曰樊迟见夫子周游列国而道不行，请学稼圃，意欲隐居不出耳。然圣人之心，未尝忘天下，则有大人经世之学在也。

子曰："诵《诗》三百，授之以政，不达；使于四方，不能专对；虽多，亦奚以为？"

《诗》有诵、歌、弦之分。诵《诗》，谓口读而以声节之。三百，谓终业。专对，谓应对有专长。《诗》所以考风俗之盛衰，验政治之得失，而有本于敦厚温柔、扬扢风雅之旨。诵之者苟不达于政事，而无言语之才，则所学者章句之末耳，奚益哉？故通经必求致用。

子曰："其身正，不令而行；其身不正，虽令不从。"

身者，天下之表也，《书·洪范》所谓"皇建其有极"是也。令，教令也。《易纬》曰："正其本，万事理。"《孟子》曰："国之本在家，家之本在身。"身苟不正，条教空文，徒为民所蔑视而已。此章乃《大学》之精义也。

子曰："鲁、卫之政，兄弟也。"

鲁，周公之封。卫，康叔之封。周公、康叔为兄弟最睦，其国之政，亦如兄弟，虽当季世，犹善于他国。夫子由后溯前，望其皆变而至道也。陆氏曰："鲁秉周礼，卫多君子，周公、康叔之遗风犹在，而无人振起之，故叹其衰，有惜之意，亦有忧之意。"

子谓卫公子荆，"善居室。始有，曰：'苟合矣。'少有，曰：'苟完矣。'富有，曰：'苟美矣。'"

善居室，善其能以勤俭起家也。苟，诚也。合，聚也。完，备也。公子荆能知足，故夫子称之，为当时奢侈者戒。

子适卫，冉有仆。

黄氏曰："《周礼》诸仆皆大夫士，别有人牵马驾车，是此仆当为监驾也。”

子曰:“庶矣哉!”

陆氏曰:“庶哉一叹,即具老安少怀之意。此时‘富’‘教’二字,已旋转洋溢于方寸之中,待冉有之问而即发。”

冉有曰:“既庶矣,又何加焉?”曰:“富之。”

朱《注》:“庶而不富,则民生不遂,故必制田里、薄赋敛以富之。”盖其时去古未远,井田犹可复也。此富之道也。

曰:“既富矣,又何加焉?”曰:“教之。”

朱《注》:“富而不教,则近于禽兽,故必立学校、明礼义以教之。”盖其时异学未兴,庠序犹易复也,此教之之道也。富、教二者,为圣人经国之大猷,不能富,则民将自为富,而垄断侵夺之事兴;不能教,则民将自为教,而异端邪说之徒众。圣门弟子,于富、教之条目,平时必熟闻之,故冉子不待再问也。

子曰:“苟有用我者,期月而已可也,三年有成。”

据《史记》,此夫子在位时之言。期月,谓周一岁之月,即一年也。以富而言,三年耕必有一年之蓄,九年耕必有三年之蓄,是仓廪足也。以教而言,比年入学,中年考校,三年大比,是礼义明也。所谓“已可”，所谓“有成”者，盖指此，非空言也。

子曰：“‘善人为邦百年，亦可以胜残去杀矣。’诚哉是言也！”

朱《注》：“为邦百年，言相继而久也。胜残，化残暴之人，使不为恶也。去杀，谓民化于善，可不用刑杀也。”程子曰：“善人者，所谓不践迹，亦不入于室者也。既不循前人之弊以守之，又不得圣人之道而行，宜其缓且久也。”陆氏曰：“诚哉是言，所以逆折夫世之言刑名法术者。盖当世残杀之风甚矣，夫子有深痛焉。”

子曰：“如有王者，必世而后仁。”

王者，谓圣人受命而兴。三十年为一世。仁，谓一国兴仁也。必世而后仁，量民力之所能，民德之所进，不迫切之也。盖王者在位，则能止于至善矣。郑君谓周自大王、王季、文王、武王，贤圣相承四世，周道至美。武王伐纣，至成王乃致太平，由承殷纣敝化之后故也。是夫子此言，思周初之盛也。或曰《王制》以三十年之通制国用，盖富而后教，仓廪足而知礼义，故可进于仁也。亦通。

子曰：“苟正其身矣，于从政乎何有？不能正其身，如正人何？”

在上之人，民所瞻仰。政者，正也。后世为治者，不能正其身，而欲正人，其所令反其所好，而民不从，非特不能正人也，身亦危矣。

冉子退朝。子曰："何晏也？"对曰："有政。"子曰："其事也。如有政，虽不吾以，吾其与闻之。"

礼，大夫虽不治事，犹得预闻国政。夫子"政"与"事"之辨，《春秋》正名分之旨也。黄氏曰："国有大事更张，正当会集公朝，询及国老，故曰'虽不吾以，吾其与闻之'。所以抑季氏，教冉有知国之旧典，不可辄谋更张于私室也。如谓公朝常行之务，致仕者必共闻之，揆之'不在其位，不谋其政'之义，有未安矣。"

定公问："一言而可以兴邦，有诸？"孔子对曰："言不可以若是其几也。

朱《注》："几，期也。言一言之间，未可以如此必期其效。"黄氏训几为终，谓与下"不几"字相合，似牵强。

人之言曰：'为君难，为臣不易。'

此即兴邦之言也。

如知为君之难也，不几乎一言而兴邦乎？"

因为"君难"一言，而知为君之所以难，无一事之敢忽，则一言兴邦，庶可期矣。黄氏曰："国之兴败，分于敬畏与骄逸之心，《晋语》郭偃曰：'君以为易，其难也将至矣；君以为难，其易也将至矣。'"

曰："一言而丧邦，有诸？"孔子对曰："言不可以若是其几也。人之言曰：'予无乐乎为君，唯其言而莫予违也。'

丧邦，失国家。"无乐乎为君，唯其言而莫予违"，此即丧邦之言也。

如其善而莫之违也，不亦善乎？如不善而莫之违也，不几乎一言而丧邦乎？"

言专制则行专制，行专制则骄横生，谗谄日进，忠良日退，邦焉得而不丧？黄氏曰："言莫予违，敢自是也。自是者安知难？"

叶公问政。子曰："近者悦，远者来。"

朱《注》："被其泽则说，闻其风则来。"愚案：来者，归向之也。此盖周武王不泄、不忘之德，其本在行仁政而顺民情，惜乎叶公不能问也。

子夏为莒父宰，问政。子曰："无欲速，无见小利。欲速，则不达；见小利，则大事不成。"

莒父，鲁下邑。或曰欲速者，心之躁，阳刚之弊；见小利者，心之私，阴柔之弊。或曰欲速、见小，皆霸者之为。此尊王黜霸之旨。要之，子夏规模不免狭隘，夫子恐其求治过速，改弦更张，而不免于急遽苟且之弊；为民兴小利，规规于目前，而不免有妨于大事，故告之以此，即"必世后仁"之意，千古政治之名言也。

叶公语孔子曰："吾党有直躬者，其父攘羊，而子证之。"

直躬，朱《注》："直身而行。"或曰直人名躬。攘、让古字通。《礼记·曲礼》篇："左右攘避。"攘即让也。攘羊，谓以羊故让与人也。其子证之，证其为己物也。叶公好名，故以此为直。先儒解为"有因而盗曰攘"，参以下节之义，恐非。

孔子曰："吾党之直者异于是：父为子隐，子为父隐，直在其中矣。"

此节先儒多以为天理人情之至，窃谓宜剖析言之。上文攘羊，若作攘窃解，则子为父隐，犹可言也；父为子隐，是教子为窃盗矣，岂得云"直在其中"？惟因彼此推让，互相隐以成其攘，即互相隐以成其直，斯为天理人情之至矣。

樊迟问仁。子曰："居处恭，执事敬，与人忠。虽之夷狄，不可弃也。"

此所谓“心存而不失”也。居处恭,是涵养其所未发。执事敬,与人忠,则皆省察之功,即以验其所涵养者也。随时随地而不失此心,故曰“之夷狄不可弃”。本经樊迟问仁凡三,以此章居最后,具见其于治心之学,日有进境,可与颜渊、仲弓问仁两章参看。

子贡问曰:“何如斯可谓之士矣?”子曰:“行己有耻,使于四方,不辱君命,可谓士矣。”

行己有耻,志有所不为,体也。不辱君命,材足以有为,用也。体用全,乃可谓之士。耻与辱相因而致,惟有耻而后能不辱,未有无耻而不辱者也。《礼记·哀公问》篇曰:“物耻足以振之,国耻足以兴之。”盖其气节懔然,所行之不辱,决可知矣。

曰:“敢问其次。”曰:“宗族称孝焉,乡党称弟焉。”

《学而》篇云:“入则孝,出则弟。”孝在门内,故称宗族;弟在门外,故称乡党。此体立而材不足者,故为其次。黄氏曰:“宗族称之,乡党称之,积于中而著于外,此非虚名,而为实行,亦使宗族、乡党有所矜式也。”

曰:“敢问其次。”曰:“言必信,行必果,硁硁然小人哉!抑亦可以为次矣。”

黄氏曰:“孟子言‘大人者,言不必信,行不必果,惟义所在’。朱

《注》引尹氏曰:'主于义,则信、果在其中矣;主于信、果,未必合义。'盖士之砥砺言行者,于义虽未精,而未尝不择义,故为士之次。若坚忍犯义之流,明知非义而言之、行之,岂得谓信、果哉?"愚谓:惟必信必果,而后能孝弟;惟孝弟,而后能有耻、不辱;惟有耻、不辱,而后成圣贤。工夫无止境。惟斗筲之人,决不能入德耳。

曰:"今之从政者何如?"子曰:"噫!斗筲之人,何足算也?"

从政,谓仕于朝者。斗筲之人,谓求升斗之禄也。算,数也,通作选,言何足选择而数之也。士人无才德可称,而志惟在于食禄,则无耻而不足数矣。旧解谓从政者如鲁三家之属,夫子斥之,恐圣人之言,不若是之急切也。

子曰:"不得中行而与之,必也狂狷乎!狂者进取,狷者有所不为也。"

与之,与之进于道也。中行,性质之近于中庸者。狂者过,狷者不及,皆可以进于中庸之道也。李氏曰:"'必也狂狷乎',句意中恐有似中行而非中行者,故言既不得'中行而与',则无宁狂狷耳。盖狂狷与中行不相似,而取进之志可以裁,不为之行可以进也。惟孟子知孔子之心,故引此章之语,既释其意,而遂继之以'乡原德之贼',乃此章之义疏也。"

子曰："南人有言曰：'人而无恒，不可以作巫医。'善夫！"

心无定主，则事无定业。《礼记·缁衣》篇："南人有言曰：'人而无恒，不可以为卜筮。'"古之遗言与？卜筮犹不能知也，而况于人乎？末引《易》曰"恒其德，贞"云云，与此章似同而实异。盖《记》文所言，谓人之烦渎无常，虽鬼神犹厌弃之。本经所言，谓人之作辍无定，虽小道亦不能成就也。

"不恒其德，或承之羞。"

此《易·恒卦》九三爻辞。承，继也。羞，辱也，言无恒则继之以辱也。先儒训或为常，训承为进，别备一义。

子曰："不占而已矣。"

加"子曰"二字，以别《易》文。不占者，言无恒之人，不知占《易》道也。末俗之士，朝三暮四，日居凶悔吝之中，哀哉！君子观象玩辞，观变玩占，欲以救人心也。

子曰："君子和而不同，小人同而不和。"

李氏曰："同德故和，以义相济故不同；同恶故同，各怀其私故不和。"愚案：《春秋左氏传》晏子论和、同之义，谓五味、五声惟不同而后能和。若小人则如以水济水，无是非可否，则终之于不和而已。后世党见纷歧，人心之乖戾益深，风俗之嚣张日甚，安得圣人一正之？

子贡问曰："乡人皆好之，何如？"子曰："未可也。""乡人皆恶之，何如？"子曰："未可也。不如乡人之善者好之，其不善者恶之。"

子贡方人，求观人之法于乡评，所见进矣。然乡人皆好，或系同流合污之徒；乡人皆恶，或系崖岸自高之士，故曰："不如乡人之善者好之，其不善者恶之。"不如者，对皆好、皆恶而言，犹云"彼善于此"耳，非果以为标准也。盖欲辨乡人之善不善，必在我先有穷理之功，而后有以察之，故曰："众恶之必察焉，众好之必察焉。"又曰："视其所以，观其所由，察其所安。"是故知人之学，本于穷理，若专以乡评为主，而误以善者为不善，不善者为善，则所差者大矣。

子曰："君子易事而难说也。说之不以道，不说也；及其使人也，器之。小人难事而易说也。说之虽不以道，说也；及其使人也，求备焉。"

易事，能相见以诚也。《礼记·缁衣》篇曰："为上易事也，为下易知也，则刑不烦矣。"说，谓投以所好也。不以道，谓近佞媚也。器之，谓随其才具高下而用之。求备，求全责备之义。或曰：求说即非道，难说、易说及两"说之"，当作解释之义，谓有所陈说也。下"说也""不说也"，当读作悦。亦备一义。

子曰："君子泰而不骄，小人骄而不泰。"

李氏曰："无愧于己，故泰。检身若不及，故不骄。有恃于己，故骄。与物常相形，故不泰。"愚案：泰与骄，盖就形于外者言之，若考其心术，则在于敬、肆之分而已。

子曰："刚毅木讷，近仁。"

刚，无欲也。毅，果敢也。木，质朴也。讷，迟钝也。四者皆气质也。其良心未失，故近于仁。若进以学问，则不止于近仁矣。此章当与"巧言令色，鲜矣仁"义参看。或以《中庸》"力行近乎仁"解之，恐未是。

子路问曰："何如斯可谓之士矣？"子曰："切切偲偲，怡怡如也，可谓士矣。朋友切切偲偲，兄弟怡怡。"

子路才力过人，此章"何如斯可为士"一问，已有进矣，夫子特以其所不足者告之。曰"切切偲偲，怡怡"，盖以士之气象而言。《论语》凡言"如"者，皆谓气象，如申申、夭夭之例。夫子盖矫子路行行之弊，因以三者进之，俾之涵泳于《诗》《书》，磨砻其德性，自能有此气象，所谓高明柔克也。朱子谓："切切者，教告恳恻，而不扬其过。偲偲者，劝勉详尽，而不强其从。二者皆有忠爱之诚，而无劲忤之害。可见六字皆和厚之意，不但怡怡为和厚也。"陆氏谓："朋友切切偲偲，非谓朋友不必怡怡也，但当以切偲为主。兄弟怡怡，非谓兄弟不必切偲也，但当以怡怡为主。总之气质少一分，与此气象即近一分。”语皆精切。

子曰："善人教民七年，亦可以即戎矣。"

朱《注》："教民者，教之以孝弟忠信之行，务农讲武之法。"愚案：即戎，即足兵之义，言教而民信自在其中。七年，言其久也。古人以数为约，皆取诸奇，故三载考绩，五年则再考，七年则三考，三年为初，七年为终也。程子谓当考其作为如何乃有益，尤见实事求是之意。

子曰："以不教民战，是谓弃之。"

所谓教者，非徒武备之学也，修孝弟忠信，是其本矣。用不教之民以战，必有败亡之祸，是自杀其民也。弃，如弃市之弃；古人常以弃、宥对言。弃之，谓杀之也。自杀其民，抑何忍乎？孟子曰："不教民而用之，谓之殃民，殃民者不容于尧舜之世。"

子路篇大义

《子路》篇论政治，与《为政》篇不同。盖《为政》篇重在推原德化，本学术以为治术；而《子路》篇则多敷陈时政，意在补救当时之失。故《为政》篇辞多缓和，而《子路》篇则辞多迫切。“先之，劳之”，为政者之模范也。不先不劳，未有能率人者也。“举贤才”，政本也，贤才屈于下，国未有能治者也。以卫辄之昏庸，而夫子犹以正名为先，推言之曰“礼乐不兴，刑罚不中，则民无所措手足”，甚矣，吾民无所控诉之苦也！礼、义、信三者，大人之事。“劳心者治人，劳力者治于人”，天下之通义也。“诵《诗》三百”，通经贵乎致用，苟无所用，“亦奚以为”？“其身正，不令而行”，与论“鲁、卫之政”，皆慨时政之失也。卫公子荆“善居室”，世禄之家，堂高数仞，榱题数尺，竞以居处之富丽相炫耀矣。老子曰“知足不辱”，荆诚贤公子哉！富教者，千古政治之纲领也。先富而后教，民救死而恐不赡，奚暇治礼义也？期月已可，三年有成，如何而可有成？“为邦百年”，如何而“胜残去杀”？王者必世，如何而仁？皆圣人之大经济也。学者不徒知其效，当实求其治法之所在也。“苟正其身，从政乎何有”，与“其身正，不令而行”章相应。“政”与“事”之辨，见国之贤士君子，宜与闻乎大政也。“为君难”，即兴邦之一言也。“唯其言而莫予违”，即丧邦之一言也。圣人对君之辞，何其委婉而详尽也。“近说，远来”，告时人者宜示以为政之效也。“无欲速，无见小利”，告吾党者宜示以为政之不求速效也。“叶公语孔子”章以下，于政治乎何与？岂因叶公问政而连类及之欤？非也。盖为政之本，首在先劳，而倡率之方，尤在举贤才以自辅。用人者，治乱之枢机也，未有不讲求用人而能行政者也。是故攘羊证父，作伪者也；父子相隐，率真者也。作伪者不可用，而率真者可用。轻浮无实之徒，为政治之大蠹。恭、敬、忠三者，勤勤恳恳者也，勤恳之士当用。

"行己有耻""不辱君命"者，贤士也，贤士不可不用。无耻而辱君者，"斗筲之人"也。斗筲之人不可用，中行之士可用，狂狷亦可用。《易传》曰："恒，德之固也。"政贵有恒，有恒者可用，无恒者不可用。"和而不同"，无党见者也，是宜用。"同而不和"，有党见者也，是不宜用。春秋之世，士大夫之知识，未足与言政党也。乡人皆好皆恶，是必伪士，伪士不可用。"善者好之""不善者恶之"，是必善人，善人不可不用。"易事而难说"者可用，"难事而易说"者不可用。"泰而不骄"，无众寡小大，无敢慢者也，是宜用。"骄而不泰"，骄人者常谄人，是不宜用。若以逢迎我者即为君子，又谓使贪使诈，小人可暂用焉，未有不偾天下之事者也。浮嚣而有气习者，最足以害政；朴质而无气习者，皆可与任事。"刚毅木讷"，朴质而无气习者也，是可用。"切切偲偲、怡怡"，在家庭社会中有和气者可用，有戾气者不可用。《子路》篇以子路问始，以子路问终，可矣。乃又记"教民即戎"两章，观圣人之辞，体圣人之意，特郑重出之者，何哉？盖为政之先务，不过外交、军事两端。《子路》篇一则曰"使于四方，不能专对"；再则曰"使于四方，不辱君命"，其于外交，可谓重矣。然而处危难之世，则军事为尤急，盖强者国之所以存也，弱者国之所以亡也。小役大，弱役强，天也，实人为之也。浸假而弱之极焉，不独役之已也，且将吞而灭之也。虎豹居于山，而人莫之敢犯；牛羊陈于肆，而人得割之食之者，非牛羊之生命不如虎豹之属也，一强一弱之异也。"人为刀俎，我为鱼肉"，可危也。是以夫子郑重言之曰："善人教民七年，亦可以即戎矣。"又曰："以不教民战，是谓弃之。”且夫人君虽愚不肖，孰肯自弃其民，而卒至于弃之者，盖先存一利害交战之心，以为赤子而龙蛇，则将反而噬也。庸讵知人非丧心病狂，鲜有剚刃于其心腹者。（剚，插刀也，《史记·张耳陈馀传》：“莫敢剚刃公之腹中者。”）此理不明，于是乎吾民血肉之躯，遂不免当锋镝之惨；于是乎吾民肝脑涂地、薰眼折臂自经之状，口不可忍而言；于是乎吾民鬻男卖女、辗转沟壑、流离破产灭种之痛，笔不可忍而述。前史所载乱亡之祸常如此者，非一世也。是何以至此也？曰：“惟其弱也。”何以弱也？曰：“皆不教之民也。”然则如之何而可也？曰：“民皆为兵，而后能免此祸也。”盖惟教通国之民，定强岁壮年以下，（《礼记》：“四十曰强，三十曰壮。”）皆编为兵籍之制，俾之娴习军事，而又爱我民，亲我民，不轻视蔑视我民，如是而后可以即戎，如是而后可使之战，如是而乃为政治中之善人也。是故有教而民皆可为兵，无教而民皆被戕于兵，自残自杀，其祸胡所底止？有圣人作，教其民，先教其兵，而后天下可得而治。

宪问篇第十四

宪问耻。子曰:“邦有道,穀;邦无道,穀,耻也。”

穀,禄也。邦有道之时,宜办天下之大事,乃仅食禄焉,则其短于才德可知也,可耻也;邦无道之时,宜隐居以求其志,乃亦食禄焉,则其从俗浮沉,或曲学阿世可知也,尤可耻也。朱《注》:“宪之狷介,其于‘邦无道,穀’之可耻,固知之矣。至于‘邦有道,穀’之可耻则未必知也。故夫子因其问而并言之,以广其志,使知所以自勉,而进于有为。”最合经意。或谓受禄不诬,何耻之有?不知夫子所谓“邦有道,穀”,乃指素餐而言,耻者,正所以求其不诬也。

“克、伐、怨、欲不行焉,可以为仁矣?”

先儒谓克、伐者,因己所有而生气盈也;怨、欲者,因己所无而生气歉也。四者之病虽不同,无非气质用事。不行者,强制之功,其根株犹伏于中也。

子曰:“可以为难矣,仁则吾不知也。”

陆氏曰："克、伐、怨、欲四者，其势与力，如奔马之不可控遏，如江河之不可提防，非宪之力不能制之，故曰'可以为难矣'，盖许之之辞也。惟宪遽以为仁，则于仁字尚未能透彻，故又曰'仁则吾不知也'，此进之之辞也。"李氏曰："锄稂莠者，将以殖嘉穀；疏壅塞者，将以行泉源；去克伐怨欲者，将以求吾心之德也。吾心之德，必居敬以持之，明理以克之，则人欲有日消之势，此则颜子'四勿'之功也。宪之'不行'，必也强忍力制，而未有本源功夫，纵使能之，而无天理流行其间，犹之稂莠既锄，而嘉穀不生；壅塞既疏，而泉源不至，此异氏之学，所以异于吾儒也。"二说均极精至。又程子惜原宪不能再问，要之圣门切问近思，原子退而自省，其功必有日进者矣。

子曰："士而怀居，不足以为士矣。"

怀者，每念不舍之义。怀居，谓如求田问舍，所谓小人怀土是也，其志卑而品下矣，岂足以为士乎？此与"耻恶衣恶食"章义相发明。

子曰："邦有道，危言危行。邦无道，危行言孙。"

危，高峻也。孙，卑顺也。君子处有道之时，其德日修，故言行不可不高峻；处无道之时，恐流于小人之归，故行不可不高峻，而言欲其孙者，不必得罪于小人以取祸也。盖邦有道，当提倡天下之道德；邦无道，当自守其道德，而不随风气为转移。言行，君子之枢机，枢机之发，祸福随之，故曰："言行，君子之所以动天地也。"或引《广雅》训危为正，亦通。

子曰："有德者必有言，有言者不必有德。仁者必有勇，勇者不必有仁。"

有德者之言，仁义之人，其言蔼如也。有言者，词华辩才而已。仁者之勇，发于义理，虽千万人吾往是也。勇者仅有血气之强而已。此为末世好谈著作及徒尚意气者而发。

南宫适问于孔子曰："羿善射，奡荡舟，俱不得其死然。禹稷躬稼而有天下。"夫子不答，南宫适出。子曰："君子哉若人！尚德哉若人！"

荡舟，陆地行舟。或曰当作"覆舟"，《楚辞·天问》篇"覆舟斟鄩"，言奡灭斟、鄩二国，多力而能覆舟也，恃其多力，卒为夏少康所诛，故曰"俱不得其死然"。禹尽力于沟洫，稷播种百谷，故曰"躬稼"。禹及身而有天下，稷之后，至周武王亦有天下，皆修德之报。黄氏曰："周末权奸，自矜智力可以夺命，几乎皆为羿、奡，岂知恶积必至灭身，祈命必在用德？世或有行道而凶，违道而吉者，此数之变而不可为常。常者多且久，变者少且暂，以少且暂之变，而遂言命数不足凭，岂其然乎？"愚案：适之问，夫子之赞，皆以天命警人心也。或读"俱不得其死”为句，以“然”字属下读，与《先进》篇“若由也”句例不合。

子曰：“君子而不仁者有矣夫，未有小人而仁者也。”

君子、小人，以心术而分。君子于造次颠沛之时，偶尔失检，或致不仁，然其心可原，所谓君子之过也。若小人则一意为恶，本心既丧，决无偶进于仁之理，故居心不可不慎也。愚又尝推言之曰：君子而不能治事者有之矣，未有小人而能治事者也。

子曰：“爱之能勿劳乎？忠焉能勿诲乎？”

人必习劳，乃能干事。爱而勿劳之，适以害之。人必纳诲，乃能为善。忠而勿诲之，适以纵恣之。细读两“能勿”字，其用心周且至矣。苏氏曰：“爱而勿劳，禽犊之爱也。忠而勿诲，妇寺之忠也。”或以上句为父之于子，下句为师之于弟，亦通。要之伦纪之中，贵以至诚相感也。

子曰：“为命，裨谌草创之，世叔讨论之，行人子羽修饰之，东里子产润色之。”

《左氏·襄公三十一年传》载：“裨谌能谋，谋于野则获，谋于邑则否。子太叔美秀而文，公孙挥能知四国之为。郑国将有诸侯之事，子产乃问四国之为于子羽，且使多为辞令，与裨谌乘以适野，使谋可否，而告冯简子使断之。事成，乃授子太叔使行之，以应对宾客，是以鲜有败事。”与本经略异。要知子产实能总其大成，故介于晋、楚之间，因应适得其宜。盖辞令本于礼义，虽至强者亦为折服，孰谓弱国之无外交哉？

或问子产。子曰：“惠人也。”

黄氏曰：“子产谓子太叔。惟有德者能以宽服民，其次莫如猛，所以矫子太叔懦弱之弊。刑书之铸，不过申明已坠之法，亦不足为子产病也。”愚案：黄说是。子产之猛以济宽，正所以成其惠，所谓杀一二人以生千万人也。夫子以为惠人，盖指其爱人之心而言。孟子以为惠而不知为政，乃专指乘舆济人一事而言。

问子西。曰：“彼哉！彼哉！”

朱《注》：“子西，楚公子申，能逊楚国，立昭王而改纪其政。彼哉者，外之之辞。”陆氏曰：“子西不能革僭王之号，与子文同，而非子文比也。沮孔子，与晏子同，而非晏子比也。所谓改纪，只改囊瓦之政耳。”或曰：子西，郑大夫，或人因夫子叹郑之多贤，故以子产、子西为问，以二人同听郑政者也。“彼”，或作“佊”，言邪也。

问管仲。曰：“人也。夺伯氏骈邑三百，饭疏食，没齿无怨言。”

人也，犹言此人也，或作仁厚解，非也。伯氏，齐大夫。骈邑，地名，伯氏食采之地也。三百，三百户。齿，年也。伯氏有罪，管仲削夺其邑，籍没其家产也。没齿无怨言者，由仲之断狱得其平。

子曰："贫而无怨难，富而无骄易。"

朱《注》："处贫难，处富易，人之常情。"愚案：圣人非泛论难易也，欲人勉为尽性知命之学也，当与"无谄无骄"章参看。黄氏曰："难者终难，易者不易，是以叹之。"别一义。

子曰："孟公绰为赵、魏老则优，不可以为滕、薛大夫。"

朱《注》："滕、薛国小政烦，大夫位高责重，公绰盖廉静寡欲而短于才者。"愚案：司马氏曰："德胜才谓之君子。"夫子此言，盖美公绰之意，是以下章论成人，又赞之曰"不欲"。

子路问成人。子曰："若臧武仲之知，公绰之不欲，卞庄子之勇，冉求之艺，文之以礼乐，亦可以为成人矣。"

庄子，鲁卞邑大夫，力能刺虎，勇士也。盖知、不欲、勇、艺四者，皆材质也，礼乐则须出于学。材质备而学进于中和，其为人也亦成矣。盖人受天地之中以生，必践形复性，乃为成人。此节盖未及乎圣人，而就子路之所未能者而言，玩一"亦"字可见。

曰:“今之成人者何必然?见利思义,见危授命,久要不忘平生之言,亦可以为成人矣。”

复加“曰”字者,既答而复言也。“见利思义”三者,忠信之质,为子路所已能者,夫子复指示之,犹因“不忮不求”而进以道也。盖成人之始,要在先审义利一关,次破生死一关,次明诚伪一关,而后可谓之人,否则先已堕落矣。陆氏曰:“利、危、久要等,当审察极细。利尚在可取可不取之间,危尚在可死可不死之间,平生之言,践之或大不合于时,或大不便于我,且或日久相忘,并无诸责,至此而能思义,能授命,能不忘平生之言,盖已有慎独之功矣。”

子问公叔文子于公明贾曰:“信乎夫子不言、不笑、不取乎?”

盖时人之言如此,夫子引之以问。

公明贾对曰:“以告者过也。夫子时然后言,人不厌其言;乐然后笑,人不厌其笑;义然后取,人不厌其取。”子曰:“其然?岂其然乎?”

以告者过,称之者过其实也。时然后言,乐然后笑,义然后取,非礼义充溢于中、得时措之宜者不能。夫子曰“其然岂其然乎”,岂,庶几之辞也,言文子庶几乎此,圣人之论人以恕也。张氏曰:“文子,意者简默厚重之士,故人称之如此。圣人质之于其门人,将以察其然也。公明贾之言，恐非文子所能及，夫子不直谓不然，其词气含洪忠厚如此。”

子曰：“臧武仲以防求为后于鲁，虽曰不要君，吾不信也。”

求为后，求立臧氏之后。要，有挟而求也。鲁襄公二十三年，武仲为孟氏所谮，出奔邾，自邾如防，使请立后而避邑，以示若不得请，则据防以叛。夫子正其罪曰“要君”，《春秋》诛意之法也。盖武仲若越境请求，亦未始不可得请，其罪在以防耳。以者，言不当以也。《礼记·表记》篇曰：“事君三违而不出境，则利禄也。人虽曰不要，吾弗信也。”夫利禄犹不可，况据邑乎？武仲好智而不好学，故至于此，惜哉！

子曰：“晋文公谲而不正，齐桓公正而不谲。”

桓、文皆霸主，以心术而言，实皆不正。以事迹而言，桓公召陵之役，责楚包茅之贡不入，问昭王南征不复，仗义执言，是正而不谲也。文公反国之后，多亲小人，城濮之役，伐卫以诱楚，阴谋以取胜，且召天子狩于河阳，而使诸侯朝之，以臣召君，不可以训，是谲而不正也。夫子言此以发其隐，盖《春秋》彼善于此之义耳。黄氏曰：“桓公知守正道，有时持之不坚，伪心乘之，所行遂未必皆正。然惟其知守正，则事之正者为多。观《传》所载霸略，内则问乡长以举贤，外则反侵地、存亡国，功高威立，受胙下拜，皆晋文之所不能为。”陈氏谓：“晋文之谲，非无正也；齐桓之正，非无谲也。正不胜谲，故谓之‘谲而不正’；谲不胜正，故曰‘正而不谲’。”其义亦明。

子路曰：“桓公杀公子纠，召忽死之，管仲不死。”曰：“未仁乎？”

《春秋左氏传》载齐襄公无道，其臣鲍叔牙奉公子小白出奔莒，襄公从弟公孙无知杀襄公，管夷吾、召忽乃奉公子纠出奔鲁。齐人杀无知，鲁伐齐，纳子纠。小白自莒先入，是为桓公。乃杀公子纠，召忽自杀，管仲请囚，鲍叔牙荐于桓公以为相。子路疑管仲忘旧主之仇，而事桓公，或于心理有歉，未得为仁也。

子曰：“桓公九合诸侯，不以兵车，管仲之力也。如其仁，如其仁。”

朱《注》：“九，《春秋传》作‘纠’，督也。不以兵车，言不假威力也。如其仁，言谁如其仁。盖管仲利泽及人，有仁之功矣。”李氏曰：“九合诸侯，不以兵车，是以义动而人心服也。如其仁，《集注》作‘谁如其仁’者，似太重。盖管仲虽能使桓公以义率诸侯，然未免所谓五霸假之者。若仁则王者之事矣，语意犹云似乎，亦可称仁也。盖未成乎仁者之德，而有其功，固不可没也。体味六字，斟酌轻重，铢黍不差。”愚案：李说较确。或训“如”为“乃”，言仲之力乃其仁，夫子实有不满之意，亦备一义。

子贡曰："管仲非仁者与，桓公杀公子纠，不能死，又相之。"

朱《注》："子贡意不死犹可，相之则已甚矣。"

子曰："管仲相桓公，霸诸侯，一匡天下，民到于今受其赐。微管仲，吾其被发左衽矣。

朱《注》："匡，正也。尊周室，攘夷狄，皆所以正天下也。被发左衽，夷狄之俗。"李氏曰："一字非统一之义，乃粗与之之意，言东迁后王室陵夷，蛮夷猾夏，至是而始一正也。"愚案：齐桓时淮夷病杞，狄亡邢灭卫，楚灭汉阳诸姬，周王子带以扬拒、泉皋、伊雒之戎同伐京师，非管仲无以制之，故夫子特赞其平戎之功耳。

岂若匹夫匹妇之为谅也，自经于沟渎而莫之知也？"

朱《注》："谅，小信也。经，缢也。莫之知，人不知也。"或曰：经，刭之借字，谓断头也。沟渎，通作句渎，鲁地名，即春秋时之生窦。愚案：召忽、管仲之死与不死，先儒或谓君臣之分未定，或谓桓兄纠弟，不当辅纠，其说颇纷。窃意管仲能成定霸救民之功，故可不拘小节，以事理轻重权之。管仲固贤于忽，而忽自量才不如仲，是以成其为谅耳。

公叔文子之臣大夫僎，与文子同升诸公。

臣，家臣。公，公朝。僎本文子家臣，文子荐之，与己并为大夫，同升于公朝。或曰春秋时陪臣亦称大夫。

子闻之，曰："可以为'文'矣。"

古谥法：锡民爵位曰文。洪氏曰："家臣之贱，而引之使与己并，有三善焉：知人，一也；忘己，二也；事君，三也。"愚案：士惟穷理，乃能知人。春秋时比党蔽贤者众矣，夫子阐扬之，有微意焉。

子言卫灵公之无道也，康子曰："夫如是，奚而不丧？"

无道，谓其彝伦不叙也。丧，谓丧邦。

孔子曰："仲叔圉治宾客，祝鮀治宗庙，王孙贾治军旅。夫如是，奚其丧？"

宾客，宾礼也。宗庙，祭礼也。军旅，军礼也。《左氏传》言"鲁秉周礼，所以不亡"。卫国大夫犹能守礼，所以不至丧邦。由是观之，国君虽无道，礼不废则国不亡，若一国废礼，庸有幸乎？

子曰："其言之不怍，则为之也难。"

子曰"仁者其言也讱"，又曰"力行近乎仁"，若大言不惭，则本心渐失，岂能望其力行乎？故曰“为之也难”。是以君子之出言也，必先度己力之能否，而不敢易，即所以收其放心也。马氏曰：“内有其实则言之不惭，积其实者，则为之难。”义迂曲未合。

陈成子弑简公。

蔡氏曰：“崔子弑齐君，陈成子弑简公，此皆记者之辞。如《春秋》法则名之矣，观下文可见。”

孔子沐浴而朝，告于哀公曰：“陈恒弑其君，请讨之。”

《史记·六国表序》：“田常弑简公而相齐国，诸侯晏然弗讨，三国终之卒分晋，田和亦灭齐而有之，六国之盛自此始。”然则陈恒之事，春秋变为战国之大关键也。夫子懔于世变，故郑重如此。李氏曰：“或问：夫子欲伐齐，但申大义于天下乎，抑必有以胜之也？曰：兵以义动，有胜之理，况所谓以鲁之全攻齐之半者？正所谓同力度德，同德度义，乃行师之要，亦未必非夫子之言也。”

公曰：“告夫三子！”

夫，彼也。三子，三家也。时鲁之兵权在三家，故使孔子告之。

孔子曰：“以吾从大夫之后，不敢不告也。君曰‘告夫三子’者！”

此夫子告人之言也。国有大事，必奉君命，故告三子，亦必称君命也。

之三子告，不可。孔子曰："以吾从大夫之后，不敢不告也。"

朱《注》："三子，鲁之强臣，素有无君之心，实与陈氏声势相倚，故沮其谋。"或曰：鲁之兵权虽在三子，而实在家臣，孔子使由、求堕费、郈，而三子靡然听从。使哀公畀孔子以事权，孔子必能命家臣，发三家之甲以攻齐，则一举而陈恒服其罪，三家亦消其势。孔子之请讨，非托诸空言，惜乎哀公之不听也，故获麟之书，即于是年绝笔云。

子路问事君。子曰："勿欺也，而犯之。"

欺，非世俗之所谓欺也，此所谓欺者，强不知以为知，强不能以为能，而遽以告君也。子路勇果，不免有此失，故戒之。事君之义，有犯无隐，曰"勿欺也，而犯之"，可见犯即出于勿欺之中，惟勿欺而后能犯也。虽然，此特指君有过而言耳。《孝经》曰"将顺其美，匡救其恶"，故上下能相亲也。

子曰："君子上达，小人下达。"

蔡氏曰："天理本自高明也，君子循仁、义、礼、智之天理，故日进于极仁、极义、极礼、极智高明之地矣。人欲本自污下也，小人徇乎声色、货利之人欲，故日究于淫声、恶色、私货、邪利污下之地矣。达，一也，皆有积渐至极之义。”愚案：孟子曰：“鸡鸣而起，孳孳为善者，舜之徒。孳孳为利者，蹠之徒。”欲知舜与蹠之分，无他，利与善之间也。上达、下达，惟在利与善之间，而其所以为善为利者，在立志与不立志之判耳。或曰达，通晓之谓。君子通晓于形上之事，小人通晓于形下之事，即大受小知之意。此与下学上达意不合，未可信。

子曰：“古之学者为己，今之学者为人。”

“成人”章《注》言学圣贤者，有义利、生死、诚伪之关。进而言之，则更有人己一关。《大学》言诚意必慎其独，即所谓为己也。小人揜其不善而著其善，即所谓为人也。《中庸》言“君子之道，闇然而日章”，上而推及于天命之性，即自为己一念始。“小人之道，的然而日亡”，下而及于文过饰非，无所忌惮，即自为人一念始。若为人一关不破，则永无入道之望，此《易传》于《乾》之初爻，《大过》之大象，所以特标遯世无闷之旨也。或曰为己，专营一己；为人，资助他人。误解圣经，几于侮圣人之言矣。

蘧伯玉使人于孔子。孔子与之坐而问焉，曰：“夫子何为？”对曰：“夫子欲寡其过而未能也。”使者出。子曰：“使乎！使乎！”

与之坐，坐于讲堂也。古者师常使其弟子，如夫子之使子华是也。此使者为伯玉之弟子，故孔子与之坐，而如其称曰“夫子”，使者亦称伯玉曰“夫子”。言欲寡其过而未能，而，如也，如未能也。《淮南子》曰：“蘧伯玉行年五十，而知四十九年之非。”先儒谓人不克己，不知过之难改。能用力克己，方知自朝至莫，自顶至踵，无非过失，乃知改过之难。故必时时有欲寡其过之心，而后能处于寡过之地。夫子言“五十学《易》，可以无大过”，亦即此意。使者能深知伯玉之心，故夫子再言“使乎”以赞美之，而伯玉之为大贤，愈可见矣。

子曰：“不在其位，不谋其政。”

重出。或曰与下章义联属。然此章“位”字，与“政”字相对，指职位而言，不若下章“位”字所言者细。

曾子曰：“君子思不出其位。”

此《易・艮卦》之《象传》辞也，曾子引之，以为省身守约之要。位者，兼性分、职分而言。性分之位，喜怒哀乐、视听言动是也；职分之位，君臣父子五伦，以及富贵贫贱、夷狄患难之境是也。性分有涵养于未发者，有省察于临时者；职分有豫定于事前者，有审处于临事者。有当然之位，即有当然之思，“不出”二字，至难而至细。陆氏曰：有因适、莫而出位者，有因意、必、固、我而出位者，有溺于声色、货利而出位者，有拘于气禀、习俗而出位者，有志动气而出位者，有气动志而出位者。见之不明，则不能不出；守之不固，则不能不出。是必有居敬之功，然后心专一而不出；有穷理之功，然后心精明而不出。惟于事理恰当，无丝毫过、不及，方为思不出位。后儒有谓天下事皆吾分内事，皆当研究，非此章所谓思。又有谓心即位，以此心动而无动为不出位，亦非此章所谓思也。

子曰："君子耻其言而过其行。"

朱《注》："耻者，不敢尽之意。过者，欲有余之辞。"或曰耻言过其行，犹耻躬不逮之义，盖谓言必顾行也。当以后说为长。

子曰："君子道者三，我无能焉：仁者不忧，知者不惑，勇者不惧。"

仁、知、勇，夫子得其全矣，而云"无能"者，盖仁、知、勇无止境，不忧、不惑、不惧，愈进而愈深细，此圣人望道未见之意也。曰"无能"者，犹欲发愤以进于能也。陆氏曰："道体无尽，圣人未尝自见其有余，故子臣弟友，则曰'未能'；学不厌，诲不倦，则曰'何有于我'；此章则曰'我无能焉'，皆实见其分量之无穷，而有歉然不自足之心，非自见其能，而故为谦辞也。"

子贡曰："夫子自道也。"

朱《注》："道，言也。自道，犹云谦辞。"盖子贡于仁、知、勇亦常致力，见夫子之已得其全，故云尔，非虚言以誉之也。陆氏曰："此犹公西华言'正唯弟子不能学'之意。盖夫子之自责，即以勉人，当日圣门高弟，闻夫子之言，亦无不思自勉也。"

子贡方人。子曰："赐也贤乎哉？夫我则不暇。"

比方人物，而较其短长，知人之学，亦圣门所重也。然知人必先自镜，乃能确得其浅深高下，而无所差失，故夫子赞子贡优长于此，而复恐其自治之疏，特自反以教之。俗解夫子有贬之之意，夫贬则可直言告之矣，故曲其言，恐非圣人语气。

子曰："不患人之不己知，患其不能也。"

盖患己之无能也。圣人所以重言之者，益见己无所能，而求知于人之可耻耳。邹氏曰："学以求能，乃为己之实功。若谓求能以为人知地，则犹是患人不己知之心也。"

子曰："不逆诈，不亿不信，抑亦先觉者，是贤乎！"

先觉有二义：一则出于天资，一则由于阅历。诚则明矣，明则诚矣。谢氏曰："贤者于事，能见之于微，谓之先觉，如履霜可以知坚冰也。此亦谓事有朕兆而觉之也。几者动之微，知几则先觉也。"李氏曰："《易》言'恒易以知险，恒简以知阻'，易者险之反，简者阻之反，以险阻遇险阻，则必不能知险阻，而亦无以处险阻者。惟易简则知险阻，而有以处之矣。若无易简之德，而徒曰'无贰''无虞'云者，使其果能息机忘物，犹未足为贤也。"二说均精。

微生亩谓孔子曰："丘何为是栖栖者与？无乃为佞乎？"

黄氏曰："亩简默不谈时务，以孔子为侈于辞也。"

孔子曰："非敢为佞也，疾固也。"

固，执一而不通也。执一不通，足以惑人心、锢风气，圣人所深恶，所以龂龂然不惮口舌之劳者，无非欲开当世之闭塞也。盖天下多空言无实之士，固足偾事；而天下多不辨是非之士，亦足害道。此孔子所以斥微生亩，而孟子所以辟陈仲子也。

子曰："骥不称其力，称其德也。"

盖慨世之不尚德而尚力也。《易传》曰："牝马地类，行地无疆，柔顺利贞。"以骥之任重致远，尚以柔顺为德，士君子处末世，岂可以尚才力乎？曰"称其德"，见用人者当以德为提倡也。

或曰："以德报怨，何如？"

德，谓恩惠。老子《道德经》曰："大小多寡，报怨以德。"或人之言，盖即本此。

子曰："何以报德？

《礼记・表记》篇曰："以德报怨，则宽身之仁也。以怨报德，则刑戮之民也。"宽身之仁，太过而不免矫情；穷理之学，要在审轻重厚薄，人之有德于我者，将何以报之？盖难乎为继也。

以直报怨，以德报德。"

《表记》又曰："以德报德，则民有所劝。以怨报怨，则民有所惩。"盖以德报怨，不免匿怨，其弊也伪；以直报怨，则发于至诚而无所隐矣。若人之有德于我者，报之轻重，适得其宜，斯心安而无所愧。朱《注》谓："此章之言，明白简约，而其指意曲折反复，如造化之简易易知，而微妙无穷，学者所宜详玩也。"愚谓：此即圣人中庸之德，天叙、天秩，皆原于此。末世人情，或失之过厚，或失之过薄，皆当以中道矫正之，庶人心定而序不乱。

子曰："莫我知也夫！"

黄氏曰："此叹道之终不行也。"下数章以类骈叙。

子贡曰："何为其莫知子也？"子曰："不怨天，不尤人，下学而上达，知我者其天乎！"

黄氏曰："下学，删订赞修之事。上达，所学通于天也。圣人删订赞修，惓惓斯道之心，上通于天，而天自知之。《汉书·儒林传》言孔子以圣德遭季世，知言不用，于是序《书》、称《韶乐》、论《诗》、缀《周礼》、成《春秋》，晚而读《易》。下即引经'述而不作，信而好古'，及此经'下学而上达'以证之，是汉师相传如此。"愚案：此章当与"古之学者为己"及"不患人之不己知"章参看，亦与《中庸》末章自"闇然日章"推及于"上天之载"同义。盖不怨不尤，下学上达，即"不求人知"之学，《易》之所以言"潜"也。曰"知我者其天乎"，更见道德高深，不必求人知也。先儒解作有天独知之妙，又以两"天"字分气数、义理之天，似均未安。

公伯寮愬子路于季孙。子服景伯以告，曰："夫子固，有惑志于公伯寮，吾力犹能肆诸市朝。"

夫子，指季孙。"固"字当绝句，谓窒塞也。惑志，言信谗也。肆，陈尸也，言欲诛寮于市朝，以暴其罪。

子曰："道之将行也与，命也；道之将废也与，命也。公伯寮其如命何！"

莫之致而致者，命也。盖子路忠信明决，愬之非易，寮必为肤受之愬，谓夫子得志于鲁，将不利于季孙，以尼子路者尼夫子，而季孙惑之，则夫子亦不安于鲁矣。朱子谓此事在堕三都、出藏甲之时，其说信然。故夫子慨道之不行，实由于命，而非寮之所能为也。曰“公伯寮其如命何”，其乐天知命之诚溢于言外矣。

子曰：“贤哉辟世，

朱《注》：“天下无道而隐，若伯夷、太公是也。”或以沮溺辟世当之，亦可。

其次辟地，

朱《注》：“去乱国，适治邦。”

其次辟色，

朱《注》：“礼貌衰而去。”

其次辟言。”

朱《注》：“有违言而后去也。”愚案：《易·遯卦》五爻之《象传》曰：“嘉遯贞吉，以正志也。”遯即辟也。然有所辟，即有所就，《易·节卦》初爻之《象传》曰：“不出户庭，知通塞也。”二爻《象传》曰：“不出门庭，凶，失时极也。”辟与就皆当合乎时，故孟子言“所就三，所去三”，而言孔子之仕道亦有三。盖道不行而不去，固不可也，然士君子若以不仕为宗旨，则天下事谁与任之乎！

子曰：“作者七人矣。”

朱《注》:“作,起也。言起而隐去者,今七人矣。”或曰七人,谓长沮、桀溺、丈人、晨门、荷蒉、仪封人、楚狂接舆,或曰即逸民七人。实则皆无所考,不必数其人以实之。并有解“作”为“著作”,以七人为尧、舜、禹、汤、文、武、周公,与上下章意不洽,尤非。

子路宿于石门。晨门曰:“奚自?”子路曰:“自孔氏。”曰:“是知其不可而为之者与?”

人不能与天争,圣人知其不可而为之,救世之苦心也,故子路曰“道之不行,已知之矣”。虽然,天将以夫子为木铎,道传于万世,即所谓“先天而天弗违”也。辅氏曰:“贤者之视天下,有不可为之时,才力有限也。圣人视天下,无不可为之时,其道无所不可也。晨门自处于抱关,而能知圣人之用心,亦可谓贤者矣。”

子击磬于卫,有荷蒉而过孔氏之门者,曰:“有心哉,击磬乎!”

有心哉,有心于当世也。《礼记·乐记》篇:“凡音者,生于人心者也。”音以传心,圣人不忘天下之心,随时流露,荷蒉闻磬声而知之,亦可谓非常人矣。

既而曰:“鄙哉,硁硁乎!莫己知也,斯已而已矣!深则厉,浅则揭。”

硁硁，言磬中之声也。斯已，当作“己”，言莫己知，则为己而已。或读作“已”字者，非。着衣涉水为厉，谓水深在带以上也。摄衣涉水为揭，谓水浅在膝以下也。言当因时之浅深而为之，不可徒自苦也，犹人皆浊何必独清之意。或曰深则濡水，浅则不濡水，言不必与世沾濡也。

子曰：“果哉！末之难矣。”

果，如“行必果”之果，叹其果于忘世，言人之出处，若似“深则厉，浅则揭”，从俗浮沉，则天下事无所难矣。盖隐者之心，惟畏难而避难，故天下最多难事，圣人之所以道济天下者，惟在不畏难耳。或读“末之”为句，犹《阳货》篇“末之也已”，言吾安适归，天下事益复难矣，亦通。

子张曰：“《书》云：‘高宗谅阴，三年不言。’何谓也？”

《书》见《无逸》篇。谅阴，天子诸侯居丧，为凶庐，盖草，期年之后，翦草为垩室，皆取阴暗之义。三年，丧期也。不言者，不言政事也。

子曰：“何必高宗，古之人皆然。君薨，百官总己以听于冢宰三年。”

天子死曰崩，诸侯死曰薨。百官总己，言百官总己之职事。冢宰，太宰也。百官总己之职事，听命于太宰，故君得以三年不言。此制盖始于唐虞之时，舜避尧之子，禹避舜之子，皆俟三年之丧毕，是三年之内，行冢宰之职而摄政也。周公相成王，沿用此制。春秋时或借听政而短丧，或政归权臣，终身不能自振，故夫子特发明之。

子曰："上好礼，则民易使也。"

礼生于天叙、天秩，秩序明而上下之分定，是以易使。《易·履卦》之《大象传》曰："君子以辨上下，定民志。"言履乎礼也。子游曰："小人学道则易使。"道即礼也，故礼者所以为国本也。后世废礼而欲使民，难矣哉！

子路问君子。子曰："修己以敬。"曰："如斯而已乎？"曰："修己以安人。"曰："如斯而已乎？"曰："修己以安百姓。修己以安百姓，尧舜其犹病诸？"

君子，谓在位者。修己以敬者，以敬修身也。修己以安人、安百姓者，以其修己之敬，推之而安人、安百姓也。修己、安人、安百姓，各有功夫，然必皆以敬为主。敬者，千圣百王之心法，彻始彻终者也。《礼记·曲礼》篇曰："毋不敬，俨若思，安定辞，安民哉！"即此章功夫。《尧典》自"克明俊德"以至"黎民于变时雍"，亦此章意义。病者，内疚于心也。惟自以为病，是以能安百姓。若稍有自足之心，则内有所不足矣。惟敬字功夫极难。陆氏曰:“整齐严肃,是敬之初基也。主一无适,是敬之无间断也。惺惺不昧,是敬之成功也。提撕警觉,是敬之继续也。若不能敬,虽日讲学问,日言事业,终于无主焉耳。”

原壤夷俟。子曰:“幼而不孙弟,长而无述焉,老而不死,是为贼。”以杖叩其胫。

原壤,孔子之友,老氏之流也。《礼记·檀弓》篇载其母死而歌,其天性之汩没可知。礼,尊客至,则趋以迎,降等之客立而待。壤见孔子来,不迎不立,而蹲踞以待,盖示其放旷也。述,称也,无德故无称也。贼,害人之名。放旷之流,以礼为束缚,不知恭敬之义,虚生于世,徒为风俗之害,后生佻达嚣薄之习,皆启于此,故夫子以杖击其胫而切责之。《诗》曰:“人而无礼,不死何俟。”东晋以后,高谈废礼,人心死而世运随之,学者读圣人之言,当可憬然返矣。

阙党童子将命。或问之曰:“益者与?”

朱《注》:“将命,谓传宾主之言。或人疑此童子学有进益,故孔子使之传命以宠异之。”姚氏曰:“阙党之人,使童子将命于孔子,盖其容有如成人者,故或疑为益者。”其说较长。

子曰:“吾见其居于位也,见其与先生并行也。非求益者也,欲速成者也。”

先生，谓先己而生，非谓师也。欲速成，欲速成人，即指居位、并行言，非谓学问欲速成也。盖童子欲表异于众，所以失礼耳。张氏曰："欲速成者，有躐等之意，无自卑之心，乌能以求益乎？物之生也，循序而生理达焉。若欲速成，反害其生矣。故圣门之学，先之以洒扫、应对、进退之事，所以长爱敬之端，防傲惰之萌，而使之循序以进也。"黄氏曰："礼之于人大矣。老者无礼，则足以为人害；少者无礼，则足以自害。夫子于原壤、童子，皆以是教之，述《论语》者以类相从，所以著人无老少，皆不可以无礼义也。"

宪问篇大义

《论语》文法，至《宪问》而一变，其迹似错杂，而其义实浑沦，谨就鄙见，诠次大义如左。

自"宪问"以下三章，皆原思所自记也。首章称名，次章不言问，可证也。原思，狷者也。夫子因其质而教之，故此三章，皆激厉心学之辞也。自"邦有道"以下四章，论言行与德、与仁，而南宫适之问为尤重。"君子哉若人！尚德哉若人！"嘉其不问天下之有道无道，而尚德之心不少懈也。"君子而不仁者有矣夫"，君子处无道之邦，则德行日退也；"未有小人而仁者"，亦指邦无道时而言也，风俗之陶冶可惧也。自"爱之能勿劳乎"以下，至"子路问事君"十六章，综论事君之大义，与春秋时之人才。曷谓忠？惟其能诲也，春秋时有能诲君于正者乎？郑子产其事上也敬，犹病未能也，惠人而已。管仲以下，殆等之自郐之无讥。“贫而无怨难”，承伯氏之无怨而言。孟公绰，赵、魏老耳，未足道也。“臧武仲之知，公绰之不欲，卞庄子之勇，冉求之艺”，成材之难如此。委质事君者，“见利思义，见危授命”，斯可矣。公叔文子乡党自好之士，武仲要君，虽智奚益！“齐桓公正而不谲”，赖有管仲以辅之。然而竖刁、易牙、开方之徒，不旋踵而起，仲其能始终诲君于正乎？犹病未能也。然则夫子曷为正桓公、仁管仲？曰：皆善善从长之义也。其许公叔文子，与夫仲叔圉、祝鮀、王孙贾，亦此义也。大臣之义，进思尽忠，退思补过，诲君之道，在我必有真实之学问，与夫真实之治术，而后可见诸施行。若其言不怍，是谓之欺。欺者，人臣之大戒也。司马迁曰：“田常杀简公而相齐国，诸侯晏然弗讨，海内争于战攻矣。”故特大书之，以见君臣祸变之极，世风升降之原。而并记“子路之问事君”，以为万世忠君、诲君者法。自“君子上达”以下七章，皆进德修业之本。上达者，为己而志向于上也。下达者，为人而志趋于下也。修身寡过，伯玉可谓君子矣。位者，人之所当守也。守其位，而后能安其分。《大易》之训，凡居非其位者，皆凶、皆悔、皆吝，而其几皆自思出其位始，吾党之士，慎之慎之。“耻其言过其行”，“不忧”“不惑”“不惧”，又皆圣门之心学也。处世之道，贵精明而浑厚，自“子贡方人”以下六章，皆观人处世之法也。曰“夫我则不暇”，曰“患其不能”，皆求诸己也。然而不知人，则易为人所愚，故特补之曰：“抑亦先觉者是贤乎？”疾固者，朱子《注》：“固，执一而不通也。”执一而不通，其败事与诈、不信者等，故其可恶，亦与诈、不信者等。“不称其力称其德”，论骥而实论人。至于“以直报怨”，则又处世之方也。伤哉圣人之欲辟世而不忍终辟也！自“莫我知”以下六章，皆伤不见用也。“知我者其天乎！”“公伯寮其如命何！”圣人之言，何其抑郁而无聊也！肠一日而九回，何不改乎此度？圣人时时怀辟世之志，而卒不忍舍此世也。而尤恐作者之多，而助我之无人也。故特记晨门之言曰“知其不可而为之者与”，见其心未尝一日忘天下也。又因荷蒉之讽而叹之曰：“果哉末之难矣。”圣人之言，何其抑郁而无聊也。伤哉莫我知也夫！道其终不行矣夫！圣人用世，礼教为先，自“高宗谅阴”以下五章，皆言礼也。“何必高宗”，昔者成王幼，周公摄政行礼，亦如是也。说筑傅岩，山野间尚有其人乎？“上好礼则民易使”，周礼之废久矣，圣人之志莫遂也。“修己以敬”，敬礼之文也。“修己以安百姓”，圣人之志莫遂也。原壤夷俟，阙党童子居于位，与先生并行，皆坏礼者也。坏礼者，礼教之罪人，一则将为贼民，一则将为无知之下士，皆圣人所闵焉，而思救之者也。综而论之，存于己者曰“有耻”，行于人者曰“有礼”，有耻与礼，而后能观人以处世，如是而尚德以终身，虽不见知而不悔也。子曰：“知我者其天乎！”文治尝思之，重思之，且咏叹之。古者禹奠九州，明德最远，当其世而有天下。后稷教民稼穑，树艺五谷，当其世不有天下，历十余世而生文王、武王、周公，盖稷始创养民之道者也。养民者，天终知之而不负之也。契为舜司徒，敬敷五教，教在人伦，当其世不有天下，历五百年而生汤与伊尹，历再五百年而生孔子，(孔子其先宋人。宋，殷之后也。)盖契始创教民之道者也。教民者，天终知之而不负之也。尼山木铎，为生民未有之奇。弦歌千秋，俎豆万世，尚德者若人乎？知我者其天乎？天亦岂终负之乎？然则吾夫子欲辟世而终不忍辟，与夫知其不可而为之之心，其亦可自慰矣乎？后世学者，其果能尚德乎？其何患无知我者乎？

卫灵公篇第十五

卫灵公问陈于孔子。孔子对曰:“俎豆之事,则尝闻之矣。军旅之事,未之学也。”明日遂行。

陈,谓军师行伍之列。俎豆,礼器。万二千五百人为军,五百人为旅。子曰:“临事而惧,好谋而成。”又曰:“我战则克。”军旅亦圣人所学,但与不仁之君言,则礼学当先于兵事,否则更启其杀机矣。

在陈绝粮,从者病,莫能兴。

绝粮,乏食。病,因饥而病。兴,起也。孔子去卫,厄于陈、蔡之间,因无上下之交也。

子路愠见曰:“君子亦有穷乎?”子曰:“君子固穷,小人穷斯滥矣。”

滥,溢也。《易传》曰:“困穷而通。”盖君子乐天知命,所以能穷而通,小人不知天命,所以穷而滥,滥则愈穷矣。黄氏曰:“小人滥,反言以见君子耳。仲子有不耻敝袍之节,愠见只是心有不平,何至于滥!”

说极是。

子曰:“赐也,女以予为多学而识之者与?”

子曰:“君子博学于文。”又曰:“君子多识前言往行。”是多学而识,圣学入门之功也。

对曰:“然,非与?”

方信而忽疑,盖积学功至,亦将有所得,盖在闻性与天道之后也。

曰:“非也,予一以贯之。”

此一贯,指致知而言,与告曾子者不同。圣门之学,自博文入,由博反约,乃所谓一贯也。一贯者,以一理贯通之,即贯其所学而识者也。孟子曰:“博学而详说之,将以反说约也。”后人虽多学而识,而空谈一贯,乃以一贯为一心,以致所学入于虚渺,谬矣。

子曰:“由!知德者鲜矣。”

德,谓天德,君子固穷,当求乐天知命之学。此章为愠见而发,犹因“不忮不求”而进以“何足以臧”,盖圣门之进德无穷也。饶氏曰:“知在行先曰知道,知在行后曰知德。”亦备一义。

子曰:“无为而治者,其舜也与?夫何为哉?恭己正南面而

已矣。”

明盛之世，任官得其人，故舜无为而治。恭己，修己以敬也。正南面，正君位也。“夫何为哉”二语，盖后人求舜有为之迹而不可见尔，实则舜之恭己正南面，正所以审万事之几也。故《书》曰：“惟几惟康。”又曰：“惟时惟几。”又曰：“兢兢业业，一日二日万几。”得其几，则万事理。《易传》言“黄帝、尧、舜垂衣裳而天下治”，承穷变通久言。《尚书》言翼为明听，承昭受申命言，其义可见。若如后世之尚清净，则天下适以多事矣。

子张问行。

行，通行于世。问行，犹问达之意。

子曰：“言忠信，行笃敬，虽蛮貊之邦，行矣。言不忠信，行不笃敬，虽州里，行乎哉？

笃，厚也。蛮，南蛮。貊，北狄。二千五百家为州，五家为邻，五邻为里。忠信笃敬，虽蛮貊亦敬之；不忠信，不笃敬，虽蛮貊亦贱之。言行荣辱之枢机，学者可不慎哉！

立则见其参于前也，在舆则见其倚于衡也，夫然后行。”

朱《注》：“其者，指忠信笃敬而言。参，言与我相参也。衡，轭也。言其于忠信笃敬，念念不忘，随其所在，常若有见也。”先儒说皆如此，愚谓:本经言参、言倚,或非因心见象,“其”字当即指行者而言。参前,见尊长之礼。倚衡,凭轼也,言其笃敬之至,《传》所谓“一命而偻,再命而伛,三命而俯”之意。如此之人,然后所行无窒碍也。

子张书诸绅。

绅,大带之垂者,长三尺。古圣人造书契,契用刀刊,书用笔录,《礼》言“史载笔”,是古时已有笔。《说文序》“著于竹帛谓之书”,即书于带上。或曰绅有囊,书而贮之,盖皆取其不忘也。

子曰:“直哉史鱼!邦有道,如矢;邦无道,如矢。

《韩诗外传》:史鱼病且死,谓其子曰:“我数言蘧伯玉之贤,而不能进;弥子瑕不肖,而不能退。为人臣,生不能进贤而退不肖,死不当治丧正堂,殡我于室足矣。”卫君问其故,子以父言对。君造然召蘧伯玉而贵之,而退弥子瑕。生以身谏,死以尸谏,可谓直矣。

君子哉蘧伯玉!邦有道,则仕;邦无道,则可卷而怀之。”

伯玉出处,合于圣人用行舍藏之道,故曰君子。两“则”字与《易传》“乐则行之,忧则违之”同。时当进则进,时当止则止,其品诣尚矣。

子曰:“可与言而不与之言,失人;不可与言而与之言,失言。

知者不失人，亦不失言。”

《易传》曰：“同心之言，其臭如兰。”遇同志而不言，是无知人之明也。言轻则道卑，道卑则身贱，是有失言之辱也。知者有穷理之学，而能先觉，所以不失人、不失言者，惟在辨其可不可尔。如何而辨之？字义人言为信，凡其人之有信者，必其可与言者也；其人之无信者，必其不可与言者也。

子曰：“志士仁人，无求生以害仁，有杀身以成仁。”

志士，忠节之士。仁人，仁德之人。曰求、曰害，其本心失矣。曰无、曰有，则其平时之观理审，临事之趋舍明矣。志士之杀身成仁，如不忘在沟壑，不避刀锯鼎镬，夷、齐、龙、比是也。仁人之杀身成仁，如御灾捍患，鞠躬尽瘁，以死勤事而不惜，大禹、周公是也。志士之成仁，完千秋之名节。仁人之成仁，立百世之宏功。故此章不仅为舍生取义言也。

子贡问为仁。子曰：“工欲善其事，必先利其器。居是邦也，事其大夫之贤者，友其士之仁者。”

不曰“问仁”而曰“问为仁”，盖非言仁之体，而求所以为仁之方也。贤以事功言，仁以德行言。大夫尊，故曰“事”，士卑，故曰“友”。此不独切磋琢磨可以成德，盖居是邦而有大夫、士为之先导，则立人、达人之愿，自可次第而施，虽为器重，为道远，不难共底于成矣。

颜渊问为邦。

问为邦者，问圣人得位，以何道治邦也。《吕氏春秋·察今》篇："治国无法则乱，守法而弗变则悖，悖乱不可以持国。世易时移，变法宜矣。"《吕览》此言，正颜子问为邦之意。门弟子问政者数矣，而夫子不与言三代损益，以非其任也。颜子则王者之佐，其庶几矣。

子曰："行夏之时，

夏以建寅之月为岁首，盖见万物之生，以为四时之始。禹奠九州，以农立国，夏时最得春生夏长、秋收冬藏之宜。故《礼记》载孔子曰"吾得夏时焉"。

乘殷之辂，

辂，大车之名。周制，天子有五辂：一曰玉辂，二曰金，三曰象，四曰革，五曰木。五辂并多文饰，用玉辂以郊祭。而殷惟有三辂：一曰木辂，二曰先辂，三曰次辂，木辂最质素无饰。《礼记·郊特牲》篇曰："乘素车，贵其质也。"郑《注》："素车，殷辂也。"然则夫子之取殷辂，盖贵其朴素耳。

服周之冕，

朱《注》:"周冕有五,祭服之冠也,冠上有覆,前后有旒。黄帝以来,盖已有之,而制度仪等,至周始备。盖虽华而不为靡,文而得其中者也。"黄氏谓:"朱子言五冕者,《周官·弁师》文也。《司服》言大裘之冕、衮冕、鷩冕、毳冕、希冕、玄冕,凡六冕。《弁师》云掌王之五冕,依郑君《注》,冕六而言五,盖大裘之冕无壍,不联数也。夫子言乘殷之辂,则知日用器物,以质为贵,后世金玉之器,类失于奢。夫子言服周之冕,则知物之辨贵贱、昭文章者,不嫌华采,而后世紊乱无章之为失也。"

乐则《韶》《舞》。

圣德如天,而又得夔典乐,神人以和,故为尽善尽美。"舞",或作"武"。不言时代,盖兼采虞《韶》与周《武》之乐也。

放郑声,远佞人。郑声淫,佞人殆。"

放,谓禁绝之。《礼记·乐记》篇曰"郑音好滥淫志",故放之。许氏《五经异义·鲁论说》:"郑国之俗,有溱洧之水,男女聚会,讴歌相感。"故曰"郑声淫"。佞人,卑谄辩给之人。夫子曰恶佞,恐其乱义,佞人进,则颠倒是非而国危。以上数者,治天下之大经大法,尽于此矣。

子曰:"人无远虑,必有近忧。"

圣人之虑，常在十百世之远，千万里之遥，故其施惠及于后世。庸人之虑，在旦夕之间，跬步之顷，故其祸患发于须臾。孟子曰："生于忧患，死于安乐。"无远虑，则自处于安乐，而忧患日近。

子曰："已矣乎！吾未见好德如好色者也。"

黄氏曰："已矣乎者，望见心切，未见而未绝望之辞也。"愚案：《子罕》篇专指卫灵公而言，此则泛论以发叹也。

子曰："臧文仲其窃位者与！知柳下惠之贤，而不与立也。"

黄氏曰："《易·泰卦》以三阴为小人，而曰小人道消者，谓三阴自知退避，得阳升阴降之义，是小人之能用君子者也。若忌君子而不荐举之，恐其立功而位必在己上，故曰'窃位'。"愚案：窃位即以蔽贤，孟子曰："不祥之实，蔽贤者当之。"

子曰："躬自厚而薄责于人，则远怨矣。"

君子以责人之心责己，然非不责人也，薄焉而已。此自修之德，非为远怨也，而怨自远。或曰远怨言心自寡怨憾也，亦通。

子曰："不曰'如之何，如之何'者，吾末如之何也已矣。"

朱《注》:“如之何、如之何者,熟思而审处之辞也。不如是而妄行,虽圣人亦无如之何矣。”或曰如之何,犹言奈是何,夫子此言,盖鞭策学者之意。说较警切。

子曰:“群居终日,言不及义,好行小慧,难矣哉!”

朱《注》:“小慧,私智也。言不及义,则放辟邪侈之心滋;好行小慧,则行险侥幸之机熟。”愚案:夫子言“难矣哉”凡二,此章之外,又曰:“饱食终日,无所用心,难矣哉!”顾氏曰:“言不及义,好行小慧,南方之学者也。饱食终日,无所用心,北方之学者也。风俗如此,良可悯叹,惟在讲学者有以痛改之。”

子曰:“君子义以为质,礼以行之,孙以出之,信以成之。君子哉!”

陆氏曰:“此‘义’字极细密,有万事之义,有一事之义,有常事变事之义,所以谓之质干。然义非可径情直遂也,故必礼以行之,使有节文,而无太过不及之弊。义又不可棱角峭厉也,故必孙以出之,使去矜张,而有从容和顺之美。又恐几微之间,须臾之顷,诚意或不贯彻,故必信以成之,使一言一动,莫非实心实理之流行,然后可谓之成。‘君子哉’三字,非赞辞,言必如此,然后为君子也。”愚案:此章言处事之方,非论心术,故言义而不言仁,三“之”字均指义而言。或作层递解者，非。

子曰："君子病无能焉，不病人之不己知也。"

病，内疚也。君子但病无德无才，不病人之不知己，惟病无能，而后本心可以无病。若病人之不己知，则成心病，而品日坏矣。

子曰："君子疾没世而名不称焉。"

《孝经》曰："立身行道，扬名于后世。"令闻广誉施于身，贵有其实也。若没世而名不称，则是未尝有其身也。未尝有其身，是未尝有其亲也，虚生于天地之间，故疾之。黄氏曰："富贵，荣名也。不义之富贵，污名也。圣贤，令名也。貌托乎圣贤，伪名也。然则令名可不修哉？"或解不称为名不称实，亦通，惟与《史记·孔子世家》及《伯夷列传》所引，义有未合。

子曰："君子求诸己，小人求诸人。"

此亦为己、为人之意。君子无所求于人也，惟求在我之学而已。小人反是。谚有之："求人不如求己。"求己而德益修，求人而心益鄙也。杨氏谓："君子虽不病人之不己知，然亦疾没世而名不称也。虽疾没世而名不称，然所以求者，亦反诸己而已。"三章义实相贯。

子曰："君子矜而不争，群而不党。"

黄氏曰："矜者，持己方正也。争者，与人竞辨也。群者，虚己取善也。党者，助人匿非也。四者分，人品见矣。"愚案：争与党，皆足以致祸，惟穷理之精，故处之合乎中庸之道，所谓不戾乎世俗，不杂乎世俗，阳刚阴柔，皆得其善者也。

子曰："君子不以言举人，不以人废言。"

《书》曰："敷奏以言。"夫子曰："不知言，无以知人也。"人与言本合而为一，自世衰道微，表里相违，而人与言遂分为二。不以言举人，不以人废言者，阅历之深，因公生明，惟明乃愈公也。

子贡问曰："有一言而可以终身行之者乎？"子曰："其恕乎！己所不欲，勿施于人。"

《韩诗外传》曰："己恶饥寒，则知天下之欲衣食也。己恶劳苦，则知天下之欲安佚也。己恶衰乏，则知天下之欲富足也。"此皆所谓恕也。本经专言所不欲者，盖克己之功，以不欲者为尤急，言所不欲，而所欲者可推也。犹《大学》絜矩之道，言所恶，而所好者可推也。终身不能尽，行之无已时也。又案：此篇第二章，由多学而识造于一贯，乃致知之事；此章由忠恕亦造于一贯，乃力行之功。

子曰："吾之于人也，谁毁谁誉？如有所誉者，其有所试矣。

陆氏曰："毁誉正与直道相反，天下有毁誉，天下无直道矣。是曰是，非曰非，此直道也。过其实，损其真，此毁誉也。毁誉不必尽是私意，有疾恶太严而流为矫激者，即毁也；有崇奖情殷而谬为许可者，即誉也。毁誉行则失其是非之本心，祸害有不可胜言者，夫子所以绝之。然又曰'如有所誉，其有所试'者，则善善长而恶恶短之意。苏氏所谓'仁可过而义不可过也'。"

斯民也，三代之所以直道而行也。"

陆氏曰："禹、汤、文、武谟烈尚存，无一非荡平正直之行。何也？此道本乎天，率乎性，人人之所共有，即昏愚邪妄之徒，拘于气禀，蔽于物欲，而此道未尝不在，感之即觉，故三代皆不敢易，今安得而易之哉？此夫子不敢以生知安行自处，而托于三代，亦述而不作之意也。"愚案：此章即夫子作《春秋》之志。《春秋》辨是非，善善恶恶，无非直笔，乃所谓直道之书，存三代之公义者也。而夫子属望斯民之意，隐然溢于言外矣。

子曰："吾犹及史之阙文也。有马者借人乘之，今亡已夫！"

及，及见也。古之良史，于文义有疑则阙之，不敢臆造是非也。"有马借人乘"者，谓与朋友共敝之而无憾也。"今亡已夫"，叹是非之淆乱，而情谊之日衰也。或曰《周礼》保氏教六艺，四曰五驭，五曰六书，御与书同在六艺。古制书必同文，史阙文者，言必遵修旧文，而不诡更正文也。凡有马而借人乘习，使之调良，所以期于善御，乘者有一定之法，故车能同轨。夫子见六艺将废，故叹之。

子曰："巧言乱德。小不忍则乱大谋。"

乱德者，变是非；乱谋者，昧小大。小不忍，非必尽出乎己也，亦有为人所掣肘者。乱德、乱大谋，天下从此乱矣。惟君子德性坚定，乃能不为外物所乱，而世道以治。

子曰："众恶之，必察焉；众好之，必察焉。"

人之好恶，不可即以为是非也。叔季之世，有好恶而无是非，众好众恶，或出于党同之见，故必察其是非之所在。孟子曰："国人皆曰贤，然后察之；国人皆曰不可，然后察之。"二者盖知人之要领，政治之大纲也。

子曰："人能弘道，非道弘人。"

弘，廓而大之也。《中庸》曰："大哉圣人之道！待其人而后行。苟不至德，至道不凝焉。"盖道为虚位，惟圣贤乃能凝聚而扩充之。尊德性，致广大，极高明，皆弘道之功也。若谓道可弘人之名，则大误矣。张子《正蒙》谓："心能尽性，人能弘道也。性不知检其心，非道弘人也。"此别一义。

子曰："过而不改，是谓过矣。"

"过而能改，则复于无过；惟不改，则其过遂成，将不及改矣。"黄氏曰："《集注》劝戒互说。改过者，天地所必容，圣贤所不绝。不改，则终为小人耳。"

子曰："吾尝终日不食，终夜不寝，以思，无益，不如学也。"

"思而不学则殆"，思与学相辅而行，思即思其所学也。此章为思而不学者言。无益者，恐其入于明心见性之途，而堕于杳冥昏默之际也。后世学者，讲求良知，专务不思而得，岂圣门之学哉？

子曰："君子谋道不谋食。耕也，馁在其中矣；学也，禄在其中矣。君子忧道不忧贫。"

耕，所以谋食，而凶荒时至，未必得食。学，所以谋道，而名实相孚，乐在其中。然其学也，有不得乎道而已，非为忧贫之故，而欲为仕以得禄也，故再以"忧道不忧贫"申言之。此一折语意极重。陆氏曰："谋以事言，忧以心言。择善固执，所以谋之也。择焉而惟恐其执之不精，执焉而惟恐其执之不固，所以忧之也。此'谋'字中包'格致'

‘诚正’之学。此‘忧’字中有‘戒慎’‘恐惧’‘常目在之’之意。心在忧道，自无暇及于食。”或曰治生为急，亦谋食之义，不知治生乃道中之事。此谋食盖指干禄而言，其立心行事，迥不同也。

子曰：“知及之，仁不能守之，虽得之，必失之。

黄氏曰：“此章言治民之道。以知得民，以不仁失民，残刻之害为大。《武王践祚》记曰：‘以仁得之，以仁守之，其量百世；以不仁得之，以仁守之，其量十世；以不仁得之，不以仁守之，必及其世。’”语意略同。以后世之事言之，如秦政是也。

知及之，仁能守之，不庄以涖之，则民不敬。

有孝慈长厚之质，而不能临之以庄，则民有轻佻之行，而慢易其上。以后世之事言之，如汉文帝之仁厚而好清静无为是也。

知及之，仁能守之，庄以涖之，动之不以礼，未善也。”

动之，动民也，鼓舞之意。为治不徒尚法，必本于天叙、天秩，乃为至善，此《大学》之“作新民”，所以无所不用其极。以后世之事言之，如唐太宗之能知、能仁、能庄，而不能媲三代之隆者，不以礼也。此章陆氏谓知及是格物致知事，仁守是诚意正心事，庄涖、动礼则修齐治平事，《大学》功夫皆在其内。李氏谓知及、仁守，道之以德也；庄涖、动礼，齐之以礼也。《中庸》既言知仁勇以修身，而知所以治天下国家，又曰"齐明盛服，非礼不动"，而列于九经之首，内外相须，本末乃备。语皆精密。惟章内十一"之"字，皆以民言。先儒有以学政分说者，非也。

子曰："君子不可小知，而可大受也。小人不可大受，而可小知也。"

黄氏曰："君子大受，则修齐治平，外内合一，而王化行矣。小人小知，则吏事文章，各尽专长，而群策举矣。"愚案：司马氏曰："德胜才谓之君子，才胜德谓之小人。"可不可，必详审德与才之大小，而后用得其当。若不善用之，则两失其宜，而颠倒差谬矣。是故人与事相称，然后天下之事平。

子曰："民之于仁也，甚于水火。水火，吾见蹈而死者矣，未见蹈仁而死者也。"

民非水火不生活，水火与仁，皆民所仰而生者也。但水火不过所以生之具，而仁乃所以生之理，故曰"甚于水火"。《礼记·表记》篇曰："水亲而不尊，火尊而不亲。"水足溺人，火足焚身，故曰"水火吾见蹈而死"。若仁则乾元生生之德，正所以自生而生人，岂有蹈而死者乎？圣人哀人之心死，故言之迫切如此。或曰杀身成仁，即蹈仁而死，不知此章乃言其常，杀身成仁乃言其变，且成仁则虽死而犹生，其生理历千古而犹存也。

子曰："当仁，不让于师。"

曾子曰："仁以为己任，不亦重乎！"当者，任也。当仁，指为善之大者而言。仁与让相因，而有时不让，正所以为仁。此章夫子为门弟子而发，盖凡事宜承师命，若当仁，则宜闻斯行之矣。或曰师，众也。不若解作师长之亲切。

子曰："君子贞而不谅。"

《易传》曰："贞，正也。君子贞固足以干事。"务其大者远者，不若匹夫匹妇之为谅。然益者三友，以直、谅并列，盖大人之言不必信，行不必果，当自必信、必果始。有子曰："信近于义，言可复也。"此盖原本于穷理之学，然后处之得其宜，否则导人以不信矣。说见《孟子大义》"君子不亮"章。

子曰："事君，敬其事而后其食。"

后，与后获之后同。食，禄也。事与食相称，而后于心无愧。然与其使食浮于事也，宁使事浮于食。要知圣人所深戒者，不徒在慢君事而谋厚禄也。若以办事之多寡大小，与得禄之厚薄，营营相较，已非君子之居心矣。

子曰："有教无类。"

种类因地域而分，气类因风俗而异，然人性皆善，圣人施教，既因乎地质之宜，复矫乎风俗之变，是以人性皆复于善，而无品类之殊矣。《易传》曰："君子以教思无穷。"盖兼君德、师道而言也。

子曰："道不同，不相为谋。"

孟子论伯夷、伊尹、柳下惠："三子者不同道，其趋一也。"与此异义。盖君子之为道虽不同，而卒归于一。若小人之道，与君子如冰炭之不相入，决不能相为谋也。黄氏亦谓君子与君子，有时意见不同，行迹不同，而卒能相谋者，其道同也。此言道不同，指异端小人之贼道者而言。

子曰："辞达而已矣。"

辞以立诚为基，以有序为主。达者，如水之穷源竟委，此圣门修辞学也。《孟子》曰："不以文害辞。"文与辞为二事，不可强合。先儒谓辞"不以富丽为工"，浑文、辞为一，恐未是。

师冕见，及阶，子曰："阶也。"及席，子曰："席也。"皆坐，子告之曰："某在斯，某在斯。"

《礼记·少仪》篇曰："其未有烛而后至者，则以在者告，道瞽亦然。”是礼宜如是也。乐师必有乐工随之，而夫子告之者，疑乐工当止于阶下也。

师冕出。子张问曰：“与师言之道与？”

朱《注》：“圣门学者，于夫子之一言一动，无不存心省察如此。”

子曰：“然。固相师之道也。”

本经曰：“危而不持，颠而不扶，则将焉用彼相矣？”《荀子·成相篇》曰：“人主无贤，如瞽无相何伥伥。”相师自有其道。张子《西铭》曰：“天下之疲癃残疾，皆吾兄弟之颠连而无告者也。”身有废疾者，固当相之。心有废疾者，相之又当何如？则由相师之道推之，胞与之怀，治平之德，皆在是矣。

卫灵公篇大义

登泰山而小天下，始知其峰之崔巍也。涉东海而观其澜，始知其源之浩渺也。立竿而见景，爰名之曰标；测水而望平，始定之曰准。夫圣人万世之标准也，言有道，行有道，为学有道，治心有道，处世有道，以及观人接物，洪纤巨细，莫不有道。道者，标准也。读《卫灵公》一篇，如游森林，众干毕露；如泛巨舟于海，可用以作指南。吁！奇矣哉！不对军陈之问，“在陈绝粮”，君子立气节之标准也。多识一贯，此一贯指致知而言，由博求约之标准也。“知德者鲜”，承“君子固穷”

而言。无为而治，论治道得人之标准。“言忠信，行笃敬，行州里”，行蛮貊之标准。邦有道、无道如矢，直者之标准。可仕、可怀，君子之标准。不失人，不失言，与人出言之标准。“无求生以害仁，有杀身以成仁”，志士仁人之标准。事贤、友仁，居邦之标准。“行夏之时”数事，为邦之大标准，心术安危之几也。“人无远虑，必有近忧”“好德如好色”，居心之标准。臧文仲窃位，为居高位者戒，在位者反观之标准。“古之君子，其责己也重以周，其待人也轻以约。”甚矣！当世责人之多，而怨气为之充盈也。“躬自厚而薄责于人”，平心之标准，进德之标准，尤为处乱世之标准。“不曰如之何”“言不及义”，处事求学者反观之标准。“义以为质”数者，君子制行之标准。“老冉冉其将至，恐修名之不立”，己则无能，而求诸人，至于“没世而名不称”，悔何及也！君子所求者，非一时之名，乃千秋万世之名，是为君子立名之标准。“矜而不争”“不以言举人”，君子处社会在朝廷之标准。“强恕而行”，求仁之标准。“直道而行”“史阙文”“马借人”，论人论世之标准。“巧言乱德”“小不忍”，言语心术之标准。好恶必察，观人之标准。弘道、改过，修己之标准。正学以实不以虚，为学而堕于玄虚，则明心见性之说得以乘之，不可也。思不如学，为学之标准，不入于歧途也。学问当时存不足之志，境遇当时存知足之心。求道而忧贫，则委琐龌龊之见得以乘之，尤不可也。谋道不谋食，忧道不忧贫，处境之标准，无慕乎外诱也。知及、仁守、庄涖，又必动之以礼，而后可成唐虞三代之治，是论治之大标准也。“君子不可小知而可大受，小人不可大受而可小知”，用人之大标准也。圣人在位，士无弃材也，“民之于仁，甚于水火”，教民之大标准也。尧舜之世，比户可封也。“当仁不让”，体仁之标准。“贞而不谅”，干事之标准。敬事后食，事上之标准。“有教无类”，立教之标准。“道不同不相为谋”，卫道之标准。“达而已矣”，修辞之标准。及阶言阶，及席言席，及坐告“某在斯”，相师之标准，曰“固相师之道也”，而全篇之义始明。道者，标准也。全篇皆道，全篇皆标准也。万事皆道，万事皆标准也。凡学者学圣人之道，必先立一标准，勉勉焉以望之，孳孳焉以赴之，而后可以几于圣人。夫求标准者，读《论语》而已矣，读《卫灵公》篇而已矣。先儒尝谓人之初生，知有父母而已。及其少长，征逐忘返，遂与父母渐疏。终身慕父母者，虞舜一人而已。人之初学，知有《论语》而已。及其既长，博习忘返，遂与《论语》日疏。终身读《论语》者，朱子一人而已。反复此言，何其亲切诚挚若此也！然而学者苟浮慕焉，虽明明标准在前，无益也。

季氏篇第十六

季氏将伐颛臾。

颛臾，伏羲之后，风姓之国，本鲁之附庸，当时臣属鲁。季氏贪其土地，欲伐而取之。

冉有、季路见于孔子曰："季氏将有事于颛臾。"

有事，有兵革之事也。皇《疏》引蔡氏曰："二子并以王佐之资，岂有不谏季孙以成其恶？所以同其谋者，将有以也。量己揆势，不能制其悖心，故欲得大圣之言以救之也。"

孔子曰："求！无乃尔是过与？

先儒谓季氏伐颛臾，夫子疑冉有教之。黄氏谓不必教之，已可责。

夫颛臾，昔者先王以为东蒙主，且在邦域之中矣，是社稷之臣也，何以伐为？"

朱《注》："东蒙，山名。先王封颛臾于此山之下，使主其祭，在鲁地七百里之中。社稷，犹云公家。孔子言颛臾乃先王封国，则不可伐；在邦域之中，则不必伐；是社稷之臣，则非季氏所当伐也。"

冉有曰："夫子欲之，吾二臣者，皆不欲也。"

朱《注》："夫子，指季孙。冉有实与谋，以夫子非之，故归咎于季氏。"

孔子曰："求！周任有言曰：'陈力就列，不能者止。'危而不持，颠而不扶，则将焉用彼相矣？

陈，布也。列，位也。言当展布其才力，度己所任，以就其位，不能则当去也。相，瞽者之相，为相者不能持危扶颠，安用相为？见为人臣者，当量而后入，相瞽且有扶持之责，况相国乎？责二子之不能力谏也。

且尔言过矣，虎兕出于柙，龟玉毁于椟中，是谁之过与？"

或曰：虎兕出于柙，喻兵擅用于外也；龟玉毁于椟中，喻仁义废于内也。黄氏谓虎兕喻季氏，龟玉喻颛臾。是谁过者，折其皆不欲之说也。

冉有曰："今夫颛臾，固而近于费。今不取，后世必为子孙忧。"

此恐系季氏之说，而冉有述之耳。

孔子曰：“求！君子疾夫舍曰欲之而必为之辞。

欲之，谓欲其利。言舍欲利之说，而更作巧辞，天下贪者往往如此，所谓借端以借口也，故君子疾之。

丘也闻有国有家者，不患寡而患不均，不患贫而患不安。盖均无贫，和无寡，安无倾。

李氏曰：“不患寡而患不均，不患贫而患不安，语意盖云：与其不均宁寡，与其不安宁贫也。夫一物而众分之，乌得不寡？然寡非所患，患其分之不均，虽欲守其寡而不可得耳。寡之又寡，必至于贫，然贫犹非所患，患其势之不安，虽欲守其贫而不可得耳。夫子又释其意，以为均虽不能无寡，然皆少有得焉，则已无贫矣。况均则必无不平之争，其势自和，和则有相通相济之谊，并可无寡矣。如是则必安，安则无论不寡不贫也。虽或寡而至于贫，然衅孽消而根本固，必不至于倾矣。此有国家者之常理，即以一家兄弟验之可见。”愚案：圣人引古语以释之，所以止季氏之覆鲁也。

夫如是，故远人不服，则修文德以来之，既来之，则安之。

李氏曰：“远人非指颛臾，正对颛臾在邦域之中而至近者言之，言虽有远人不服，宜乎可以动干戈矣。然犹且来之以文德，况如颛臾之在邦内乎？”愚案：来，归附也；安，教养之使得其所也。

今由与求也，相夫子，远人不服，而不能来也；邦分崩离析，而不能守也；

或谓《左传》哀公元年、二年、三年、六年、七年，迭言伐邾，是远人当指邾而言，亦可备一义。分崩离析，言破坏也。谓其时四分公室，季氏取二，孟孙、叔孙各取其一，上下相猜，不能守其邦也。

而谋动干戈于邦内。吾恐季孙之忧，不在颛臾，而在萧墙之内也。”

萧之为言肃也；墙，谓屏也；君臣相见之礼，至屏而加肃敬，故谓之萧墙。言不均不和，祸将起于君臣之间，其后哀公果欲以越伐鲁而去季氏。

孔子曰：“天下有道，则礼乐征伐自天子出；天下无道，则礼乐征伐自诸侯出。自诸侯出，盖十世希不失矣；自大夫出，五世希不失矣；陪臣执国命，三世希不失矣。

天子作礼乐，专征伐，此盛世之事也。春秋隐、桓以下，政在诸侯；僖、文以下，政在大夫；定、哀以下，政在陪臣。执国命，则国命不能出国门一步矣，故不言“礼乐征伐自陪臣出”也。齐自僖公小霸，桓公合诸侯，历孝、昭、懿、惠、顷、灵、庄、景凡十世，而陈氏专国；晋自献公启疆，历惠、怀、文而代齐霸，又历襄、灵、成、景、厉、悼、平、昭、顷而公族复为强臣所灭，凡十世。鲁公山不狃及身而出奔；南蒯为南遗之子，二世而出奔；阳氏为季氏家臣，至虎三世而出奔，其弟阳越死于乱。盖圣人所言世数，虽曰人事，亦天道之当然也。

天下有道，则政不在大夫。

政在大夫者，若季氏之不议政于公朝而议于私室是也。能正朝廷以正百官，则大夫岂有擅权之弊？

天下有道，则庶人不议。"

《尚书》曰："谋及庶人。"庶人议政，正天下有道之事，而夫子云然者，盖庶人有凡民与在官之别，《洪范》所言庶人，在官者也。夫子所言庶人，凡民而非在官者也。凡民无政治之学识，倘概欲参议国政，则秩序淆而天下乱矣。此章上溯成、康遗规，中慨私家专政，末稔横议朋兴，春秋将变为战国，感慨深矣。

孔子曰："禄之去公室五世矣，政逮于大夫四世矣，故夫三桓之子孙微矣。"

禄去公室，谓爵禄之柄不从君出也。鲁自文公薨，宣公立，而君失其政，历成、襄、昭、定凡五世。自季武子始专国政，历悼、平、桓、子凡四世，而为家臣阳虎所执。三桓，桓公之子、庄公之弟公子庆父、公子牙、公子友也。仲孙，庆父之后，又称孟氏；叔孙，公子牙之后；季孙，公子友之后也。微，衰微。盖窃政柄者，上陵其君，下夺其民，其子孙必至于式微也。连读三“矣”字，圣人伤鲁之心甚矣。

孔子曰：“益者三友，损者三友。友直，友谅，友多闻，益矣。友便辟，友善柔，友便佞，损矣。”

李氏曰：“三者各由浅而深。友直但足以闻吾过，友谅则有以进吾德，友多闻则有以广吾学也。友便辟，但相习以文貌；友善柔，则相护其过非；友便佞，又相诱以机变也。似不必两下对说。”愚案：便辟者，习般旋退避之容，所谓足恭也。善柔，谓面柔，所谓令色也。便，辩也；佞而辩，所谓巧言也。《礼记·冠义》：“成人之道，在于正容体、齐颜色、顺辞令。”三者适与之相反。此章所谓损益，兼指品行学问而言。

孔子曰：“益者三乐，损者三乐。乐节礼乐，乐道人之善，乐多贤友，益矣。乐骄乐，乐佚游，乐宴乐，损矣。”

李氏曰：“三者亦由浅而深。乐节礼乐，则有悦学之志；乐道人之善，则有公物之心；乐多贤友，则日有进德之效矣。(效)[乐]骄乐者，其志始荒；乐佚游者，荒而荡；乐宴乐者，荡而溺且昏矣。亦似不必两下对说。”愚案：此章损益，判于敬肆而已。节礼乐，出于敬，道人之善、多贤友，则敬而和。骄乐、佚游、宴乐三者，皆出于一心之肆，《曲礼》言“毋不敬”，而又言“敖不可长”四者，皆所以收其放心也。故此损益，当指心性而言。

孔子曰：“侍于君子有三愆：言未及之而言，谓之躁；言及之而不言，谓之隐；未见颜色而言，谓之瞽。”

胡氏曰：“言贵乎时中。躁者先时而过乎中，隐者后时而不及乎中，瞽者冥然不知所谓中者也。”愚案：躁者阳刚之过，隐者阴柔之过，谓隐匿而不尽情实，是更以不言恬之矣。瞽者，无知识者也。谨言语应对，亦《曲礼》之意。

孔子曰：“君子有三戒：少之时，血气未定，戒之在色；及其壮也，血气方刚，戒之在斗；及其老也，血气既衰，戒之在得。”

黄氏曰：“《乐记》云‘民有血气心知之性’，性之善，心知之静而正也。血气之粗驳者，君子不敢借口于性而必戒之也。血气中有嗜欲，好色、好斗、好得，因之以生，然污者能言洁，争者能言让，贪者能言廉，凡人犹明于此，君子亦以学问扩充其心而已。”愚案：戒者以理胜气，而其端在一念之微。君子之所以为君子，不过能忍于须臾之间耳。此章语意似浅，然人生于色、斗、得三者，终身不失足，亦可以为成人矣。

孔子曰："君子有三畏：畏天命，畏大人，畏圣人之言。

天命者，所以彰善瘅恶，知其可畏，则有以奉若之而顺天休命矣。大人，国宪所出。圣言，经典所传。皆所以长民辅世者，故当致其敬畏之意，不敢慢肆而诬罔之。君子终日乾乾，无事不敬畏也，而三者为尤大。

小人不知天命而不畏也，狎大人，侮圣人之言。"

不知天命，不知福善祸淫之理，而以为不足凭，故至于无忌惮也。狎，近习奔走也。侮圣言者，轻侮陵侮，破析之而乱民改作也。如此之人，未有能免于祸者。

孔子曰："生而知之者，上也；学而知之者，次也；困而学之，又其次也。困而不学，民斯为下矣。"

民斯为下，下愚是也。生知、学知、困知，及其知之，一也，惟下愚则不可教诲矣。此章非泛论气禀，盖专为困而不学者警尔。不学有二等：或不通而自以为能通，所谓自暴是也；或知其不通而不求通，所谓自弃是也。曰"民斯为下"，可哀哉！

孔子曰："君子有九思：视思明，听思聪，色思温，貌思恭，言思忠，事思敬，疑思问，忿思难，见得思义。"

李氏曰："九思杂发于日用之间，圣人言之，盖自有序。耳目之官，不思则蔽于物，虽欲用其存养省察之功，不可得也，故视听居首。外诱既防，则应物者不可不慎，故色貌言事次之。此六者皆所以闲邪存诚，涵养之事也。至于问辨而不蓄疑，惩忿窒欲而不迷于利害之机，则又穷理修身之要，为学之至切者，故以是终焉。《洪范》以思列于五事之中，夫子则以思贯于九者之内，盖视听言貌，虽与心相对，而莫非心之所为也，故《孟子》初以大体、小体并举，后乃以思为主，而曰'思则得之'，其深得《洪范》《论语》之意者与！"愚案：九思功夫，由浅入深，即以视听言之，其不聪不明者，固无足论，即能思矣，而其为聪为明者，亦万有不齐也，故思以愈进而愈细。此章又与《玉藻》九容相表里，兼动静，该内外，随时而思之，至心一于诚，则通微而作圣矣。

孔子曰："见善如不及，见不善如探汤，吾见其人矣，吾闻其语矣。

语，盖古语也。如不及，推诿如不能及也。探汤，喜其热而渐近之也，无好善恶恶之诚。盖指齐景公而言。

隐居以求其志，行义以达其道，吾闻其语矣，未见其人也。

此亦古语也。不降其志，不辱其身，古之所谓义士，信道笃而自知明者也。盖指夷、齐而言。

齐景公有马千驷，死之日，民无德而称焉。伯夷、叔齐饿于首阳之下，民到于今称之。

千驷，千乘之国，谓诸侯也。无称，无善可称。民到于今称之，以其隐居尚志，穷不失义也。称与无称，正民心之所以不死，此与“见善如不及”本为一章，后人误分为二。

其斯之谓与？”

斯，指“见善”二语与“隐居”二语而言。孔子盖引古语，而以景公、夷、齐事征实之也。庸人与草木同朽，仁人与日月争光，学者当先辨其所志。

陈亢问于伯鱼曰：“子亦有异闻乎？”

异闻，谓他人所不可得闻者。

对曰：“未也。尝独立，鲤趋而过庭。曰：‘学《诗》乎？’对曰：‘未也。’‘不学《诗》，无以言。’鲤退而学《诗》。

独立，谓孔子。趋而过庭者，礼，子过父前，当徐趋以将敬也。学《诗》则事理通达，心气和平，故能言。

他日，又独立，鲤趋而过庭。曰：‘学礼乎？’对曰：‘未也。’‘不学礼，无以立。’鲤退而学礼。

学礼则品节详明，德性坚定，故能立。

闻斯二者。”

圣门家学，先《诗》、礼二者，余无异闻也。

陈亢退而喜曰：“问一得三，闻《诗》闻礼，又闻君子之远其子也。”

远非疏远之谓，谓其进见有时，接遇有礼，不朝夕嘻嘻也。古者命士以上，父、子皆异宫，一趋庭须臾之顷，而学《诗》、学礼，教以义方。《易》所言“家人有严君者，父母之谓也”，是之谓远。此章序述，本极分明，可见圣人家法之严，亦见陈亢能会悟之益。或疑亢意欲求不传之秘，失之矣。

邦君之妻，君称之曰夫人，夫人自称曰小童；邦人称之曰君夫人，称诸异邦曰寡小君；异邦人称之，亦曰君夫人。

天子之配曰后，诸侯之配曰夫人。《礼记·曲礼》篇：“夫人自称于其君曰小童。”盖谦言己智能寡少，如童蒙也。邦人称君夫人者，尊之也。称诸异邦，亦邦人称之也，称寡小君者，谦言寡德，小于君之义也。春秋时嫡妾不正，称谓淆乱。《礼记·大传》篇曰：“名者，人治之大者也。”圣门记此，皆《春秋》正名分之旨也。李氏曰：“夫子作《春秋》，于夫妇之伦极重，故其名称必谨，此章必夫子尝言及之，故门人记焉。”

季氏篇大义

或问曰：子言《论语》每篇章次皆有意义，如贯索然，今如《季氏》篇诸章多不伦，则又何说？应之曰：司马迁作《六国表》，言陪臣执政，大夫世禄，六卿擅晋权，及田常弑简公而相齐国，诸侯晏然弗讨，海内争于战攻，三国终之卒分晋，田和灭齐而有之，六国之盛自此始。是故春秋之变为战国，陪臣执政者，阶之厉也。《季氏》一篇，痛鲁之所以弱也，记者之意盖深远矣。孔子发明“有国有家者，不患寡而患不均，不患贫而患不安”，终之曰“季孙之忧，不在颛臾，而在萧墙之内”，痛乎其言之也！陪臣执国命，三桓之子孙微，明指鲁言，然不仅为鲁言也。益者三友三乐，损者三友三乐，用意浅而垂戒深，为鲁之世家子弟发也。侍于君子有三愆，圣贤之士，岂为此揣摩之术哉！盖当时应对进退少仪废矣，贱犯贵，幼陵长，夫子深明《曲礼》之制，亦有慨叹之意焉。君子有三戒、三畏，皆礼也。礼缘于夙夜基命，《左氏传》曰：“动作礼义威仪之则，以定命也。”敬畏之至也。世禄之家，“困而不学”，圣人之所深痛，曰“民斯为下”，见高位之未可恃，而民之贵与下，乃判乎学与不学也。视、听、色、貌诸端，一无所思，动辄得咎，此犹曾子告孟敬子之意，终之曰“见得思义”，高明之家，苟无以利害义，何至不保其宗庙祭祀乎？“见善如不及”与“齐景公”二章，当据古本合而为一。“如不及”者，谦逊惟恐不及；“如探汤”者，喜其温渐染而进。“吾见其人”，齐景公是也。“隐居以求其志，行义以达其道，吾闻其语，民到于今称之”者，伯夷、叔齐是也。特引齐景公者，“齐一变至于鲁”，下而况之，鲁将变为齐也。齐、鲁之间，其有忠臣志士隐居者乎！然则“陈亢问伯鱼”章何居？曰：《论语》中孔子诏伯鱼者凡二：一为学《诗》学礼，一为《周南》《召南》。然若以《周南》《召南》厕于此，则为不类，盖《周南》《召南》专系人心风俗之旨，而《诗》、礼之教，虽孔子之家训，亦隐为卿大夫家而发。盖搢绅子弟，“不学《诗》无以言”，而鄙陋空疏之习生矣；“不学礼无以立”，而傲慢僿野之习生矣。是故《诗》与礼二者，万世搢绅士之家教也。然则“邦君之妻”章又何居？曰：《易传》有言，“女正位乎内，男正位乎外”，君夫人者，内政之主也。春秋之世，彝伦渎乱，不独晋骊姬、卫南子之属为国之玷，即如鲁之文姜、穆姜，实皆为败家弱国之基。曰夫人，曰君夫人，尊之之辞也；曰小童，曰寡小君，自谦之辞也。阳为大而阴为小，正其名，所以定其分也。夫妇为人伦之始，内政废而家国衰矣。悲夫！孔子赞《易》曰“圣人之情见乎辞”，文治赞《论语》则曰“圣人之意常在乎辞之外也”。抑又考之《论语》通例，凡对于君大夫之辞，皆称孔子；而兹篇因对于鲁事，故亦皆称孔子。鲁秉礼之国也，昭、定以还，伦常日益废矣。“伐颛臾”三章，所以明君臣、兄弟之义，三桓皆兄弟之祸也。“益者三友”章，所以明朋友之义。“陈亢”章，所以明父子之义。“邦君之妻”章，所以明夫妇之义。夷、齐者，乱臣贼子之所惧；而齐景公者，则君不君、臣不臣、父不父、子不子之炯戒也。寥寥数章，而伦常大义炳焉。吴季子见《鲁春秋》曰“周礼尽在鲁矣”，夫《春秋》者，礼义之大宗也。然则《春秋》之微意，盖寓于《季氏》一篇矣。（《洪范》为书，上下左右中及斜交，数皆十五。三友、三益、三愆、三戒、三畏，合十五之数。九思者，九畴之象。学者，所以学五伦，学九畴也，是此篇之义，又与《洪范》相通也。）

阳货篇第十七

阳货欲见孔子，孔子不见，归孔子豚。孔子时其亡也，而往拜之，遇诸涂。

“归”，郑君本作“馈”，古字盖通。豚，小豕，盖熟而馈之者。时其亡，伺其出也。或曰“时”当为待，亦通。

谓孔子曰：“来！予与尔言。”曰：“怀其宝而迷其邦，可谓仁乎？”曰：“不可。”“好从事而亟失时，可谓知乎？”曰：“不可。”“日月逝矣，岁不我与。”孔子曰：“诺，吾将仕矣。”

此节先儒多以《易·遯卦·象传》及《睽卦》初爻释之。朱子曰：“天体无穷，山高有限，《遯》之象也。严者，君子自守之常，而小人自不能近。”《睽》初九：“见恶人，无咎。”程《传》：“当《睽》之时，虽同德者相与，然小人乖异者众，若弃绝之，不几尽天下以仇君子乎？如此，则失含宏之义，致凶咎之道也。故必见恶人则无咎。”愚案：孔子之答阳货，只一二语，绝不露圭角，可谓善待小人者矣。或曰：两曰“不可”，均系货言，故下加“孔子曰”以别之，别备一义。

子曰："性相近也，习相远也。"

性者，心所具之理，谓之良知良能，因人之气质而遂异，然溯其生初，赤子之心，则皆纯一无伪，故曰"相近"。习，气习也，习于善则善，习于恶则恶，故曰"相远"。孔子曰："少成若天性，习惯成自然。"言习之不可不慎也。李氏曰："夫子此言，惟《孟子》能畅其说。其曰'性善'，即相近之说也；其曰'或相倍蓰而无算，其所以陷溺其心者然也'，则习相远之说也。先儒谓孔子所言者，气质之性，非言性之本，《孟子》所言，乃极本穷源之性。不知惟其相近，是以谓之善；惟其善，是以相近，似未可言孔、孟之指殊也。"愚案：李说极精。孔、孟论性，均兼理、气言，说详《孟子大义》。

子曰："唯上知与下愚不移。"

朱《注》："此承上章而言。人之气质相近之中，又有美恶一定，而非习之所能移者。"然愚谓人何以进于上知，何以入于下愚，仍在乎自为之耳。程子曰："人苟以善自治，则无不可移。虽昏愚之至，皆可渐磨而进也。惟自暴者拒之以不信，自弃者绝之以不为，虽圣人与居，不能化而入也。"然则上知可自恃为上知，下愚可自安于下愚乎？

子之武城，闻弦歌之声。

黄氏曰："器而被之以音，音而叶之以器。气不静则手不调，志不和则音不雅。此弦歌之声，具有平日陶淑之功，即下文之所谓道也。"

夫子莞尔而笑，曰："割鸡焉用牛刀？"

莞尔，小笑貌。牛刀，宰牛之刀。惜子游以王佐之材，而仅治小邑，非谓其不必用礼乐也。

子游对曰："昔者偃也闻诸夫子曰：'君子学道则爱人，小人学道则易使也。'"

《孝经》云："安上治民，莫善于礼。移风易俗，莫善于乐。"道即礼乐也。礼乐之感人心，在于无形，子游未知夫子惜之之意，故以平时之师训对。

子曰："二三子！偃之言是也。前言戏之耳。"

嘉子游之笃信师说，又恐门人误会前言，以为治小邑不必用大道，故为此语以解释之。盖子游之未竟其用，夫子不欲明言，是以云"戏之尔"。

公山弗扰以费畔，召，子欲往。

公山弗扰，即公山不狃。畔者，畔季氏也。《史记》："不狃不得意于季氏，欲废三桓之適，更立其庶。乃因阳货为乱，遂执季桓子。桓子诈之，得脱。阳虎不胜，奔齐。不狃以费叛。"是弗扰之畔，在阳虎奔齐之后，子欲往者，因弗扰以张公室为名，欲往观其诚否也。

子路不说，曰："末之也已，何必公山氏之之也？"

不说者，不解而心郁也。言道既不行，无所往矣，何必公山氏之之乎？

子曰："夫召我者，而岂徒哉？如有用我者，吾其为东周乎？"

岂徒哉，言兴公室或可见诸事实也。周武王都镐京，是为西周；其后周公始营洛邑，是为东周。谓东周者，言欲兴周道于东方，此夫子梦寐周公之志。盖当时阳虎作乱，三桓之子孙微，弗扰之召孔子，必以三桓归政、己亦归邑为辞。夫子冀其有悔过之机而欲往，往而谋果行，则可去大都耦国之强，挽政逮大夫之失，纲纪已肃，盛治可次第举矣，故曰"吾其为东周乎"，非虚饰之辞也。其后见弗扰之意不诚，故卒不往。

子张问仁于孔子。孔子曰："能行五者于天下，为仁矣。""请问之。"曰："恭、宽、信、敏、惠。恭则不侮，宽则得众，信则人任焉，敏则有功，惠则足以使人。"

此章子张盖问政治中之行仁，非欲于心体中求仁，是以夫子告之以行，言用而不言体也。然用必本于体，故子张请问其目，夫子即以恭、宽、信、敏、惠告之，出于心理中之敬与爱也。"敬人者，人恒敬之；爱人者，人恒爱之"，故推其效至不侮、得众、人任、有功、使人，犹答仲弓之问仁，推其效至于"在邦无怨，在家无怨"也。李氏曰："此五者，大而言之，治天下不过如是；近而言之，虽州里不可弃，其实则皆心德之流行而已，故曰‘能行五者于天下，为仁矣’。”

佛肸召，子欲往。

《史记》：“佛肸为中牟宰，赵简子攻范中行，伐中牟，佛肸畔，使人召孔子。”据此，是佛肸为范中行氏邑宰，其所畔者，畔赵氏，非叛晋也。

子路曰：“昔者由也闻诸夫子曰：‘亲于其身为不善者，君子不入也。’佛肸以中牟畔，子之往也，如之何？”

子路两止夫子，卫道之心甚切。

子曰：“然，有是言也。不曰坚乎，磨而不磷；不曰白乎，涅而不缁。

磷，薄也。涅，染皂物。言至坚者，磨之而不薄；至白者，染之于涅而不黑，喻人之不善，不能浼己。盖古今君子，皆欲转移小人，而自磷自缁不少。不磷不缁，是不陷于其党也；不陷于其党，乃可入其党而拯救之。

吾岂匏瓜也哉？焉能系而不食？”

匏，瓠也。《国语》晋叔向曰：“苦匏不材于人，苦不可食。”此言不食，以其苦也。夫子之意，言吾岂类不可食之匏瓜，系于一处，归于无用耶？此亦不得已之心也。盖佛肸畔赵氏，与弗扰畔季氏，皆以张公室为名，夫子之往，皆欲平其乱而安公室耳。考《左传·哀公五年》，赵鞅伐卫，范氏之故也，遂围中牟，是赵氏讨中牟之助范氏也。当时范中行氏灭，则三分晋地之势成；三分晋地之势成，则大夫自为诸侯之祸起。圣人神能知几，故欲往以救之。其后卒不往者，知肸之非其人也。

子曰："由也！女闻六言六蔽矣乎？"对曰："未也。"

蔽，谓蔽塞，不自知其弊也。六言六蔽，盖古有是说，夫子述之以告子路也。

"居！吾语女。

一本上有"曰"字。

好仁不好学，其蔽也愚；好知不好学，其蔽也荡；好信不好学，其蔽也贼；好直不好学，其蔽也绞；好勇不好学，其蔽也乱；好刚不好学，其蔽也狂。"

好学所以穷理，不明理而蔽生矣。好仁不好学，如墨子之徒，爱无差等，难乎为继，故其蔽为愚。好知不好学，如庄、列之徒，空虚杳渺。荡，谓恣肆而不经也。信近于义，言斯可复。若执小信而不衷于义，则内贼其道德而外害于风俗矣。直而无礼则绞，急切持论，责人难堪。君子有勇而无义为乱，任事太过，常为天下先，倘值非义，则作乱矣。天为刚德，犹不干时，若壹于刚以表示于众，则华而不实，而为狂妄矣。六者或学识之误,或操行之偏,皆为人心风俗之害也。李氏曰:“仁、知,子路学所未至,故言其蔽以开之。信、直、勇、刚,子路资之所近,故又言其蔽以戒之。”义尤切近。

子曰:“小子何莫学夫《诗》?

《礼记》:孔子曰:“温柔敦厚,《诗》教也。”周末文胜,反而为激烈,失温柔敦厚之旨矣。欲正其本,在明《诗》教而已。云“何莫学”者,词之切也。

《诗》,可以兴,

朱《注》:“感发志意。”

可以观,

考见得失。

可以群,

和而不流。

可以怨。

怨而不怒。

迩之事父,远之事君,

人伦之道，《诗》无不备，二者举重而言。

多识于鸟兽草木之名。”

愚案：此乃博物之学。子夏传《诗》，所以依之而作《尔雅》也。李氏曰：“此章虽教人学《诗》之法，然学之序存焉。学始于兴起善心，故首兴；次则考究事理，故次观。内必从事于涵养，而得其性情之正；外必用力于躬行，而明于分谊之大；其余则微物，亦多识焉。无非所以博义理之趣，而为畜德之助也。”

子谓伯鱼曰：“女为《周南》《召南》矣乎？人而不为《周南》《召南》，其犹正墙面而立也与！”

《周南》《召南》，人伦之始，王化之原。言其德行：一曰俭勤，《葛覃》诗“为絺为绤，服之无斁”是也；二曰忠信，《采蘩》诗“被之僮僮，夙夜在公”是也；三曰和敬，《何彼襛矣》诗“曷不肃雝，王姬之车”是也。为者，躬行之意。正墙面而立，言不能修身以齐其家，譬诸一步不可行也。或曰：此夫子为伯鱼行婚礼时而勉之也。

子曰：“礼云礼云，玉帛云乎哉？乐云乐云，钟鼓云乎哉？”

礼之本在安上治民，乐之本在移风易俗，玉帛、钟鼓其末也。时人忘礼乐之本，而沾沾于文物铿锵之细，岂礼乐之谓乎？细玩六“云”字，知当时礼乐皆为虚文矣。虽然，尚虚文而无实意，犹可言也；人心坏而礼乐废,不可言也。

子曰:“色厉而内荏,譬诸小人,其犹穿窬之盗也与?”

色厉内荏,外威严而内柔弱也。《礼记·表记》篇曰:“情疏而貌亲,在小人则穿窬之盗也与?”彼言柔恶,此言刚恶,皆诈伪而无诚实也。穿窬之盗,所谓充其类也。《孟子》曰:“人能充无穿窬之心,而义不可胜用矣。”盖穿窬者,非必专为盗物者也。苟充其类,则天下之穿窬者多矣,诛其心也。

子曰:“乡原,德之贼也。”

原与愿同。乡愿,乡人之名为谨厚者。一说所至之乡,辄原其人情而揣摩之。盖乡原之心,专以苟同为主:同乎流俗,合乎污世,欲同乎小人也;居似忠信,行似廉洁,欲同乎君子也。不知君子之行,未有肯同于小人者。乡人以其似君子,故于其同乎小人者,转惑而化之,摩棱两可,是非混淆,故夫子恶其乱德,又斥其为德之贼,以其害于人心,非细故也。

子曰:“道听而涂说,德之弃也。”

涂,犹道也。君子之道,入乎耳,蕴乎心。小人之道,入乎耳,出乎口,虽闻善言,不为己有,无所得于本心,自欺孰甚!

子曰："鄙夫可与事君也与哉？

鄙夫，庸恶陋劣之夫。与，相与也。君子与小人并立，未有不受其祸者。若信其小善、小信，而荐之同升，其为害于天下更大矣。

其未得之也，患得之；既得之，患失之。

患得，谓患不能得位；既得位，又患其失位。鄙夫但求得位而已，无厌足之时，是以营营扰扰，终身在患之中。

苟患失之，无所不至矣。"

无所不至，言谄佞邪媚，驯至于篡弑，无所不为也。《易传》曰："臣弑其君，子弑其父，非一朝一夕之故。"用人者可不惧哉！

子曰："古者民有三疾，今也或是之亡也。

朱《注》："气失其平则为疾，故气禀之偏者，亦谓之疾。"愚案：古所谓疾，今并无之者，古人仅气禀之疾，而今人则有心性中之疾也。

古之狂也肆，今之狂也荡；古之矜也廉，今之矜也忿戾；古之愚也直，今之愚也诈而已矣。"

天下多荡者，则人皆为游氓；天下多忿戾，则人皆有争心；天下多诈者，则人皆为欺诳，盖由疾而入于病矣。欲救人者，先救其心；欲救人心之失，先察人心之病，非圣人其孰能救之？

子曰:“巧言令色,鲜矣仁。”

重出。

子曰:“恶紫之夺朱也,恶郑声之乱雅乐也,恶利口之覆邦家者。”

曰夺,曰乱,曰覆,危之至也,是非之不明也。天下之亡,先亡于无是非。以紫为朱,以郑声为雅乐,以利口为有益于邦家,则是非亡矣。故夫子曰恶似而非者,将有以严正之也。

子曰:“予欲无言。”

李氏曰:“此章与‘无隐’章意义虽同,然彼是因以无言疑夫子者而发,此是因以有言求夫子者而发。言固教者所必有,然有听之以为义理已尽于此,不复思绎者;有听之以资知见,不切身心者;尚有听之而因缴绕于议论之间,反生他病者,故圣人曰‘予欲无言’。”

子贡曰:“子如不言,则小子何述焉?”

述,传述也。六艺皆语言所述,岂可视为糟粕? 故子贡疑而问之,盖正在闻性与天道之时也。

子曰:“天何言哉? 四时行焉,百物生焉,天何言哉?”

此节有二说:一则谓天有四时,春夏秋冬,无非教也;风霆流形,庶物露生，无非教也。学者但观现象，则鸢飞鱼跃，莫非道蕴也。一则谓四气默运，莫非天地一元之心，万物受之，皆若默喻乎天地之心，而变化滋益，其机有不容已者，此非化工者谆谆然命之也。愚案：后说尤为警切。盖四时行，指教者而言，统体一太极也；百物生，指学者而言，万物各具一太极也。教者、学者，皆相喻于不言之表，而自然得性命之精微，故圣教同天也。若以高妙测之，误矣。

孺悲欲见孔子，孔子辞以疾。将命者出户，取瑟而歌，使之闻之。

取瑟而歌者，谓取瑟鼓之，而复倚声以和也。黄氏曰："弟子有罪，礼可面斥，辞疾闻歌，非弟子也。"吕氏谓："使之闻之，是孺悲犹在可教之列。孺悲归自克责，后日进德，夫子以《士丧礼》传之。《士丧礼》之传，孺悲预有功，亦当时不屑教诲之力。"

宰我问："三年之丧，期已久矣。

期，周年也。短丧之说，春秋时已有创之者，故宰我举以问之。

君子三年不为礼，礼必坏；三年不为乐，乐必崩。

礼，衣服、起居之制。乐，琴瑟、钟鼓之属。恐居丧不习而崩坏也。

旧穀既没，新穀既升，钻燧改火，期可已矣。"

朱《注》:“燧,取火之木也。改火,春取榆柳之火,夏取枣杏之火,夏季取桑柘之火,秋取柞楢之火,冬取槐檀之火,亦一年而周也。已,止也,言丧至此可止也。”盖古者丧服取象于天时,故有此说。

子曰:“食夫稻,衣夫锦,于女安乎?”曰:“安。”

稻,精凿之米,北方尤以为贵。锦,衣之美者。礼,居父母之丧,无食稻衣锦之理。夫子之问,宰我之答,盖指期年以后而言。然仁人孝子之用心,无所穷极。《礼记·三年问》篇曰:“创巨者其日久,痛甚者其愈迟,哀痛未尽,思慕未忘。”故虽在期年以后,本心亦决不安也。宰我欲闻夫子之训,姑任之曰“安”。

“女安,则为之!夫君子之居丧,食旨不甘,闻乐不乐,居处不安,故不为也。今女安,则为之!”

此夫子之言也。《礼记·问丧》篇曰:“夫悲哀在中,故形变于外也。痛疾在心,故口不甘味,身不安美也。”《孝经》曰:“服美不安,闻乐不乐,食旨不甘,此哀戚之情也。”夫子初言“女安则为之”,绝之之辞;又申言君子居丧之礼,以警其不察;而再言“女安则为之”,以深责之。

宰我出。子曰:“予之不仁也!子生三年,然后免于父母之怀。夫三年之丧,天下之通丧也。予也有三年之爱于其父母乎?”

不仁者，不孝也。怀，抱也。“顾我复我，出入腹我”，《蓼莪》之诗可诵也。天下之通丧者，自天子达于庶人，皆居丧三年也。有三年之爱于其父母者，言欲报之德，“昊天罔极”。“予也犹有三年之爱乎”，责其爱情之薄，意深而辞痛也。案：《礼记·三年问》篇曰：“至亲以期断，是何也？曰：天地则已易矣，四时则已变矣，其在天地之中者，莫不更始焉，以是象之也。然则何以三年也？曰：加隆焉尔也。焉使倍之，故再期也。”据《礼》说，则三年之丧，以期年进之而加隆也。墨子有三月之丧制，庄子有齐死生及死不必哀之论，后世传之，天性漓而流弊日甚，非孝之说，将因之而起。先儒谓宰我假时人之言，屈己以明道，此说为近。

子曰：“饱食终日，无所用心，难矣哉！不有博弈者乎？为之，犹贤乎已。”

“博”，《说文》作“簙”，局戏，六箸十二棋也。弈，围棋。已，止也。博弈尚专心于一事，若无所用心，必流于放荡矣。张氏曰：“《论语》两言‘难矣哉’，《孟子》两言‘哀哉’，学者当随时以之自惕。”

子路曰：“君子尚勇乎？”子曰：“君子义以为上。君子有勇而无义，为乱；小人有勇而无义，为盗。”

尚勇，以勇为贵也。君子，谓在上者。小人，谓细民。义以为上，则是义理之勇，所谓大勇者也。逞血气之勇，而为乱为盗，小则害及一乡，大则害及天下矣。

子贡曰："君子亦有恶乎？"子曰："有恶。恶称人之恶者，恶居下流而讪上者，恶勇而无礼者，恶果敢而窒者。"

朱《注》："讪，谤毁也。窒，不通也。称人恶，则无仁厚之意。下讪上，则无忠敬之心。勇无礼，则为乱。果而窒，则妄作。故夫子恶之。"

曰："赐也亦有恶乎？""恶徼以为知者，恶不孙以为勇者，恶讦以为直者。"

朱《注》："恶徼以下，子贡之言也。徼，伺察也。讦，谓攻发人之阴私。"愚案：此章备言末世人心之失，皆气习为之，嚣张狂妄，出于不自觉。救之者宜先治其心，而范围之以礼义。

子曰："唯女子与小人为难养也。近之则不孙，远之则怨。"

朱《注》："庄以涖之，慈以畜之，则无二者之患。"愚案：《易·遯卦》(二)[三]爻曰："畜臣妾，吉。"《家人卦·象传》①曰："威如之吉，反身之谓也。"《大学》曰："之其所亲爱而辟焉，之其所贱恶而辟焉。"修身齐家之道，惟在宽严相济而已。非然者，安危出其喜怒，祸患伏于闺阃，可不惧哉！

子曰："年四十而见恶焉，其终也已。"

---

① 整理者按：此为《家人》上九之《象》辞。

《诗》云："在彼无恶，在此无射。庶几夙夜，以永终誉。"射，厌也，盖厌者，见恶之原，而无恶者，立名之始。此章非谓四十以前自治可宽，亦非谓四十以后无自新之机也。特言四十成德之时，而犹见恶于人，则将终于此而已，所以教人急进德而修名也。

阳货篇大义

《阳货》一篇，痛人心风俗之迁流也。世路艰难，人心日险，君子欲无忤于小人，而又不失为君子，惟有以浑然漠然、不知不识者处之，而后能免于祸。孔子之待阳货，可为万世法者也。"性相近，习相远""上智下愚不移"，此为治人心风俗者，善审其几之根本。弦歌之声，何为乎来？来自武城。子游文学，教化彬彬，夫子莞尔，喜其移风易俗者深也。公山弗扰、佛肸，何如人乎？召而欲往。悲乎哉！夫子之遇也。"吾其为东周""吾岂匏瓜"，圣人之情见乎辞矣。中杂子张之问，何也？曰恭宽信敏惠，圣门政治学之纲领也，即为东周之实政也。六言六蔽，性情之患，风俗之忧也。兴观群怨，所以养性情也。《周南》《召南》，所以醇风俗也。人心衰而礼乐废，玉帛钟鼓，皆为虚设，惜哉惜哉！凤鸟不至，鸱鸮乃来，嘉禾不生，荆棘满地。孰者为穿窬？孰者为乡原？孰者为德之弃？孰者为事君之鄙夫？欺诈萌生，盈天下皆穿窬害人之事，士君子无驻足之地矣。苟患失之，无所不至，孰尸其祸？痛哉言乎民有三疾，或是之亡，风俗不知几变矣。孔子曰恶似而非者，紫夺朱、郑乱雅、利口覆邦家，皆似是而非者，尤可畏也。

“予欲无言”，性、天道之教，为不知者言，徒取侮慢而已。圣道犹天，居覆帱之下者，孰能察之？《易传》曰：“君子远小人，不恶而严。”此孔子待阳货之法也。《孟子》曰：“不屑之教诲，是亦教诲之。”此孔子待孺悲之法也，不相谋而相感者也。三年之丧，或以为久，宰我述之以问，此为人心风俗之尤浇薄者。子曰“于女安乎”，又曰“有三年之爱于其父母乎”，将以发其本心之良，即以发天下人心之良也。《礼记·三年问》篇曰：“邪淫之人，其亲朝死而夕忘之，则是曾鸟兽之不若也。”悲哉言乎！后世有创“非孝”之说者，独不忆三年在父母之怀乎？学者之患，莫患乎游、荡，游、荡则生事，生事而天下乱矣。无所用心也，乱也、盗也，皆君子所深恶而痛绝者也。女子、小人之性情，近之不可，远之不可，有人心风俗之责者，知人固未易也。世衰道微，人皆失学，至于“年四十而见恶焉，其终也已”，举国之民皆如此，国可知矣。有天地以来，广谷大川异制，民生其间者异俗，然综“性相近”之义，不外刚柔两端，修其教不易其俗，齐其政不易其宜，惟在善持于人心刚柔之际。刚者则以柔化之，柔者则以刚矫之；柔恶者则以刚善克之，刚恶者则以柔善平之。篇中如六蔽、三疾，有偏于刚过者，有偏于柔过者，然周末文胜，末流之祸，尤在乎柔恶。柔恶则反激而成刚，于是天下遂多勇而无义者，多称人之恶、居下流而讪上者，多勇而无礼、果敢而窒者，多(傲)[徼]以为知、不孙以为勇、讦以为直者。迨当事者有鉴于刚恶之过，更欲矫之以柔，而不知轨之于正，于是“色厉内荏”，而女子、小人又接踵而至，纵横杂糅，浸以酿成战国之祸。记者编《阳货》一篇，知人心风俗之必至于此矣。

微子篇第十八

微子去之，箕子为之奴，比干谏而死。

微子，纣庶兄，父帝乙欲立之，太史执嫡、庶之分争之，乃立纣。箕子、比干，纣诸父。微子见纣无道，谏而不听，乃商或死或去于箕子、比干，箕子劝之行遯，乃抱祭器而去之。或曰适周，非也。箕子、比干皆谏，纣杀比干，囚箕子以为奴，箕子因佯狂而受辱。其心其遇，皆至苦矣。

孔子曰："殷有三仁焉。"

仁者，不忍之心也。微、箕、比干，或去、或奴、或死，盖痛宗邦之颠覆，皆发于不忍之极思，故称之曰"仁人"，不仅可目之为义士也。或曰仁，人也，殷之末世有三人焉，其名至千万世而不朽。

柳下惠为士师，三黜。人曰："子未可以去乎？"曰："直道而事人，焉往而不三黜？枉道而事人，何必去父母之邦？"

朱《注》:"柳下惠三黜不去,而其辞气雍容如此,可谓和矣。"愚案:《孟子》曰:"柳下惠,圣之和者也。"又曰:"柳下惠不以三公易其介。"盖和而不失其介,斯谓之圣,非媚世无气节而可谓之和也。殷周之季,贤人皆废不用。上章记微子之去,此章讽柳下惠之去,盖为下文隐遯之士发其端也。

齐景公待孔子,曰:"若季氏,则吾不能;以季、孟之间待之。"曰:"吾老矣,不能用也。"孔子行。

《史记》:"齐景公欲用孔子,为晏婴所沮,于是景公曰:'若奉子以季氏则吾不能,以季、孟之间待之。'"盖鲁三卿季氏为上卿,最贵;孟氏为下卿,不用事。待以季、孟之间,敬礼渐疏,不畀以政事也。又曰"吾老不能用",则昏耄甚矣。孔子于是遂行。盖非以其禄位之卑,而以其慢言之甚,《易传》所谓"见几而作"也。

齐人归女乐,季桓子受之,三日不朝,孔子行。

《史记》:"定公十四年,孔子为鲁司寇,摄行相事。三月,鲁国大治,涂不拾遗。齐人惧,归女乐以沮之。季桓子受女乐,三日不听政,郊祭又不致膰肉于大夫。孔子乃行。"《孟子》曰:"孔子之去鲁,曰'迟迟吾行也',盖不得已而去父母之国也。"黄氏引《韩非子》,谓:"女乐之归,夫子必有谏止之辞,惟史传不详,后人遂疑行之甚遽,失之也。后桓子虽悔之,晚矣。"

楚狂接舆歌而过孔子曰："凤兮凤兮！何德之衰？往者不可谏，来者犹可追。已而，已而！今之从政者殆而！"

接舆，楚人。《高士传》："陆通，字接舆。"窃意记者因其接孔子之车，故名之曰接舆，非必谓字也。从政者，谓楚子西。时楚昭王欲以书社封孔子，而子西尼之，故接舆以危机告孔子也。先儒谓接舆非常人，能尊敬圣人，复为圣人防患，叹息时事，情辞悲切，盖楚骚之祖也。或据《庄子·人间世》篇，谓接舆游孔子之门。参以下文，殊未合。

孔子下，欲与之言。趋而辟之，不得与之言。

黄氏曰："夫子不忍废君臣之义，而又有坚不磷、白不缁之德，进退存亡，不失其正，所欲言者如此。或疑狷介之士，与言何益？曰：天下大事，惟恬淡者能任之，人有不为也，而后可以有为，此夫子所不忍绝之也。《韩诗外传》五曰：'朝廷之士为禄，故入而不出。山林之士为名，故往而不返。'为名者避污名，励清操也，其品足嘉矣。"

长沮、桀溺耦而耕，孔子过之，使子路问津焉。

沮，沮夫子之行道也。桀，杰士；溺，溺而不返也。二人之名不详，记者特以沮、溺名之，亦接舆之义。《水经注》："方城西有黄城山，是长沮、桀溺耦耕之所。有东流水，乃子路问津处。"

长沮曰："夫执舆者为谁？"子路曰："为孔丘。"曰："是鲁孔丘

与?”曰:“是也。”曰:“是知津矣。”

夫,彼也。知津,言孔子周流列国,自知津处。盖隐讽之也。

问于桀溺。桀溺曰:“子为谁?”曰:“为仲由。”曰:“是鲁孔丘之徒与?”对曰:“然。”曰:“滔滔者天下皆是也,而谁以易之?且而与其从辟人之士也,岂若从辟世之士哉?”耰而不辍。

滔滔,流而不反之意,言天下皆乱,舍此则适彼,谁以易之?而、汝,双声字。何氏曰:“士有避人之法,有避世之法。沮、溺谓孔子为士,从避人之法;己之为士,则从避世之法。”郑君《注》:“耰,覆种也。辍,止也。覆种不止,不以津告。”

子路行以告。夫子怃然曰:“鸟兽不可与同群,吾非斯人之徒与而谁与?天下有道,丘不与易也。”

怃然,犹怅然,失意貌。鸟兽同群,深为隐者惜也。言吾若非沮、溺之徒,将谁与之共济时艰?天下若已有道,则吾无用变易之,正为天下无道,故欲以道易之也。或曰“鸟兽”句言不可避世,“吾非斯人”句言吾非避人;“天下有道”二句,对“滔滔者”二句而言,分析亦精。盖接舆、沮、溺皆有招隐之情,而夫子则有招隐者与共出之志,皆语重心长,千载下如闻叹息之声矣。

子路从而后,遇丈人,以杖荷蓧。子路问曰:“子见夫子乎?”

丈人曰："四体不勤，五穀不分，孰为夫子？"植其杖而芸。

从而后，从夫子行在后也。蓧，《说文》引作"莜"，芸田器也。丈人自言四体不能勤，五穀不能辨，田间野老，不能舍己之业而留心道涂往来之人也。朱《注》："责其不事农业，而从师远游。"恐失之。植，立也，或云倚也。芸，去草。

子路拱而立。

拱手而立，敬之也。

止子路宿，杀鸡为黍而食之，见其二子焉。

止，留也。为黍，治黍为饭也。黍，禾属而黏者，用以作饭，所以敬礼客也。此时必有问答之辞，故丈人知子路之贤，明日即避而去之也。一说"见其二子焉"五字当在"至则行矣"下，错简在此。

明日，子路行以告。子曰："隐者也。"使子路反见之，至，则行矣。

黄氏曰："夫子称丈人为隐者，必因子路之告，知其有利济天下之具，而隐藏不出也。盖其人高出于匿拙之流矣。"焦氏曰："至则行矣，丈人亦偶出不在耳。"又引陈氏谓丈人既欲自灭其迹，则不当止子路宿于其家，而又见其二子，况子路乃路行过客，既已辞去，安能知其必复来乎？此盖未审止宿时别有言辞也。

子路曰:“不仕无义。长幼之节,不可废也;君臣之义,如之何其废之?欲洁其身而乱大伦。君子之仕也,行其义也。道之不行,已知之矣。”

一本“子路”下有“反之”二字。黄氏曰:“义者,事之宜也。古人度事之宜,而立为君臣,世无君臣,岂复得事之宜?欲洁其身而乱大伦,言丈人之废义而乱伦也。道,谓先王礼乐政教,设为万世常行之道者也。已知其不行者,世不见用,运已穷也。知道不行而行其义者,君臣之义,本天性中之所自具,尽其性以事天,不敢遽诿为天运之穷也。”愚案:明大伦,义也;救世济人,道也。道虽不行,而义则不可不行,所谓穷不失义,达不离道也。春秋时天下将乱,贤者皆以不仕为宗旨。君无与正,民无与救,此圣人所痛惜而深忧者也。

逸民:伯夷、叔齐。虞仲,夷逸。朱张:柳下惠、少连。

曰逸民,曰夷逸,曰朱张,三者品其目也。曰夷、齐、仲、惠、连,五者举其人也。夷、齐让国隐逸,谓之逸民。虞仲即仲雍,窜逸蛮夷,故谓夷逸。“朱张”,当作“侜张”,谓阳狂也。少连,东夷人。盖逸民二人,伯夷、叔齐也;夷逸一人,虞仲也;侜张阳狂者二人,柳下惠、少连也。

子曰:“不降其志,不辱其身,伯夷、叔齐与!”

夷、齐让国，采薇而饿，不食周粟，于父子君臣之间，毫无所愧，故为不降志、不辱身。

谓："柳下惠、少连降志辱身矣，言中伦，行中虑，其斯而已矣。"

此言其遇之穷，虽不得遂其志与身，而言行则卓然也。伦，义理之次第也。虑，思虑也。上章柳下惠言"直道事人"数语，是其言之中伦也。《礼记·杂记》篇：少连居丧，"三日不怠，三月不懈，期悲哀，三年忧"，是其行之中虑也。《韩诗外传》"行中虑"作"行中理"，于义亦当。

谓："虞仲夷逸，隐居放言，身中清，废中权。"

此言其言行之畸也。放言，谓高论。"身中清"，《史记·世家》作"行中清"。或谓行则洁清，废则通变，"行"与"废"相对。郑君本"废"作"发"，谓发动中权，于义亦当。

"我则异于是，无可无不可。"

孔子可仕则仕，可止则止，可久则久，可速则速，所谓"无可无不可"，盖皆权之于道义，而合乎时中也。《周易》六十四卦，最重时义，而于《乾卦传》特发明之曰"与时偕行"，曰"与时偕极"，曰"时舍也"，曰"因其时而惕"，盖惟知进退、存亡而不失其正，是以得其时而各当其可，故曰"知几其神乎"。世人以从俗浮沉，与时俯仰，谓之"无可无不可”，则谬之又谬矣。

大师挚适齐，

大师，鲁乐官之长，兼掌堂上堂下之乐，挚其名也。或据《史记》，以此为殷人。考《述而》篇云“师挚之始”，实为鲁之乐师，与殷时师挚非一人也。

亚饭干适楚，三饭缭适蔡，四饭缺适秦，

亚饭、三饭、四饭，以乐侑食之官，奏于堂上。干、缭、缺，皆名也。《白虎通·礼乐》篇云：“王者所以日四食者何？明有四方之物，食四时之功也。平旦食，少阳之始也。昼食，太阳之始也。铺食，少阴之始也。暮食，太阴之始也。《论语》：‘亚饭干适楚，三饭缭适蔡，四饭缺适秦。’诸侯三饭，卿大夫再饭，尊卑之义也。”此说实为《论语》古义。

鼓方叔入于河，

鼓，击鼓者。方叔，名。入于河，避居河之滨也。

播鼗武入于汉，

播，摇也。鼗，小鼓。盖鼓、鼗皆以倡笙管，奏于堂下者。武，名也。入于汉，避居汉水之滨也。

少师阳、击磬襄入于海。

少师，乐官之佐。磬在阶间，与堂上堂下之乐相应。阳、襄，二人名。襄，孔子所从学琴者，或曰鲁人，或曰卫人。入于海，避居海岛也。鲁哀公时，礼坏乐崩，乐官皆散去，孔子欲兴礼乐而不可得，记此者，所以伤之也。黄氏引《史记·礼书》："仲尼没后，受业之徒，沉湮而不举，或适齐楚，或入河海，因谓是数子有受业于夫子者。"亦备一义。

周公谓鲁公曰："君子不施其亲，不使大臣怨乎不以。故旧无大故，则不弃也。无求备于一人。"

《周书》无鲁公之命，其轶乃见于他说，自今读之，无非忠厚之意，于以知鲁之后亡也。或曰：此篇备载贤人隐遁，皆由执政者用人之失。此章记周公之言，示万世用人之标准。

周有八士：伯达、伯适、仲突、仲忽、叔夜、叔夏、季随、季騧。

八士，或曰在成王时，或曰在宣王时，盖一母每产二子，而得八人，故达、适、突、忽、夜、夏、随、騧，皆依韵命名。《论语》记此，见周时善人之多，犹《周南》之诗终麟趾之意也。由晚近而溯全盛之时，岂仅人才寥落之感哉！

微子篇大义

呜呼！士大夫生当世，何为"降其志"而"辱其身"乎？"言中伦，行中虑”，养我气以全我节，犹之可也；若夫言不中伦，行不中虑，“斯已而已矣”，岂不悲哉？孔子生周季，皇皇栖栖，辙环天下，卒老于行。后人考《史记》，读其《世家》而悲之。吾谓《论语·微子》一篇，即吾夫子生平不遇之列传也。司马子长之赞，更不若吾夫子之自赞也。《微子》篇曷为首？三仁与柳下季。天下之亡，先亡于无人心；人心之亡，先亡于无是非。是非丧矣，直道不行矣。不为三仁之忠，即为柳下之和，是两端者，孰吉孰凶？何去何从？不有孔子，孰折厥中？孔子厄于齐，见诮于楚狂，舍沮、溺其谁与？访丈人而无从。“凤兮凤兮，何德之衰？”孔子其凤乎？其犹龙乎？其逸民乎？其夷、齐之同心乎？其柳下惠、少连、虞仲之等朋乎？《易》曰：“不事王侯，高尚其事。”古之逸民，盖有之矣。而孔子独曰：“我则异于是，无可无不可。”其自命何其高也！其自赞何其深且远也！天风浪浪，海山苍苍，独不得与太师、少师、击磬诸人，鼓琴于高山流水，别有天地之间，其知音益复寡矣。回忆周家初造，忠厚开基，人才鳞萃，菁莪造士，四方为纲。呜呼！何其盛也？昔者孔子与于蜡宾出游于观之上，喟然叹曰：“大道之行也！与三代之英，丘未之逮也，而有志焉。”孔子之叹，盖叹鲁也。乃叹鲁而不能兴鲁，思周公而不能兴周公之礼乐，神游于唐虞之朝，梦见乎大同之治，独抱无可无不可之志以终。后之人读其书，悲其世，及行迷之未远，独穷困乎此时，以为天下皆浊，何必与之清；众人皆醉，何必与之醒。吾学孔子而不可得，乃所愿如古之柳下惠，殆可取则焉。君子曰：“惜哉！降其志，辱其身矣。言中伦，行中虑，其斯而已矣。”

子张篇第十九

子张曰："士见危致命，见得思义，祭思敬，丧思哀，其可已矣。"

忠与义，节行之大者；敬与哀，礼之大者，而孝思寓焉。有是四者，庶乎可以为士。可者，仅可而有所未尽之辞，当进之以学问，非如是而止也。

子张曰："执德不弘，信道不笃，焉能为有？焉能为亡？"

执德弘，百家入我范围也；信道笃，师法不容逾越也。二者相因，博约乃各得其益，不弘则隘而陋，不笃则杂而浮。焉能为有、亡，言在何有何无之数，不足轻重。盖以当时学者或安于小就，或惑于异端，故戒之。

子夏之门人问交于子张。子张曰："子夏云何？"对曰："子夏曰：'可者与之，其不可者拒之。'"子张曰："异乎吾所闻：君

子尊贤而容众，嘉善而矜不能。我之大贤与，于人何所不容？我之不贤与，人将拒我，如之何其拒人也？”

拒，弃绝之意。矜，怜也。士人交友进德，当有次第。初学之士，当“毋友不如己”者，所谓“其不可者拒之也”。待德日进而识益定，在外者不足以移之，则当容众而矜不能。故学者当如子夏之慎，勿遽学子张之高。

子夏曰：“虽小道，必有可观者焉；致远恐泥，是以君子不为也。”

小道，诸子百家之书。泥，不通也。或曰小道指异端。圣人一贯，故其道大；异端执一，故其道小，惟其小，故致远即有不通之弊，是以君子不为者。尊信六经，将以开物而成务也。

子夏曰：“日知其所亡，月无忘其所能，可谓好学也已矣。”

亡，所未知也。能，所已知也。君子之于学也，日进而无疆，月久而终不忘，所谓“学如不及，犹恐失之”。盖古之好学者，心常兢兢乎此，所谓日计不足，月计有余，惟在随时检察省记，而后能有诸心。知者，心知之。无忘者，心识之。好学者，心好之也。《诗》曰：“日就月将，学有缉熙于光明。”言心之继续而不息也。

子夏曰："博学而笃志，切问而近思，仁在其中矣。"

仁，人心也。博学而笃志，则所学反于约，而能课诸心矣。切问而近思，则所问求之近，而不舍其心矣。诚能如此，则心不外驰，而所存者渐熟，是求放心之基也，故曰"仁在其中"。进乎此，则心不违仁矣。先儒以博学四者平列，恐非。此章当与"樊迟问仁""子贡问为仁"章参看。见事物中无在非仁，学问中亦无在非仁也。

子夏曰："百工居肆以成其事，君子学以致其道。"

《说文》：肆，极陈也。肆即市，言极百物陈于市也。工居于市，则物之良苦，民之好恶，无不知之，故能成其事。学以地言，即学校之学，对"肆"而言，省一"居"字，《礼·学记》所谓"大学之教，退息必有居学"是也。士居于学，则少而习焉，其心安焉，切磋琢磨，故能致其道。致者，言造其极，底于大成也。

子夏曰："小人之过也必文。"

君子、小人之辨，诚与伪而已。文其过者，揜其不善而著其善。人之视己，如见其肺肝然，皆由于饰伪也。夫如是，则永为小人矣。虽然，有过而文之，是犹有良知也。若有过而以为当然，则怙过不悛，而为恶人矣。是故诚伪之界，人心生死之机也。

子夏曰："君子有三变：望之俨然，即之也温，听其言也厉。"

君子具中和之德，无所谓变也，由望之、即之、听之者觉其变耳。盖凡人遥望君子之道貌，未即之也，正衣冠，尊瞻视，俨然人望而畏之，但觉其庄严也；及就与之交，则心气粹醇，情意亲厚，但觉其和煦也；然与之讲论道义，则有持之必正、守之甚严者。交情以和厚为主，而道义则不可宽假，故曰三变。或曰俨若思者，敬之至，元德也；温，亨德也；厉则利于正矣。此君子，谓孔子，指乾德也。

子夏曰："君子信而后劳其民；未信，则以为厉己也。信而后谏；未信，则以为谤己也。"

君子，谓在位者。信，谓信用也。信用既著，而后能交孚于上下，故君子以积诚为本，厉己、谤己，则莫之与而伤之者至矣。《易》曰："莫益之，或击之，立心勿恒，凶。"勿恒者，无信也。

子夏曰："大德不逾闲，小德出入可也。"

朱《注》："大德小德，犹言大节小节。闲，阑也，所以止物之出入。"先儒云"细行必谨"，则小德亦何可忽？盖惟大德能不逾闲，而后小德可出入耳。然学者求道之初，小德亦不容不慎，盖即小亦可以成大也。黄氏曰："'可也'句，统贯上两句，言大节能不逾闲，小节有出旋入，其人固足嘉也。"别备一义。

子游曰："子夏之门人小子，当洒扫、应对、进退，则可矣，抑末也。本之则无。如之何？"

洒扫，慎行也。应对，慎言也。进退，慎威仪也。《礼记·学记》篇曰："不学杂服，不能安礼。"杂服，即洒扫、应对、进退之事。此子夏之教法也。《易传》："蒙以养正，圣功也。"合本末为一贯，此子游之教法也。

子夏闻之，曰："噫！言游过矣！君子之道，孰先传焉？孰后倦焉？譬诸草木，区以别矣。君子之道，焉可诬也？有始有卒者，其惟圣人乎！"

朱《注》："倦，如诲人不倦之倦。言非以其末为先而传之，非以其本为后而倦教。"说似迂曲。案："倦"与"传"音相近，"倦"当读为"传"。言君子之道，孰者先传，孰者后传，视学者程度之浅深，如培植草木之法，各以其类区别也。若不问其浅深，而概以高且远者教之，则是诬之而已。君子之道，岂可如此？《大学》曰："事有终始。"若始教之时，而即贯彻乎卒业之事，由洒扫、应对、进退以上达乎天德，此惟圣人之教法为然，大贤以下，未敢轻言也。此章说者皆谓子游注重大学功夫，子夏注重小学功夫，非也。子游盖言小学、大学一贯之道，子夏盖言小学、大学渐进之功。故教高明之士，当师子游之意；教沉潜之士，当遵子夏之法。

子夏曰："仕而优则学，学而优则仕。"

优，有余力也。古人以仕与学为一理，后人以仕与学为分途。仕优则学者，政治之学日新，五方之俗各异，不可不随时研究也。学优则仕者，学必大成，而后可以出仕。学问未充，轻试恐致偾事，《左氏传》所谓"学而后入政也"。《礼记·学记》篇曰："凡学，官先事，士先志。"是古者学校规程，官与士本各有教法。子夏特申古义，以见体用之不可相离，非其说之相背也。

子游曰："丧致乎哀而止。"

致，尽其极也。贤者尽乎哀而止，毁不灭性也；不肖者尽乎哀而止，勉焉企而及也。此先王之制丧礼，所以为得其中也。黄氏曰："《孝经》'丧则致其哀'，《礼·檀弓》'致丧三年'，义正同。"

子游曰："吾友张也，为难能也，然而未仁。"

此言子张教人之法也。难能者，才高志广，难可几及。未仁者，开导切磋之法，有所未至也。此与下章义当参看。

曾子曰："堂堂乎张也，难与并为仁矣。"

堂堂，威仪容貌之盛，崖岸自高也，故不能有以辅人之仁。上章所言，惟其难能，所以未仁；此章所言，惟其堂堂，所以难与为仁。盖仁道至大，而实至细。子张过之，故曰“师也过”。惟其过，则精密未周，难以成人之德。后人解此两章，以为讥子张之不仁，恐非子游、曾子之意。

曾子曰：“吾闻诸夫子：人未有自致者也，必也亲丧乎！”

致，尽其极也。盖人子之身体发肤，皆父母所赐。身从何来，亲丧则已亦似斩矣，可不自致乎？况亲丧之时，不可复再；亲丧之事，不可复改，致之而犹不免抱恨终天矣。《孟子》曰：“亲丧固所自尽也。”《礼记·杂记》篇曰：“三日不怠，三月不懈；期悲哀，三年忧。”皆所谓自致。

曾子曰：“吾闻诸夫子：孟庄子之孝也，其他可能也；其不改父之臣与父之政，是难能也。”

庄子之父献子，为鲁之贤大夫，其所用之臣必良臣，所行之政必善政，如《大学》所引“不畜聚敛之臣”，孟子所称“有友五人”，大概可知矣。春秋之季，少年浮薄之士，厌弃老成，而庄子不以其父为迂旧，独不改其臣与政，此世俗之所难，故夫子称道之，特为郑重，盖为厌薄老成者立之范也。此章当与“父在观其志”章参看。后世缙绅之家，必宜以庄子为法。

孟氏使阳肤为士师。问于曾子,曾子曰:“上失其道,民散久矣。如得其情,则哀矜而勿喜!”

失道,谓失教化。民散,谓情义乖离,不相维系。情,实也。上失教化而民散,非民自散也,上使之散也。至使争民施夺,财聚而民散,则更不可言矣。苟得其情实,方哀矜之不暇,而又何喜乎?先儒云:“死者不可复生,断者不可复续。”又《盐铁论·后刑》篇引此文说之曰:“夫不伤民之不治,而伐己之能得奸,犹弋者睹鸟兽挂网罗而喜也。”语皆痛切。后世武健严酷之吏,钩距以为能者,当瞿然自反矣。

子贡曰:“纣之不善,不如是之甚也。是以君子恶居下流,天下之恶皆归焉。”

朱《注》:“子贡言此,欲人常自警省,不可一置其身于不善之地,非谓纣本无罪,而虚被恶名也。”说极精细。史称殷纣“智足以拒谏,言足以饰非”,则纣之才力过人可知。惟其有才而自居于下流,故其恶为尤甚。圣人言:“一日克己复礼,天下归仁焉。”反言之则“一日居下流,天下归恶焉”。归仁归恶,在一转念之顷耳。夫至天下之恶归之,则天下之人诛之矣。

子贡曰:“君子之过也,如日月之食焉。过也,人皆见之;更也,人皆仰之。”

更，改也。仰之，仰望也。日月为明，君子之过，其本心之光明偶有蔽耳，人皆见之而仰之者，君子至诚，事无不可对人言也。若稍有文饰，则为小人之过，而不能改矣。孟子言周公之过，引此语而释之，盖周公惟不揜其过，故曰“公德明光于上下”。

卫公孙朝问于子贡曰：“仲尼焉学？”

仲尼，孔子字。或曰孔子谥尼父。据此，可征以下四章，皆在孔子既没之后。

子贡曰：“文武之道，未坠于地，在人。贤者识其大者，不贤者识其小者。莫不有文武之道焉。夫子焉不学？而亦何常师之有？”

黄氏曰：“大者小之纲，小者大所积，参合大小，学之所以一贯，圣之所以集成也。”愚案：子贡言道未坠于地，又言在人，可见传道惟赖得人以担任之。先王之政治，无非本敬畏天命而出。政即道也。夫子对哀公文武之政，推及于九经，归本于至诚，其义可见。后儒分道与政为二，因朱《注》指谟训功烈、礼乐文章而言，遂以为道之粗迹，恐失之。

叔孙武叔语大夫于朝曰：“子贡贤于仲尼。”

叶氏曰："子贡晚见用于鲁，惧吴之强大，晓宰嚭而舍卫侯。伐齐之谋，诘陈成子而反其侵地。鲁人贤之。此武叔所谓'贤于仲尼'也。"

子服景伯以告子贡。子贡曰："譬之宫墙，赐之墙也及肩，窥见室家之好。

及肩，谓宫墙卑与肩齐也，墙卑故室浅，得窥见之。黄氏曰："宫墙，犹言围墙。《尔雅》'大山宫'，宫即围绕之义。"

夫子之墙数仞，不得其门而入，不见宗庙之美，百官之富。

七尺曰仞。宗庙、百官，盖兼庙、朝而言。富，备也。圣道难窥，学圣者以得门为主。若炫异矜奇，则旁门曲学而已。

得其门者或寡矣。夫子之云，不亦宜乎！"

夫子，指武叔。陈氏曰："贤人之道卑浅易见，圣人之道高深难知，此子贡以墙、室取譬之意也。要之观乎贤人，则见圣人。使叔孙果知子贡之所以为子贡，则亦必略知孔子之所以为孔子，岂至为此言哉？叔孙非特不知孔子，亦不知子贡也。"

叔孙武叔毁仲尼。子贡曰："无以为也！仲尼不可毁也。他人之贤者，丘陵也，犹可逾也；仲尼，日月也，无得而逾焉。

人虽欲自绝，其何伤于日月乎？多见其不知量也。”

朱《注》：“无以为，犹言无用为此。土高曰丘，大阜曰陵。日月，喻其至高。自绝，谓以谤毁自绝于孔子。多，与‘只’同，适也。不知量，谓不自知其分量。”愚案：圣道与日月争光，子贡可谓善赞圣人矣。

陈子禽谓子贡曰：“子为恭也，仲尼岂贤于子乎？”

朱《注》：“为恭，谓为恭敬推逊其师也。”

子贡曰：“君子一言以为知，一言以为不知，言不可不慎也。

虽出一言，而有知不知之分。子贡之慎言如此，所以列言语之科。

夫子之不可及也，犹天之不可阶而升也。

孟子曰：“大而化之之谓圣，圣而不可知之之谓神。”圣道犹天，岂常人所能及？此盖以圣功配天德也。

夫子之得邦家者，所谓立之斯立，道之斯行，绥之斯来，动之斯和。其生也荣，其死也哀，如之何其可及也？”

得邦家，谓夫子得位乘时也。朱《注》：“立之，谓植其生也。道，引也，谓教之也。行，从也。绥，安也。来，归附也。动，谓鼓舞之也。和，所谓‘于变时雍’。荣，谓莫不尊亲；哀，则如丧考妣。”愚案：《易传》言："乾道变化，各正性命，保合大和，乃利贞。"《孟子》言："所过者化，所存者神。"盖至诚尽性之学如此。此以圣功推王道也。

子张篇大义

文治读《论语》至圣贤相与授受之际，盖未尝不太息也。嗟乎！古之亲师、尊师、敬师、崇师，法也亦已至矣。孔子之道，大而能博，门弟子不能遍观而尽识也，故学焉而皆得其性之所近。孔子既殁，诸弟子相与进德修业，传道不倦，门人裒录其语，得五人焉：曰子张、曰子夏、曰子游、曰曾子、曰子贡，此即后世学案之属也。至于述之者或离其宗，或且诋毁其道，谬矣。宽而博，弘而笃，容众以为天下谷，（谷，能容受也。）斯子张氏之学派也。后世闻其风而学之，其得之者，怀含宏之雅度，致明远之极功，而其弊也，或流于骛外。博学而笃志，切问而近思，譬草木之区别，咸有卒而有始，斯子夏氏之学派也。后世闻其风而学之，其得之者，笃信谨守，喻传经之家法，（《易》《诗》诸经，皆子夏所传。）而其弊也，或失之拘墟。子游氏，文学家也，而是篇所记三章，皆切实务本之语，后世沉溺华藻之士，其亦废然返乎？体天地之性，战战兢兢，孝以立身，忠恕以及人，斯曾子之学派也。是篇所记四章，以友辅仁，自致惟亲，论孝难能，又推而及于哀矜下民，盖仁人之于孝，犹手足之有腹心，孝弟之至，光于四海，通于神明，曾子而见用也。吾民之流离荡析，奔走无门者鲜矣，辨而通，亿而屡中，等百世之王，而独折厥衷，(衷、中通。)斯子贡氏之学派也。是篇所记六章，二章与人为善改过，四章则皆赞孔子之辞，盖诸贤皆奉孔子为依归者也，而子贡之智，尤足以知圣者也。门墙之高峻，日月之昭明，无可疑而无可訾也。是故七十子之服孔子，若江汉之朝宗也。孔子往矣，而诸贤追思孔子之深情，又昭然其若揭也。而子贡善为论赞之辞，则尤千古所独绝也。呜呼！立斯立，道斯行，绥斯来，动斯和，生荣死哀，吾夫子之功绩，既不获稍见于世，则用行之志，不能无望于门弟子也。然而诸贤者，亦相与沉沦下位，负才以终，何哉？或曰伊尹负鼎而勉汤以王，百里奚饭牛车下，而缪公用霸，(二语引《史记・孟子列传》，皆好事者为之，不足凭信。)诸贤当时盍亦稍贬其节乎？《孟子》曰："未闻以道殉乎人者也。"孔子惟不屑自贬其道，是以卒老于洙泗；诸贤不忍违背师法，亦不肯以师道殉人，故宁云散风流，没世牖下而不自悔。呜呼悲矣！不百年后，如仪、秦，如悝、武，如鞅、斯，皆用揣摩苟合，取将相之尊，而以其学乱天下。而如诸贤者，方且于阒寂无闻之中，出其学派，传嬗四方，淑世淑人，功德不可以胜纪。然则圣贤之徒，亦何负于世哉？有用人之权者，可以鉴矣。然而后之读是篇者，感师生之沆瀣，慨大道之终湮，则往往欷歔不置云。

尧曰篇第二十

尧曰："咨！尔舜！天之历数在尔躬，允执其中。四海困穷，天禄永终。"

历数在躬，指禅授而言，谓天命由尧及舜也。允，犹用也。执其中，谓执其两端，用其中于民，所谓于善之中又执其两端，而量度以取中，其功本于格致。盖用中之学，自尧发明之也。又言四海之人困穷，则君禄亦永绝，戒勉之也。或曰困，极也，言为政者信执其中，则能穷极四海，永享天禄。解"永终"为绵延，殊失儆戒之义，不足据。

舜亦以命禹。

朱《注》："舜后逊位于禹，亦以此辞命之。"黄氏曰："今《大禹谟》，伪书也。'危微精一'数语，本《荀子·解蔽篇》引《道经》语。作伪者采入之，后儒信此，乃据之以阐执中之义耳。"

曰："予小子履敢用玄牡，敢昭告于皇皇后帝：有罪不敢赦。帝臣不蔽，简在帝心。朕躬有罪，无以万方；万方有罪，罪在朕躬。”

此商汤伐桀告天之辞。用玄牡,用黑牛以祭。夏尚黑,未变其礼也。昭告,明告也。皇皇,大也。后帝,天命也。有罪,谓夏桀也。简,阅也。言桀有罪,己不敢赦;而天下贤人,皆上帝之臣,己不敢蔽。简在帝心,上帝简阅其善恶也。以万方之罪为在朕躬者,己不敢辞其责,此君师之实心,王者之度量,犹所谓四方有罪、无罪惟我在也。《左氏传》曰:“禹、汤罪己,其兴也勃焉。”

周有大赉,善人是富。

赉,予也。大赉,武王大封功臣于庙,所谓“锡予善人”也。富,富有土地。或曰武王克商,散财发粟,大赉于四海,而所富者皆善人,《传》所谓“善人富谓之赏”是也。

“虽有周亲,不如仁人。百姓有过,在予一人。”

周,至也。仁人,谓微、箕之属,孟子所谓又有微子、微仲诸贤相与辅相,故武王谦言虽有至亲,不如殷之有仁人也。朱子据伪孔《传》说,承乱臣十人、同心同德而言,似未可从。一人,武王自谓,犹称寡人也。《白虎通·号谥》篇曰:“《尚书》或称一人,王者自谓一人者,谦也,言己才能当一人耳。”然则此文所言,盖即“罪在朕躬”之意。

谨权量,审法度,修废官,四方之政行焉。

权，称锤。量，斗斛。法度，礼乐制度。谨之、审之，示民遵循也。修废官者，商时已废之官职，至周而更置之。盖行政之始，要在整齐画一，其纲正，则事无不举矣。

兴灭国，继绝世，举逸民，天下之民归心焉。

周公相武王，灭国五十。此言兴灭国者，盖有罪之国，则当灭之，无罪之国而既灭者，则当兴之也。兴灭，指诸侯而言；继绝，指卿大夫有采地者而言，亦以其先世之有功而无过也。举逸民，谓释箕子之囚，复商容之位。盖灭国、绝世、逸民三者，人心遗憾之所在，兴之、继之、举之，民之所好好之也。得其民者，得其心也。

所重：民食、丧、祭。

民以食为天，故周制首重民食。《洪范》八政，其一曰食，皆重农之至意也。丧礼所以笃亲爱，祭礼所以动孝思，慎终追远，皆王者所重。或分民、食、丧、祭为四事，实则食、丧、祭皆该于民政之内，未可分也。

宽则得众，信则民任焉，敏则有功，公则说。

政教公平，则民悦服，此节与“答子张问仁”章语意大同小异。或夫子所常称道，或系周初政治之精言，而夫子述之，要之为仁心、仁德之所敷布，帝王治法，实不外此。或曰“谨权量”以下三节，皆孔子之言，陈后王之法，未合经义。

子张问于孔子曰："何如斯可以从政矣？"子曰："尊五美，屏四恶，斯可以从政矣。"子张曰："何谓五美？"子曰："君子惠而不费，劳而不怨，欲而不贪，泰而不骄，威而不猛。"

屏，除也。欲，非专欲之欲，乃欲立、欲达之义。贪，亦非贪利之贪，盖望报以干誉耳，《礼记》所谓"用人之仁，去其贪"是也。上章言帝王之治法，此章言春秋时应行之政治与后世当亟去之弊。

子张曰："何谓惠而不费？"子曰："因民之所利而利之，斯不亦惠而不费乎？择可劳而劳之，又谁怨？欲仁而得仁，又焉贪？君子无众寡，无小大，无敢慢，斯不亦泰而不骄乎？君子正其衣冠，尊其瞻视，俨然人望而畏之，斯不亦威而不猛乎？"

因民所利而利者，如治田、薄税、通商、惠工，导民固有之利也。择可劳而劳者，如使民以时、老幼不服役是也。故择字，当兼择人、择时、择事而言。众寡、小大，指臣庶、人民而言。盖惠而不费三者，指爱人而言；泰而不骄二者，指敬人而言。自古圣人为政，无非本爱敬之意，达之天下也。李氏曰："惠而不费，劳而不怨，就政事言之；欲而不贪，泰而不骄，威而不猛，则直推至于为政者身心本原之处，乃上二句所以美恶之根也。《易》曰'弗损益之'，惠而何费焉？又曰：'有孚惠心，勿问之矣'，欲而何贪焉？又曰'说以先民，民忘其劳'，劳而何怨焉？《孝经》曰：'其政不严而治，其教不肃而成。'泰而不骄，威而何猛焉？《孟子》

所谓‘利之不庸，劳之不怨，民日迁善而不知为之者’，是王道也。”

子张曰：“何谓四恶？”子曰：“不教而杀谓之虐；不戒视成谓之暴；慢令致期谓之贼；犹之与人也，出纳之吝，谓之有司。”

不教，谓不以礼义导民。虐，谓残酷不仁。不戒，不告戒。视成，考成也。暴，谓猝遽无序。慢令，妄出号令。致期，刻期也。或曰致为迁延之义，因迟慢无信以致虚刻期也，亦备一义。贼者，切害之意。犹之，犹言均之。出者，出之于己；纳者，纳之于人，均之以物与人。而于出纳之际，吝而不直，是有司之小见，而非为政之大体。政以忠恕为得其平，四者皆不忠、不恕之事，为政者之大戒也。李氏曰：“虐、暴、贼正与骄、猛字相应，欲其无怨，不可得已。吝字、有司字，正与贪字相应，欲其无费，不可得已。此皆起于霸者尚力任法，小补驩虞之所为，而其弊乃至不可胜言也。”

子曰：“不知命，无以为君子也；

知命之学，由浅而及深者也：始焉安分素位而已，进而上之，则穷理尽性，以至于命，如颜子之不改其乐，孔子之知天命，疏水曲肱，乐在其中是已。乐则行之，忧则违之，此《易》潜龙之德，君子所性分定故也。

不知礼，无以立也；

知礼之学，亦由浅而及深者也：始焉品节详明，不越秩序而已；进而上之，则非礼勿视、听、言、动，而动作威仪之则，皆为定命之符矣。此尊德性而道问学，由知天、事天而能立命者也。

不知言，无以知人也。”

知言之学，亦由浅而及深者也：始焉辨善恶、邪正而已；进而上之，则不特知今人之言，且有以知古人之言，不特知诸子百家之言，且有以知圣经贤传之言矣。以辞危而使知平，以辞易而使知倾，以惭枝多游而知叛疑躁诬，孔子之知言也。以诐淫邪遁而知其蔽陷离穷，知其生心害政，发政害事，孟子之知言也。穷理之学，莫精于此。此章三“不”字，三“无以”字，本为浅者而言，然深味之，则精微广大，天德、王道、圣功，无所不该，然后知圣人之言，义蕴闳深，挹之不尽。《论语》所以此章作结也。

尧曰篇大义

唐柳宗元谓：“《论语》之大，莫大乎《尧曰》一篇，是乃孔子常常讽道之辞。孔子者，覆生人之器也，上焉尧、舜之不遭，而禅不及己；下之无汤、武之势，而己不得为天吏。生人无以泽其德，日视闻其劳死怨呼，而己之德涸焉无所依而施，故于常常讽道云尔而止也。此圣人之大志也。弟子或知之，或疑之，不能明，相与传之，故于其为书也，卒篇之首，严而立之。”文治谨案：柳氏之说是也。盖治统者原于道统，尧以是传之舜，舜以是传之禹，禹以是传之汤，汤以是传之文、武、周公，文、武、周公传之孔子。《尧曰》一篇以孔子之道统，继尧、舜、禹、汤、文、武、周公之治统也。文治恒即其文而寻绎之，曰“允执厥中，四海困穷，天禄永终”，盖所谓“执其两端，用其中于民也”。乃后儒高谈“允执厥中”之理，而置“四海困穷”于不问，咨可叹也！“朕躬有罪，无以万方。万方有罪，罪在朕躬。”汤之言何其仁也！“周有大赉”至“所重民食、丧、祭”，皆周公经纶天下之大经也。“谨权量，审法度，修废官”，今有能行之者乎？“兴灭国，继绝世，举逸民”，今有能行之者乎？“宽则得众，信则民任焉，敏则有功，公则说”，此即以孔子之道统，继尧、舜、禹、汤、文、武、周公之治统也。乃《春秋》笔削，徒以素王终，咨可叹也！“尊五美，屏四恶”，所以辅宽、信、敏、公之不足。“因民之所利而利之”，千古理财之要旨也。后世人士不知理财，而但求生财，更不知生财之道，而惟务敛财，浸至剥肤椎髓，扫地赤立，百姓愁怨，四海困穷，而上不得闻，咨可叹也！“出纳之吝，谓之有司”，有司者，后世吏胥是也，其流毒至数千年，根株深固，绵绵延延而不可拔，无非吮生民之膏血以自肥，闾阎之痛苦乃益甚，咨可叹也！至知命、知礼、知言三者，乃又示万世学者继续道统之全功。然而不知命，无以知禅让与继世之正也；不知礼，无以立国也；不知言，无以兴贤才而远邪慝也。是道统也，亦治统也。综全篇数百言中，天下万世之学术、治术包括而无不尽。呜呼！神乎微乎！圣人之志其隐而可见乎？圣人之统其绝而复续乎？然则二千数百年之后有王者起，其必来取法乎！

论语大义定本跋

十数年前，友人来告，谓近今学校罢去读经，如向者户诵之《论语》亦无人复读，而朱《注》尤苦其精深，盍加节录以便初学乎？文治漫应之。继思兹事虽属弇陋，究胜于废而不读，乃谨取朱《注》节之，并附拙著《大义》二十篇于后。门人沈君炳焘，为排印于长沙，此第一本也。庚申冬，钱塘施君肇曾创设国学专修馆于无锡，延文治主讲，即以是本课甲、乙班诸生，深病其略，爰复下己意，加以润色，是为第二本。癸亥冬，将课丙班诸生，重绎旧稿，觉朱《注》与诸家说参杂，犹有未安，乃复取汪武曹《四书大全》、陆清献《松阳讲义》、李文贞《论语札记》、黄薇香先生《论语后案》、刘楚桢先生《论语正义》诸书，精以采之，简以达之，鄙意所及加“愚案”以申明之。至是乃觉稍稍完备，名曰“定本”，然犹未足为定也。（此本与拙著《论语提纲》所述略有未符，因《提纲》成书在先也。）会施君刻《十三经》于沪上，因附刻此书，于后记其梗概如此。

夫注释《论语》者，其大旨约有数端：明义理，一也；通训诂，二也；阐圣门之家法，别授受之源流，三也；穷天德、圣功之奥，修己、治人之原，四也。是四者文治窃尝有志焉，而未敢谓有所得也。昔朱子殚毕生之精力以为《集注》，且复涵养德性，阅历人情，体之于身，验之于心，夫然后发之于言。故其为书也，如日月之经天，江河之行地，后世学者，其奚容复缀一辞！虽然，朱子距今七百余年，元明以来，治《论语》者，纯儒硕学项背相望，岂无人焉能补朱子所未备，而扩朱子所未发哉？矧迩者风俗人心，益不可问。先进礼乐渺焉无存，而邪说之横恣，四海之困穷，且未知所终极，俛仰世变，非读《论语》曷能救诸！则夫缀而述之，或亦先圣先贤之所许乎？甲子夏六月，唐文治谨跋。

图书在版编目(CIP)数据

论语大义/唐文治著;张旭辉,刘朝霞整理. —
上海:上海人民出版社,2018
ISBN 978-7-208-14916-8

Ⅰ.①论… Ⅱ.①唐… ②张… ③刘… Ⅲ.①儒家②
《论语》-研究 Ⅳ.①B222.25

中国版本图书馆 CIP 数据核字(2017)第 302181 号

责任编辑 张钰翰 邵 冲
封面设计 陈 酌

论语大义
唐文治 著 张旭辉 刘朝霞 整理

出 版 上海人民出版社
(200001 上海福建中路 193 号)
发 行 上海人民出版社发行中心
印 刷 上海商务联西印刷有限公司
开 本 890×1240 1/32
印 张 11.5
插 页 2
字 数 219,000
版 次 2018 年 6 月第 1 版
印 次 2018 年 6 月第 1 次印刷
ISBN 978-7-208-14916-8/B·1312
定 价 48.00 元